KB178496

18세기
조선
남아들의
인생
역정

조선의 협객, 백동수

18세기
조선
남아들의
인생
역정

조선의 협객, 백동수

◆ 김영호 지음 ◆

푸른역사

1

이 책의 초판이 지난 2002년에 나왔으니 햇수로는 벌써 10년의 세월이 흘렀다. 책을 펴낸 뒤 은근히 백동수와 관련된 새로운 유물이나 사실을 알려주는 독자가 나타나면 얼마나 좋을까 하는 기대를 가졌었다. 그의 문집이나 초상화 혹은 보검 같은 유물을 보았다면 얼마나 좋았을까! 지난 10년간 백동수와 직접적으로 관련된 단 하나도 유물도 나오지 않았지만, 장서각에서 '장용영 본영도'가 발굴되었고 김종수가 쓴 '장용영' 현판 글씨도 직접 볼 수 있었다. 게다가 그간 백동수가 살았던 18세기 조선에 대한 담론은 매우 풍성해졌다. 사실 이것만 해도 다행한 일이다.

지난 10년 동안 한국학계에 큰 변화가 있었다. 그동안 감히 접근할 엄두조차 내기 어려웠던 《승정원일기(承政院日記)》를 비롯한 귀중한 사료를 인터넷으로 검색할 수 있게 된 것이다.

이 책을 수정 개정판으로 내게 된 것도 《승정원일기》와 《오주연문장전산고(五洲衍文長箋散稿)》에서 백동수에 관한 몇 가지 귀중한 사실을 새롭게 발견했기 때문이다.

백동수가 정조의 밀명을 받고 선전관의 자격으로 신홍주와 함께 지리산에 들어가 신선을 찾는 임무를 수행했고, 《무예도보통지》 편찬 이후 상당 기간 훈련원에서 일했으며, 어명을 받아 유득공과 함께 《무경칠서(武經七書)》 주해를 달아 편찬하는 사업에 참여했던 사실이다. 특히 백동수 말년의 일로, 순조가 종3품의 군기시 부정에 세 차례나 거듭 제수했으나 끝내 출사하지 않았던 사실이다.

2

한참 늦었지만, 이 기회를 빌려 이 책을 쓰는 데 큰 도움을 베풀어주신 몇몇 분들께 감사의 인사를 드리려 한다. 백동수 주변 인물들의 관계망을 세밀하게 그릴 수 있었던 것은 연암을 깊이 있게 연구한 오수경 선생님과 김윤조 선생님 덕분이다. 조선 후기 탕평론을 연구한 김성윤 선생님께도 큰 도움을 받았다. 세 분 선생님께 깊이 감사드린다. 그리고 2002년 출판 당시 서평을 써 주신 안대회 선생님과 심승구 선생님께도 감사드린다.

큰 틀은 바꾸지 않았지만 지난 10년 동안 발굴된 백동수와 관련된 사료를 최대한 참조하고 이를 반영하려 노력했다. 그러나 전체의 틀은 그대로 두고 작업했기에 크고 작은 문제가 여럿 눈에 띈다. 아무튼 푸른역사의 결단으로 《조선의 협객, 백동수》가 새로운 모습을 갖추게 되었다.

요사이 백동수에 관한 이야기가 풍성해졌다. 백동수를 세상에 처음 알린 사람으로서 큰 보람과 기쁨을 느낀다. 이 책이 조선의 무사 백동수의 삶에 대한 독자들의 궁금증을 풀어주는 데 도움이 되기를 바란다.

2011년 7월

김영호

누가 조선의 협객 백동수를 이야기하랴

야뇌(들사람) 백동수.

지금으로부터 200여 년 전, 정조대왕이 통치하던 시기 조선은 중흥기를 맞아 나라가 안정되고 문화도 크게 발전하고 있었다. 실력이 있어도 등용되지 못하던 서자들에게까지 벼슬길이 트이는 등 가장 열려 있고 생기 넘치는 시대였으며, 그에 걸맞게 걸출한 인물들도 많이 배출되었다. 연암 박지원, 청장관 이덕무, 정유 박제가, 담헌 홍대용, 다산 정약용, 번암 채제공…… 모두, 우리 귀에 친숙한 이름들이다.

백동수 역시 이 시대를 이야기할 때 빠뜨릴 수 없는 존재다. 비록 지나간 시간에 묻혀 이제는 낯선 이름이 되었지만, 그는 분명 그 시대를 살았고 무의 명맥을 이어나간 조선의 무사이었다. 이제껏 알려지지 않았던 백동수의 생애를 더듬어보면 우리가 미처 알지 못했던 조선 시대 무의 역사에 숨겨진 향내를 맡아볼 수 있다.

1

아쉽게도, 역사의 기록은 백동수에 대해 많은 것을 남기지 않았다. 사서를 통해 알 수 있는 것은 그가 스물아홉 살에 무과에 급제했고, 마흔다섯에 국왕 호위부대인 장용영 초관에 임명되어 정조의 특명으로 《무예도보통지》 편찬 총감독을 맡아 이덕무, 박제가와 함께 간행함으로써 한국 무의 역사에 중요한 한 획을 그었다는 것, 그리고 생애 후반에는 비인현감, 박천군수로 재직하였다는 것 정도이다.

백동수를 이야기하는 데는 실학의 중요한 갈래인 북학파 인물들과의 관계도 빼놓을 수 없다. 박지원에게 연암골을 소개시켜주고 홍국영의 탄압을 알려 미리 몸을 피할 수 있게 도와준 평생 친구였으며, 후일 정조의 명을 받아 《무예도보통지》를 함께 편찬한 이덕무, 박제가와는 어렸을 때부터 죽는 날까지 형제처럼 지낸 막역한 사이였다.

백동수는 분명 무관이었지만, 무의 세계에만 한정된 편협한 인물은 아니었다. 그는 시와 글씨 그리고 그림에 이르기까지 빼어난 솜씨를 자랑했다. 박제가는 "경서와 사서를 능히 논할 만하다"고 했고, 성대중은 "무로써 문을 이룬 사람"이라고 평했다. 박지원은 "전서와 예서에 뛰어나다"고 했으며, 이덕무는 자기 글에 대한 평을 부탁할 정도였다. 마침내 김홍도와 화법에 대해 토론하기까지 했으니, 그 다양함과 폭넓음은 더 말할 필요도 없다.

그의 호 '야뇌'는 들사람처럼 굶주리더라도 타고난 대로 거침없이 살겠다는 다짐을 뜻했다. 권력에 얽매이고 비굴해지는 것을 무엇보다도 싫어했던 탓에, 무과에 급제하고도 벼슬길에 나서지 않고 강원도 산골에 들어가 농사짓는 것을 택할 정도였다. 이렇듯 고집이 매우 세고 불같은 성격과 행동 탓에 한 친구에게 "고삐로 묶어두고 싶다"는 이야기를 듣기도 했다. 하지만 스스로 아호를 '인재'라고 하여, 충고하던 벗들에게 앞으로는 포용성 있는 삶을 살겠다고 선언하는 배포도 있었다.

비록 정조가 서거한 뒤 장용영이 혁파되고 개혁 인사들이 탄압을 받으면서 그도 벼슬에서 쫓겨나 유배를 가게 되었지만, 젊은 청년들과 어울리면서 희망을 버리지 않았다. 마침내 그가 죽어 땅에 묻혔을 때, 성해응이라는 학자는 "내 평생에 다시 못 볼 기남자였다"고 평하며 추모했다.

백동수가 남긴 희미한 흔적을 찾아나갈수록 필자는 이상하게도 '무인' 백동수가 아닌 '인간' 백동수의 매력에 더 깊이 빠져들었다. 아니, 이러한 몰입은 그가 천상 무인이고, 끝없이 자유로워지고자 했던 사람이었기에 가능한 일이었다.

2

숨겨진 무사 백동수를 되살리는 일은 힘들고 어려웠다. 사료의 부족은 처음부터 예견된 일이었다. 당시의 사필은 무관이며 서얼이었던 그에게 많은 아량을 베풀지 않았다. 현재 그의 문집은커녕 행장조차 남아 있지 않으며, 그의 벗들인 성대중, 박지원, 이덕무, 박제가, 유금 성해응 손자 이규경이 그에게 전한 글과 시가 몇 편 남아 있을 뿐이다. 하는 수 없이 18세기 조선에 대한 것이라면 모조리 탐독한다는 각오로 사료를 섭렵한 끝에 겨우 한 사람의 전기를 꾸릴 만한 최소한의 골격을 잡아낼 수 있었다. 단절되고 공백으로 남겨져 있어 역사적 상상력으로 메울 수밖에 없었던 부분은 이후 백동수에 대한 새로운 사료가 발견되면 그때 채워야 할 것이다.

원고를 마무리하는 데 만 7년이나 걸린 것은 사료 부족뿐만이 아닌, 필자의 부족한 글재주 탓이기도 했다. 도중에 여러 번이나 포기할까 했지만 여기서 멈추면 누가 조선의 협객 백동수를 말할 수 있을까 싶어 치기에 가까운 만용을 부렸다.

　만용을 부린 또 하나의 이유는 10년 전부터 한국 무예의 역사와 조선 무사 이야기를 만들고 싶다는 욕심을 갖고 있었기 때문이기도 했다. 이 것은 우리 나라 역사가 너무 한쪽으로 치우쳐 무에 인색했던 것에 대한 아쉬움이기도 했다. 많은 사람들이 조선은 문약한 나라요, 무사가 천시 받던 나라라고 말하지만, 조선 무사 백동수의 생애와 《무예도보통지》 가 만들어지는 과정을 따라가다 보면 지금까지의 인식은 바뀔 것이라 고 확신한다. 무예를 통해 조선 역사를 새롭게 볼 수 있을 것이다.

　이 책은 백동수라는 한 개인의 이야기만 담고 있지 않다. 이덕무, 박 제가를 비롯한 당대 선비들의 인생 역정과 함께 《무예도보통지》가 만 들어지는 과정을 자세히 풀어나감으로써 편찬의 중심 인물은 물론, 역 사에 미처 기록되지 못했던 이들까지 살려내고자 했다. 그리하여 그와 함께 무예를 정리한 여종주와 김명숙, 책의 교정과 교열에 참여한 서 형수, 그림을 그린 화원, 판각을 담당한 각수 등도 비로소 세상에 그 모습을 드러낼 수 있었다.

　'무'는 '문'과 마찬가지로 중요하다. 옛사람들의 이야기처럼 '무는 새의 두 날개와 같고, 수레의 두 바퀴와 같은 것'이다. 이 책을 통해 조 선 무사와 민족 무예의 역사가 되살려지기를 바라며, 더불어 우리 무 예의 전통을 이어받은 건강하고 패기에 찬 젊은이들이 늘어나기를 바 랄 뿐이다.

2002년 4월
김영호

조선의 협객, 백동수
차례

제1장
이덕무와 박제가 그리고 백동수

제2장

젊은 무사의 자화상

제3장
장수의 길이란 무엇인가

제4장
다시 못 볼 기남자

《무예도보통지》를 편찬하라

1789년 가을.

백동수는 이른 새벽부터 군장을 차려입고 집을 나설 채비를 했다. 오늘따라, 전복을 입고 소매를 매무시하는 손길 하나하나에도 각별한 정성이 들어가고 있었다.

그도 그럴 것이, 날이 밝는 즉시 대전에 나아가 어명을 기다리라는 장용영 병방의 특별 지시가 내려진 것이다. 충청도 웅진 찰방 임기를 마치고 규장각에 복직하여 《해동읍지》 편찬 일을 담당하고 있던 박제가와, 와서(瓦署) 별제로 재직하면서 역시 《해동읍지》 편찬 일을 하던 이덕무도 같은 명을 받았다.

세 사람을 한날 한 시 한자리에 부른 정조의 뜻이 무엇인지 백동수는 짐작하고 있었다.

편마당상 서유린(徐有隣, 1738~1802)과 심이지(沈頤之, 1735~ 1796), 규장각 제학 겸 장용영 제조 정민시(鄭民始, 1745~1800)가 자리를 함께 하는 가운데, 백동수는 이덕무, 박제가와 함께 대전에 나란히 고개를

숙이고 엎드렸다. 마침내 정조의 옥음이 떨어졌다.

"올해는 《무예신보》가 편찬된 지 만 30주년이 되는 해라는 것을 그대들도 잘 알고 있을 것이다. 병서를 편찬하는 것은 나라를 지키며 적에 대한 의분으로 외적의 침략을 막아내는 힘을 키우기 위한 것이다. 《무예제보》는 오래 전 선조대왕 대에 훈련도감의 낭청 한교에게 명하여 명나라 장수에게 질정(質正)하여 도보를 간행한 것인데, 척씨(척계광)의 《기효신서》에 나온 곤봉 · 등패 · 낭선 · 장창 · 당파 · 쌍수도 등 6기가 실려 있다.

선왕(영조) 기사년(1749)부터는 소조(小朝, 사도세자)께서 정사를 대리하였는데, 소조께서는 기묘년(1759)에 교명(敎命)을 내리시니, 죽장창 · 기창 · 예도 · 왜검 · 월도 · 협도 · 쌍검 · 제독검 · 본국검 · 권법 · 편곤 등 12기를 추가하고 도해(圖解)를 찬수하여 새 도보를 만들었다. 이 모든 내력은 《현륭원지(顯隆園誌)》에 상세히 기록되어 있다.

짐(朕)의 원년(1776), 선왕의 뜻에 따라 무관들에게 전의 18기를 익히게 하고, 훈련하였으며 무과에서 무사를 선발할 때는 기창 · 마상월도 · 마상쌍검 · 마상편곤 등 4기를 더 넣었으며, 이제 또 격구와 마상재를 그 다음에 두었다.

아, 대대로 선왕들께서 병서를 편찬하고 군영을 세움에 있어 체제가 견고하고 빠진 계책이 없었다. 그러나 병기와 의장(儀仗)의 방식과 치고 찌르는 기법은 상세하게 전수되는 것이 없어, 병조의 훈련도감이나 어영청 군사들이 몇 가지 기예를 익혀도 잘못된 것을 배워 고치지 못하고 다음 사람들에게까지 이어지니 이는 작은 일이 아니다.

이에 그대들에게 명하노니, 새로운 무예서를 편찬하라. 짐이 미리 새로운 무예서의 이름을 내리니, '무예도보통지' 라 하게 하라. 무예의 신구보(《무예제보》와 《무예신보》)를 내리니, 스물네 가지 기예를 자세히 보도록 하고, 서국(書局)을 장용영에 개설하도록 명하니 병서 20여 부를 참고로 자세히 살펴 주석과 해설을 달도록 하라. 편찬되는 병서는 전체를 밝히고, 체제의 기준을 세우고, 얻고 잃음도 맺고 끊도록 하라. 앞서 간 이의 아름다운 뜻을 찬양하고, 후세 사람들의 원망을 받지 않도록 전력을 다해, 한 점 그릇됨 없게 해야 할 것이니라."

이날 정조가 교시를 내림으로써 지난 4월부터 비공개로 진행되던 무예서 편찬 작업은 공식화되었고, 《무예도보통지》라는 새로운 이름까지 만천하에 밝혀졌다.

정조의 명에 따라, 이덕무는 문헌을 고증하는 책임을, 박제가는 고증과 함께 판목 대본의 글씨 쓰는 일을, 백동수는 무예를 실기로 고증하는 일과 편찬 감독을 맡게 되었다.

정조는 또 서유린, 심이지, 정민시에게 장용영 안에 《무예도보통지》를 출판할 임시 서국을 설치하고 중국 도서를 보관해둔 열고관에 특별히 관리하고 있던 병법 서적 20여 부를 옮기라고 명하여, 무예 실기를 점검하는 데 필요한 인적·물적 지원을 아끼지 않겠다는 뜻을 밝혔다. 《무예도보통지》는 앞으로 전 군영에 보급되어 군사들에게 창검 기예를 가르치는 교범서로 활용될 무예서였다. 정조는 책 이름을 직접 지어둘 만큼 깊은 관심을 쏟았다. '무예도보통지'란 글자 그대로 '무예에 관한 실기를 그림과 설명으로 훤히 풀어낸 책'이라는 뜻이다. 그리고 《병학통》과 마찬가지로 이 책 이름에도 '통' 자를 넣어 조선 병서의 전범을 만들겠다는 강한 의지를 보였다.

장용영 초관에 불과한 백동수를 무예서 편찬의 실질적인 총책임자로 임명하고, 규장각 검서에 지나지 않았던 두 벗에게 무예 고증의 중

책을 맡긴 것은 더할 나위 없이 큰 성은이었다.

그때까지 나라의 병서는 모두 고위 무관들이 편찬 책임을 맡았으나, 무예서만은 예외였다. 《무예제보》를 간행한 한교와 《무예신보》 편찬을 담당한 임수웅은 백동수와 마찬가지로 서얼이요, 고위 무관이라 할 수 없는 자리에 있었다. 일반 병서와 달리 무예서는 병법뿐만 아니라 무예 실기에 통달한 사람만이 맡은 바 임무를 다할 수 있었기 때문이다. 특히나 무예서 편찬을 총지휘할 감독은 창검무예에서 당대 최고여야 했다.

남자는 자신을 알아주는 사람을 위해 목숨을 건다고 하였다. 자신을 알아주는 군주를 만나, 뜻을 함께하는 벗들과 능력을 펼칠 절호의 기회를 얻은 백동수는 더 이상 바랄 것이 없었다.

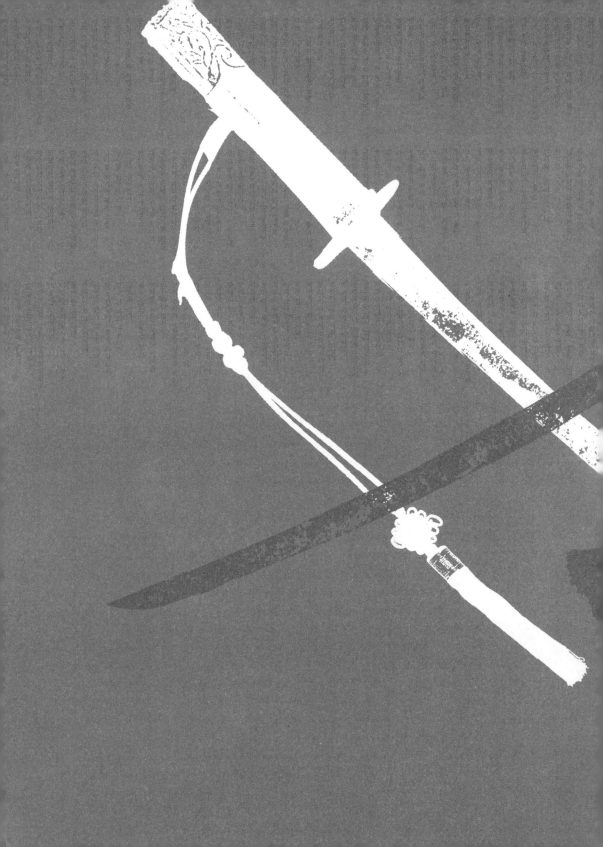

제1장

이덕무와 박제가 그리고 백동수

동시대 세 사람의 만남

오절도의 서손, 백동수

지금으로부터 260여 년 전, 조선의 도성인 한양성은 병풍처럼 서 있는 북한산과 소나무로 울창한 남산에 둘러싸여 있었다. 골산(骨山)인 북한산과 육산(肉山)인 남산이 서로 마주하며 한양성을 감싸고, 그 중앙에는 청계천이 동서로 가로질러 흐르고 있었다.

1743년 어느 날, 청계천과 가까운 한성 남부 명철방 청교동에서 수원 백씨 사굉과 평산 신씨 사이에서 사내아이가 태어났다. 첫 딸을 얻은 뒤 2년 만에 얻은 아들이었다. 할아버지가 된 백상화(白尙華, 1691~1768)는 아이의 이름을 돌림자인 동녘 동(東)에 닦을 수(脩) 자를 써서 '동수'라고 지어주었다.

백동수(白東脩, 1743~1816) 집안은 그가 태어나기 전부터 사대부들 사이에서 널리 알려진 무가(武家)였다. 박지원(朴趾源, 1737~1805)이 백동수에게 준 글을 보면, '영숙(永叔, 백동수의 자)은 장수 집안의 후손이다. 그의 조상 중에는 충성으로 나라를 위해 죽은 사람이 있어 지금까지도 그를 위해 비분강개하는 사대부들이 있다'는 대목이 나온다. 박지원이 말한 '충성으로 나라를 위해 죽은 사람'은 다름 아닌 백동수의 증조부 백시구(白時耈, 1649~1722)다.

백시구는 평안도 병마절도사를 지낸 종2품 고위 무관이었지만, 집한 채 마련할 돈이 없어 셋집에서 살았다. 고을 수령을 일곱 번 지냈고 병마절도사와 수군절도사를 두루 지낸 그가 집 한 채도 마련하지 못한 이유는 아낌없이 베풀기 좋아하는 성격 때문이었다.

백시구는 자녀들에게 이렇게 말하곤 했다.

"내가 변변치 못한 몸으로 출신하여 오늘에 이르도록 온 가족이 굶주림과 추위, 떠도는 것을 면하게 된 것은 나라의 은혜이다. 그런데 어찌 감히 사리사욕을 채우고 축재하여 자손에게 유산으로 줄쏘냐? 불의로 부유하게 된 자 치고 세력가에게 빼앗기지 않는 자 없으니 나는 다만 청백으로 유전하노라."

백시구는 부인이 아들 하나를 낳고 더는 아이를 낳을 수 없게 되자, 평민 출신 첩을 얻어 아들 여섯을 더 보았다. 백동수의 조부 상화는 그중 둘째 아들이었다. 백동수에게 덧씌워진 서얼이라는 굴레는 이때 비롯되었다.

백시구의 정실 부인은 서자들을 한결같은 사랑으로 대해 친척과 이웃조차 누가 적자이며 서자인지 분간하지 못할 정도였다. 그러나 집안에서는 적서를 따지지 않는다 해도 밖에 나가면 사정이 달랐다. 서자는 나이가 많아도 어린 적자 뒤에 앉아야 했으며, 아무리 실력이 뛰어나도 문과에 응시할 수가, 고위 관직에 오를 수도 없었다.

그런 배경 탓인지 백상화는 무관이 되기로 작정하고 부지런히 병서를 읽고 무예를 익혀 서른한 살이 되던 1721년 2월, 아우 상휘와 함께 무과에 나란히 급제했다. 같은 해, 백상화는 동수의 부친이 되는 둘째 아들 사굉을 얻어 집안에 경사가 겹쳤다. 그러나 바깥 세상의 흐름은 심상치 않았고, 백씨 집안도 이 소용돌이를 피해갈 수 없었다.

1721년(신축년) 경종 1년, 당시 정국은 노론이 수세에 몰려 있었다. 경종에게 왕세제 연잉군(훗날 영조)의 대리청정을 요구하던 노론 4대신 김창집·이건명·이이명·조태채가 역모로 숙청당했고, 그밖에 노론 수백 명이 사형을 당하거나 유배지로 쫓겨났다. 이해와 이듬해 임인년에 걸쳐 일어난 이 사건을 노론은 신임사화라 불렀다.

평안도 병마절도사 백시구도 신임사화에 말려들었다. 평소 김창집과 가깝게 지낸 것이 탈이었다. 백시구가 안주병사로 있을 당시 안주 병영의 돈을 기로소(耆老所, 나이 많은 왕과 70세 넘은 정2품 이상 문관들을 예우하기 위해 설치된 기관)에 잠시 빌려주었다가 되돌려 받은 일로 조사를 받게 된 것이다. 처음에는 별 문제가 없어 풀려났으나 다시 잡혀 들어간 백시구에게 소론 강경파는 김창집이 돈을 빌려달라는 편지를 보냈다고 하면 즉시 풀어주겠다는 제안을 했다.

백시구의 대답은 단호했다.

"사람을 팔아 위기를 모면하는 일은 할 수 없다."

결국 백시구는 1722년 9월 14일, 일흔네 살로 옥에서 숨을 거두었다. 백시구의 죽음과 동시에 집안은 풍비박산이 났다. 재산은 몰수되고 자녀들은 역적의 자식이라는 오명을 썼다. 하지만 얼마 후 경종이 세상을 떠나고 영조가 즉위하자 상황은 완전히 뒤바뀌었다. 영조는 백시구를 호조판서로 추증하고 몰수당한 가산을 되찾아주었으며, 후손들에게 관직에 진출할 수 있는 길을 열어주었다. 이때 영조가 백시구의 영전에 올린 제문을 보면, 그를 어떻게 평가했는지 짐작할 수 있다.

단심(丹心)의 충성인 백발의 노장이여, 난타하는 형장 아래에 조금도 굴복치 아니하였도다. 늠름한 말과 얼굴빛은 엎어진 잔엔들 비치지 아니하랴. ……
일곱 차례 수령이 되고, 다섯 차례 병수사가 되었는데, 유생은 배부르고 백
성은 편안하였으며, 가난한 친척들도 더불어 살게 했도다. 무장으로서 위세
와 명망이 높았으나 온화한 유장의 거룩한 인격도 있도다. …… 오늘에야
죄명을 벗었으니 귀양살이에서 돌아오라. 품계를 다시 높였으나 안타깝게
도 보지 못하도다. 지하에 있어 등용할 도리가 없으니 태평시대를 누가 부
를쏘냐. 영특한 그대의 기개를 생각하니 곱절이나 슬프도다. 이에 조정에
명하여 억울한 화를 당한 자의 원통함을 속히 풀어주고 비통한 제사 의식을
거행하여 충혼을 추모하고 높은 벼슬로써 위로하니 비애와 광영이 함께 갖
추었도다. 영혼을 위하여 땅에 술을 부으나 품은 마음을 말하기 어렵도다.
아무쪼록 공양을 올리는 사정을 잘 살펴 이 술을 흠향하기를 바라노라.

백시구와 함께 신임사화에 연루되어 죽은 무장은 이상집, 김시태,
유취장, 심진 이렇게 다섯이었다. 노론은 의리를 지키며 죽음을 택한
이들을 '오절도(五節度)' 라 불렀다. 백동수는 증조부 백시구로부터 충
절을 지킨 무장의 후예요 명문 집안의 후손이라는 영광과 함께, 적자
가 아닌 서자라는 굴레를 동시에 물려받았다.

평생의 벗이자 처남 매부 사이, 이덕무

백동수가 처음 이덕무(李德懋, 1741~1793)를 만난 때는 대여섯 살 무
렵인 것 같다. 이덕무는 조선 2대 임금인 정종의 서자 무림군의 후손으
로 정5품 통덕랑을 지낸 이성호의 맏아들로 태어났다.

처음부터 이덕무와 백동수는 닮은 구석이라곤 전혀 없었다. 백동수
가 나이에 비해 조숙하고 몸집이 큰 데 비해 이덕무는 야윈 편이었다.
성격도 전혀 달라 백동수는 뛰어노는 것을 좋아하고, 이덕무는 책을

좋아했다. 그런데도 이상하리만큼 둘은 잘 어울렸다.

두 사람의 관계는 1756년 백동수가 열네 살 되던 해, 두 살 위 누이가 이덕무와 결혼하면서 더욱 가까워졌다. 백동수의 부모가 가난한 집안의 장남인 이덕무를 흔쾌히 맏사위로 맞아들인 것은 일찍부터 두 집안이 친하게 지낸 데다가, 이덕무의 성실함과 총명함을 잘 알고 있었기 때문이다. 백동수의 할아버지 백상화는 손녀사위가 된 이덕무에게 장검 한 자루를 선물로 주었다. 몸이 허약한 손녀사위가 기백을 길러 강건한 인물로 성장하기를 바라는 마음에서였을 것이다.

백동수와 이덕무는 집안에서는 깍듯이 예를 차려야 할 처남 매부 사이였지만, 대문을 나서면 흉금을 터놓고 지내는 동무였다. 두 사람은 앞서거니 뒤서거니 하며 서로의 버팀목이 되어 이덕무가 먼저 세상을 떠날 때까지 평생 우정을 이어갔다. 같은 서얼 출신에다가 불의를 보면 참지 못하는 협객 기질, 살기 좋은 세상을 이루어야 한다는 식자로서의 책임과 의무감, 이런 것들이 두 사람을 이어준 질긴 끈이었다. 둘의 관계를 잘 보여주는 일화가 하나 전한다.

1760년 3월, 백동수가 열여덟 살 때의 일이다. 이덕무가 남산 자락에 있는 장흥동으로 이사 왔다는 소식을 들은 백동수는 사촌 동좌·동우·동원과 함께 이덕무의 집을 찾아 나섰다. 새로 이사 온 집도 궁금했고 벗과 누이를 만난다는 반가움에 한달음에 달려갔지만, 쉽게 찾을 것으로 생각했던 이덕무의 집은 도무지 나타나지 않았다. 백동수는 한참을 헤매다 끝내 발길을 되돌리고 말았다. 며칠 후 이덕무가 보낸 종이 찾아왔을 때, 그는 전날에 낭패 당한 사연을 담은 시를 한 편 적어 건네주었다. 사연을 알게 된 이덕무는 곧 그가 보낸 시의 운율에 맞춰 답시를 지어 보냈다.

꽃잎 뜬 시냇물

느릿느릿 흐르는 곳,

내 집은 알기 쉬우니

물가에 사립문 있네.

속세의 나그네 왔다고

산신령이 의아하게 여겨,

일부러 구름을 깊게 하여

길을 잃고 돌아가게 한 거라네.

백동수가 속세 사람인지라 산신령이 길을 잃게 한 것이니 너무 서글 퍼하지 말라며 우스개로 위로한 것이다. 아마도 이덕무의 집은 남산의 외진 곳에 있었던가 보다.

푸른 눈의 서자, 박제가

1757년, 백동수가 열다섯 되던 해, 이덕무와 그의 우정 사이에 박제 가(朴齊家, 1750~1805)라는 새로운 인물이 등장한다. 박제가의 집안이 백동수가 살고 있던 청교동으로 이사를 온 것이다. 당시 박제가의 부 친 박평(朴坪, 1700~1760)은 승정원에서 왕명 출납을 맡아보는 정3품 우부승지로 재직하고 있었다. 박평은 그 전에도 사간원 정언과 사헌부 장령을 지내면서 대리청정을 하는 사도세자를 보필했다. 정언이나 장 령은 왕의 잘잘못을 간쟁하고 관리의 비리를 감찰하는 직책으로서, 강 직함이 있어야 임무를 바르게 수행할 수 있는 자리였다. 박평은 그런 직무에 어울리는 성품을 지니고 있었다.

백동수는 박평의 아들 제도와 가까운 친구였다. 제도를 만나러 몇 차례 그의 집에 드나들던 백동수가 박평의 눈에 들었다. 백동수의 시

청나라 화가 나빙이 1790년에 그린 박제가 초상. 조선 후기의 대표적 실학자 가운데 한 사람 인 박제가 역시 서자라는 신분 적 한계를 안고 있었으나 의리 가 있고 재주가 출중하여 백동 수가 평생 아꼈다.

원시원한 성품을 매우 아낀 박평은 아들 뻘인 그를 '나의 벗[吾友]'이라 부르곤 했다. 박평은 부인이 셋이었지만 정처가 낳은 아들은 제도 하나뿐이었고, 제가는 셋째 부인이 낳은 아들로 당시 아홉 살이었다. 백동수는 제도와 사귀면서 그의 이복동생 제가를 알게 되었는데, 박평을 찾아가는 날이면 매번 제가를 찾았고, 제가도 그를 친형처럼 따랐다.

어릴 적 이름이 재운이었던 박제가는 같은 또래에 비해 키가 작았고, 맑게 빛나는 눈에는 푸른 빛이 감돌았다. 한참 뛰어놀 나이에도 제가는 집 밖으로 나가지 않고 방 안에 틀어박혀 책 읽고 그림 그리는 일에만 몰두했다.

박제가가 열한 살 때 아버지 박평이 세상을 떠났다. 박평은 고위 관료였지만 재산을 많이 남기지 않았다. 더군다나 첩과 서자에게는 재산의 9분의 1밖에 주지 않았으므로, 박제가의 어머니 이씨는 청교동을 떠나 필동에 셋집을 얻고 삯바느질로 생계를 꾸려갔다. 집세를 제때 마련하지 못해 한 해에 몇 번씩 묵동과 필동을 오가며 이사 다녔어도 이씨는 남에게 손을 벌리지 않았다. 그러면서도 아들에게 깨끗한 옷을 지어 입히고 손님을 초대하여 식사를 대접하면서 아들을 훈육하여, 박제가에게서는 가난한 홀어미 밑에서 자란 티를 찾아볼 수가 없었다.

하루는 박제가의 집을 찾은 백동수에게 이씨가 말했다.

"용한 점쟁이한테 사주를 보였더니, 우리 제가의 이름이 세상에 널리 알려질 것이라고 하네그려."

점쟁이 말이 아니더라도 박제가의 재주라면 능히 그럴 수 있을 거라고 백동수는 생각했다. 백동수는 박제가를 도울 방법을 궁리했다. 이름을 내려면 무엇보다 훌륭한 스승에게 배우고 좋은 벗을 사귀어야 했다. 그는 자신이 아는 이름난 선비와 유력한 벗들을 만날 때마다 박제가의 영특함을 자랑하곤 했다.

이후 백동수는 이덕무와 더불어 박제가와도 삶의 구비를 함께 넘는다. 세 사람이 걸어간 길은 그 빛깔은 조금씩 다르지만 18세기 조선 남아의 초상이었다.

이름난 선비들의 가르침을 받고

이재와 김창흡을 흠모하다

백동수의 아버지 백사굉(白師宏, 1721~1792)은 무가에서 태어났지만 독서에만 전념한 선비였다. 다만 이것이 자신의 결단이었는지 아버지 백상화의 권고였는지는 알기 어렵다. 사위 이덕무에 따르면 '인자하고 정이 넘치는' 다정다감한 사람이었다. 어머니 신씨는 유학에서 말하는 부덕(婦德)을 충실히 실천한 여인이었다.

백동수가 태어날 무렵 아버지 사굉은 산림으로 명성이 자자하던 도암 이재(李縡, 1680~1746) 문하에서 수학하느라 집을 떠나 경기도 용인에 있는 도봉서원에 가 있었다. 이재는 신임사화(1721~1722)가 일어나자 벼슬을 그만두고 후학을 가르치는 일에 전념했던 노론의 주요 인물이다.

1743년, 백동수가 태어난 해는 나라에 경사와 환란이 겹쳤다. 3월에 세자(훗날의 사도세자)가 관례를 올렸으며, 겨울에는 전염병이 돌아 수많은 사람들이 죽었다. 그런데 3년 후 다시 전염병이 돌아 큰아버지 사종이 세상을 떴다. 사굉은 형의 부고를 듣고 집으로 달려왔다가, 영영 스승

영조 시대 노론의 산림(山林)을 대표하는 이재. 백동수의 아버지 사굉이 그 문하에서 수학하여 백동수에게 영향을 주었다.

곁으로 돌아가지 못하고 말았다. 중풍으로 고생하던 이재가 그해 세상을 떠났기 때문이다. 이재가 죽은 뒤 간행된 《도암집》에는 학문하는 자세를 묻는 제자 백사굉의 질문에 답하여 보낸 편지가 두 편 실려 있다.

이재의 제자들 중에서 세상에 널리 알려진 인물만 꼽아도 녹문 임성주, 월곡 오원, 광암 박성원, 효효재 김용겸, 미호 김원행, 역천 송명흠, 뇌연 남유용, 본암 김종후, 단릉 이윤영, 능호관 이인상 등 수없이 많다.

그중 김원행(金元行, 1702~1772)은 백부 김창집이 신임사화로 목숨을 잃은 뒤 서울을 떠나 경기도 양주에 석실서원을 세우고 후학을 가르치면서, 30년 동안 단 한 번도 서울에 발을 들여놓지 않았을 만큼 고집 센 인물이었다. 백사굉은 이재가 죽은 뒤에는 석실서원에 나가 공부했다. 석실서원은 훗날 백동수와 깊은 인연을 맺는 담헌 홍대용, 석치 정철조가 공부한 곳이기도 하다.

이재의 제자들 가운데는 김원행처럼 과거를 보지 않고 학문에만 전념한 인물들이 많았는데 김용겸(金用謙, 1702~1789)도 그중 하나다. 방약무인했던 백동수로 하여금 옷깃을 여미게 할 정도로 엄하고 강단 있으면서도 뒤끝이 없던 김용겸은, 백동수의 증조부가 목숨을 바쳐 의리를 지킨 김창집의 조카였다.

백동수는 아버지의 영향으로 노론의 대학자 김창협과 김창흡(金昌翁, 1653~1722) 그리고 이들의 사상을 계승한 이재를 일찍부터 알고 있었던 것으로 보인다. 창협과 창흡은 김창집의 친동생이기도 하니, 백동수 집안이 무가임에도 노론 인사들과 친밀하게 지내게 된 까닭이 여기에 있다 하겠다.

특히 김창흡은 백동수의 관심을 끌었던 인물로 여겨진다. 당대 최고 명문가에서 태어난 김창흡은 열두 살이 되도록 글공부는 하지 않고 잡기와 노는 데만 열중했으며, 청년이 되어서는 암자에 들어가 《장자》를

백동수의 집안과 깊은 인연이 있는 미호 김원행. 백부 김창집이 신임사회로 희생되자 서울을 떠났다. 백동수의 아버지가 김원행이 세운 석실서원에서 공부했다.

노론의 대학자 김창흡은 김창집의 친동생으로 여느 유학자와는 다른 삶을 살았다. 김창흡의 꼿꼿한 삶은 어린 백동수에게 큰 영향을 끼쳤을 것이다.

읽고, 단학에 심취해 수년 동안 수련에 몰두했다. 또한 여행을 즐겨 금강산, 지리산 등 조선의 명산을 두루 오르기도 했다. 보다 못한 어머니의 강권으로 과거에 응시하여 진사가 되긴 했으나 애초부터 벼슬에는 관심이 없었다. 스물일곱 살에는 아예 집을 떠나 강원도 철원 삼부연에 들어가서 산골 화전민들과 섞여 살았는데, 아무도 그가 정승의 아들인 줄 알지 못했다고 한다.

아버지 김수항이 당쟁에 얽혀 세상을 떠나자 한동안 불교에 심취해 불경을 읽기도 하였다. 이런 그의 재능을 아낀 나라에서 벼슬을 내렸으나 곧 사퇴하고 설악산에 벽운정사를 짓고 은거했다. 그후 벽운정사가 불에 타버려 영시암으로 옮겼다가 함께 살던 사람이 호랑이에게 잡아먹히는 바람에 하는 수 없이 산을 내려왔는데, 그때 나이 예순두 살이었다. 말년에는 춘천으로 거처를 옮겨 살다가 일흔 살에 죽었다. 이렇듯 평범한 유학자들과는 너무도 다른 삶을 살았던 김창흡은 백동수가 빠져들 만큼 매력 있는 인물이었다.

당대 선비들의 가르침을 받으며

백동수는 아버지 사굉의 주선으로 열두어 살부터 이름난 선비들에게 가르침을 받았던 것으로 보인다. 능호관 이인상, 단릉 이윤영, 현천 원중거가 그들이다. 이중 이인상(李麟祥, 1710~1760)은 시·서·화에 모두 뛰어나 '삼절(三絶)'로 불리면서 조선 후기 문인화의 일맥을 형성한 인물로, 추사 김정희의 존경과 숭배를 받았다. 이인상은 하루를 아침과 낮, 해질녘과 밤으로 나누고 각각 공부할 내용을 정하여 큰 병이 들지 않는 한 자신과의 약속을 엄격하게 지켰다.

원중거(元重擧, 1719~1790)는 이름 없는 무가에서 태어났지만, 아버지에게 기초 학문을 배운 뒤 홀로 경서를 탐독하여 시와 문장으로 주위에 이름이 알려졌다. 마흔세 살에 사마시(司馬試)에 급제하여 진사가 되었으나 벼슬을 얻지 못하고 가난하게 살았다. 명예와 이익을 멀리하고 시속에 타협하지 않으며 풍류를 즐겨 주위에 젊은이들이 많이 모여들었다.

이인상이나 원중거와 달리 명문가의 적자로 태어난 이윤영(李胤永, 1714~1759)은 집 안에 연못과 정자가 있을 만큼 생활이 넉넉했으며 수많은 책과 희귀한 골동품을 갖고 있었다. 그림을 잘 그리고 전각에 뛰어난 솜씨를 갖춘 그는 평생 벼슬을 하지 않고 벗들과 시 모임을 갖거나 산천유람 하는 것을 취미 삼아 유유자적하게 살았다.

백동수가 가르침을 받은 이윤영, 이인상, 원중거는 모두 노론 계열 사람들이다. 그러나 백동수는 노론 아닌 이들과도 어울렸다. 박제가의 아버지 박평과 장인 이관상이 그들이다. 박평의 당론은 소북이었고, 이관상은 당론과 무관한 사람이었다.

당시 선비들은 벗을 사귀는 데 당색과 신분 그리고 나이를 잣대로 한 엄격한 법도가 있었다. 당색과 신분은 자유로운 사귐을 가로막는 악습이었지만, 나이에 대해서는 너그러운 편이어서, 자기보다 아홉 살 많거나 적은 사람과는 터놓고 벗할 수가 있었다. 열 살 이상 나이가 차이나도 벗으로 사귀는 경우가 더러 있었는데, 이렇게 나이를 따지지 않고 사귀는 경우를 가리켜 '망년교(忘年交)'라 했다.

'오절도' 충신 백시구의 후손이요, 아버지가 도암 이재 문하에서 수학했다는 점 그리고 혼인 관계로 맺어진 두터운 인맥은 백동수의 생애에 적지 않은 영향을 주었다. 그가 지조와 기개, 명망을 두루 갖춘 선비들을 일찍부터 알게 된 데는 증조부와 아버지의 힘이 컸다. 여기에 활달한 그의 성격이 한몫했음은 물론이다.

시서화 삼절(三絶)로 추앙받은 이인상. 인품과 학식이 빼어나 서얼 출신으로는 드물게 사대부들의 존경을 받았다. 백동수도 그의 가르침을 받은 것으로 보인다.

1767년 모월 모일, 초어정 결의

형제가 되다

남산골 주자동에 자리잡은 백동수의 사랑방은 늘 손님들로 북적였다. 사람 좋아하는 백동수가 찾아오는 이는 누구든 반갑게 맞아들여 정성껏 대접한 까닭이었다. 백동수는 사랑방 이름을 '나무꾼과 어부들이 쉬는 집'이란 뜻의, '초어정(樵漁亭)'이라 지었다. 나무꾼이나 어부처럼 소박하고 꾸밈없이 살고 싶은 소망이 담긴 이름이었다.

'초어정' 현판을 써 붙이려고 먹을 갈던 그는 문득 박제가를 떠올렸다. 열다섯 살 소년 박제가의 글씨는 바람을 가르며 내닫는 준마처럼 힘이 넘쳤다. 장쾌하면서도 품격 있는 박제가의 글씨를 무척 좋아했던 백동수는 박제가의 집으로 달려갔다.

며칠 뒤, 백동수의 집을 찾은 이덕무가 사랑방에 걸린 현판을 보고 대번에 반하여 물었다.

"영숙, 저 글씨는 성난 듯 힘이 넘쳐 아주 좋으이. 처남의 필체는 아닌데, 누구 솜씬가?"

"승지 박평의 둘째 아들, 열다섯 살 동자라오."

어느 대가의 글씨인 줄 알았던 이덕무는 깜짝 놀라 그 동자를 만나게 해달라고 당부했다. 그러나 얼마 후 이덕무의 어머니가 세상을 떠 3년상을 치르는 바람에 이 만남은 3년 뒤에야 이루어졌다.

1767년 봄, 백동수가 상을 마친 이덕무를 찾아 이런저런 얘기를 나누다 이야기가 문득 초어정 현판을 쓴 동자에 닿았다.

"한 친구에게서 그 동자의 시를 몇 편 얻어보았네. 시 짓는 솜씨도 예사가 아니더군. 속히 자리를 만들어주시게."

열흘 뒤 백동수는 하인을 시켜 집 안을 말끔히 치우고 대문을 활짝 열어두게 했다. 먼저 이덕무가 대문에 들어서고, 박제가가 뒤따라 들어왔다. 이때 백동수는 스물다섯 살, 이덕무는 스물일곱 살, 박제가는 열여덟 살이었다. 이덕무와 박제가는 아홉 살 차이였지만 관례로 보아 벗으로 대할 수 있는 나이였다.

세 사람의 외모는 각기 개성이 뚜렷했다. 이덕무는 호리호리한 몸매에 눈빛이 범상치 않았고, 박제가는 작달막한 키에 눈동자에 푸른 빛이 감돌았다. 백동수는 두 사람보다 훌쩍 키가 크고 박달나무로 만든 노처럼 단단한 팔뚝에 건장한 몸집이었으며, 무성한 검은 수염이 두드러졌다. 이처럼 생김과 성격, 말투는 각각 달랐지만 이들의 맑고 강렬한 눈빛은 서로 닮아 있었다.

박제가가 준비해온 시를 읊조리는 동안 백동수는 잠자코 찻잔에 차를 따랐다. 평소 말을 더듬는 박제가도 이날만큼은 막힘 없이 이어나갔다. 대화는 끝없이 이어져 시와 글씨 세계를 넘나들다가 어느새 현실 문제에 가 닿았다.

"하지만 우리가 벼슬을 하지 않고도 대의를 이룰 수 있을까? 설령 우리가 과거에 급제하여 벼슬을 살더라도 말을 돌보는 감목관이나 찰방을 넘어서지 못할 것일세. 현천공이나 능호공 같은 분들이 어찌 재주와 뜻이 우리보다 못하단 말인가? 잘못된 제도와 굳어진 악습을 바로잡지 못한다면 아무런 소용이 없을 것일세."

현천은 원중거의 호요, 능호관은 이인상의 호다. 두 사람은 뛰어난 재주와 높은 인품을 갖추었음에도, 서얼이라는 이유로 종6품 감목관과 찰방에 그치고 말았다.

"이 시대 선비들이 해야 할 일은 백성들의 삶을 바꾸는 일이네."

이덕무의 말에 백동수가 나섰다.

"나는 백성들의 삶을 바꾸기 위해서는 우선 서얼을 차별하는 제도가 없어져야 한다고 생각하네."

한동안 무거운 침묵이 흘렀다. 백동수가 쉽사리 내보이기 어려운 속앓이를 끄집어낸 것이다. 백동수뿐 아니라 이덕무, 박제가 모두 서얼이라는 신분의 굴레를 안고 있었다. 이윽고 이덕무가 입을 열었다.

"나도 영숙의 말에 전적으로 동의하네. 우선 이런 말을 드리고 싶네. 우리 세 사람은 한결같은 마음으로 좋건 나쁘건 평생을 같이 지내세. 우리의 우정을 각자가 진심으로 끝까지 지켜가기로 다 같이 힘써보세."

백동수는 억세고 큼직한 두 손으로 박제가와 이덕무의 손을 덥석 잡았다.

"그 말씀대로 우리 형제가 되어 죽을 때까지 의리를 지키도록 합시다!"

박제가와 이덕무는 고개를 끄덕였다.

이날의 만남을 훗날 이덕무는 이렇게 적어놓았다.

봄에 내가 다시 영숙을 찾아가는데, 남산에서 흘러나오는 시냇물이 철철 문

밖으로 흐르고 있었다. 이때 한 동자가 점잖은 걸음으로 시내를 따라 북쪽으로 가는데, 흰 겹옷에 녹색 띠를 매었으며 매우 만족스런 듯하였다. 이마는 훤칠하고 눈은 응시하는 듯하였으며 낯빛이 부드러워 기걸(奇傑)한 남아였다. 나는 이 사람이 박씨의 아들이라 생각하고 길 가다 눈여겨보고 있으니, 동자도 마음에 짚이는 듯 눈여겨보고 지나갔다. 나는 속으로 이 사람이 반드시 나를 따라 백씨의 집으로 오겠지 하였는데, 조금 지나서 동자가 과연 매화를 노래한 시를 바치며 내게 인사를 하였다. 나는 신기(神氣)를 살피고 말을 물어보며 지조와 절개를 묻고 성령(性靈)을 대조해보았는데 매우 마음에 들어 즐거움을 견딜 수 없었다.

시 모임 '백탑시사'의 벗들과 함께

할아버지 백상화가 관직에서 은퇴한 뒤 가세가 기울기 시작한 백동수의 집안은 1765년 무렵 청교동을 떠나 남산 기슭의 주자동으로 이사했다. 서울은 종로를 기준으로 동·서·남·북·중 5부로 나뉘어져 있었는데, 주자동은 남부 훈도방에 속했다. 종로에서 남산에 이르는 남부에는 상인과 부자들이 많이 살았지만 남산에 가까울수록 백동수의 할아버지처럼 퇴직한 관리나 이덕무처럼 가난한 선비들이 주로 살았다.

백동수, 이덕무, 박제 세 사람의 초어정 결의가 있던 1767년, 이덕무는 남산골 대흥동을 떠나 백탑(지금의 탑골공원)이 있는 중부 대사동(지금의 인사동 부근)으로 이사했다. 대사동으로 이사한 지 얼마 안 되어 그의 주변으로 서얼 출신 시인들이 모이기 시작했고, 마침내 서상수·유득공·윤가기·변일휴·이희경·김용행 같은 청년들이 시 모임을 결성했다. 뜻이 맞는 이들끼리 시사(詩社)를 결성하는 것은 당시에 흔한 일이었다. 시 모임의 이름은 '백탑시사'라 했다. 참여한 이들의 집이 대개 백탑 근처였고, 그곳에서 모임을 가졌기 때문이다. 여

이덕무, 유득공, 홍대용, 박지원 등이 참여한 시 모임의 이름은 '백탑시사' 였다. 탑골공원에 있는 백탑, 곧 원각사지 10층 석탑은 100년 전만 해도 죽순처럼 지붕 위로 우뚝 솟아 있어 쉽게 눈에 띄는 아름다운 탑이었다.

기에 홍대용·박지원·정철조·이서구 같은 이들도 참여했고, 남산골에 살던 백동수와 박제가도 수시로 백탑을 드나들었다.

백탑은 오늘날 서울 파고다공원 안에 있는 원각사지 10층 석탑을 말한다. 지금은 빌딩 숲에 가려 그 존재조차 모르는 이가 많지만, 당시엔 키 작은 지붕들 위로 기운차게 솟아올라 당당한 위용을 자랑하고 있었다. 대리석으로 만들어져 희게 빛났기 때문에 백탑이라 불리기도 했다.

당시에는 문예부흥기라 할 만큼 문학과 예술을 즐기는 사람들이 늘어나 시사는 양반들뿐 아니라 중인층에도 급속하게 번져 나갔다.

특히 북부 '우대(한성 안 서북쪽 인왕산 근처. 참고로 아래대는 광희문(수구문) 방면)' 에 살던 중인들은 스스로 경아전 (京衙前, 조선 시대 중앙 각사(各司)에 소속된 하급 관리) 가운데 제일 우수한 집단이라고 자부하며 시사를 만들어 단결을 꾀하였다. 양반들처럼 문예에 대한 관심을 표현한 것이기도 했지만, 공동의 이익을 지키려는 목적도 갖고 있었다. 이들은 권력 상층부와도 관계를 맺었다.

백탑시사는 고려의 이제현과 조선의 허균·김창흡·이병연, 그리고 동시대인으로는 이용휴와 이봉환 같은 시인들을 모범으로 삼았다. 허균은 역적으로 몰려 능지처참당한 금기의 인물이었지만, 허균이야말로 조선 시의 새로운 경지를 연 사람이며, 따라서 그의 시만큼은 금기로 묶어둘 수 없다는 것이 백탑시사의 생각이었다.

백탑시사의 문학관을 알기 위해서는 시사를 이끌었던 이덕무와 박제가의 이야기를 듣는 것이 좋을 듯하다.

"대저 문장은 뼛속까지 스며들어가야 좋은 작품이라 할 만하다. 시와 글 하나하나마다 정신이 살아 움직여야 비로소 살아 있는 문장이다. 진부한 것을 그대로 본뜬 것은 죽은 글이다."

"선입견에 안주하지 말고 속인의 동요에 흔들리지 말라! 늘 스스로 깨어 있어 오묘함을 잃지 말라! 옛것에 머물지 말고 오늘에 굳건히 발을 디뎌라!"

이 무렵 백탑시사 동인들의 작품 대부분은, 조선 산천의 아름다움을 발견하고 그것을 표현한 것이었다. 앞 시대의 겸재 정선이 조선 산천을 그림으로 그리고 이병연이 시로 화답했다면, 이들은 시와 그림으로 조선 산천을 찬미하였다. 백탑시사는 봄과 가을이면 몽답정 · 읍청정 · 수표교 같은 풍광 빼어난 명소를 찾고, 여름과 겨울에는 서상수의 서재나 윤가기의 사랑방에 모여 차를 마시거나 술잔을 기울였다. 백동수는 이 백탑시사의 사람들과 수이 어울렸다.

청나라 선비 엄성이 그린 홍대용 초상. 북학파의 사상적 맏형인 홍대용은 '임하경륜'에서 국방의 중요성을 강조하고 무예를 가르치는 학교의 설립을 주장했다.

박지원과 의기투합하다

백동수가 백탑시사에 참여한 때는 탕평기라고 불리는 영조 치세 후반기였다. 영조는 노론의 지원을 받아 왕위에 올랐지만, 당쟁으로 유능한 선비들이 희생되는 것을 원하지 않아 노론과 소론, 남인과 북인의 온건한 인물을 고루 등용하는 탕평책을 강력하게 펴나갔다. 그 결과 정치 안정과 경제 부흥은 물론 문화도 꽃피울 수 있었다.

명문가의 맏이로 태어난 이서구는 소년 시절 이덕무에게 학문을 배웠다. 청년 시절에는 시인으로, 장년기에는 정치가로 활약했다.

조선의 문호(文豪) 연암 박지원
의 초상. 연암의 손자 박주수가
그렸다. 백동수는 박지원과 성
대중을 동지 삼아 경세지학을
연구했다.

그러나 갈수록 노론과 외척 일파가 정국을 주도하면서 권력을 독점하여, 백동수가 청년이 되었을 때 영조의 탕평책은 한계를 드러내고 있었다. 이러한 정국을 안타깝게 바라본 청년들 가운데 단연 두드러진 인물은 박지원이었다. 소년 시절부터 타고난 글 솜씨를 발휘했던 그는 날카로운 비판과 생동감 넘치는 글로 젊은 선비들을 열광시켰다.

백동수가 박지원을 처음 안 것은 아마도 1758년 무렵, 그러니까 열여섯 살의 백동수가 아버지와 동문인 이윤영의 집에 드나들던 때였던 것 같다. 백동수는 이윤영에게 《주역》을 배우던 박지원과 의기가 통해 금방 절친한 사이가 되었다.

박지원에게 이덕무와 박제가를 소개한 이도, 이들을 백탑시사의 회원이자 든든한 후원자인 서상수와 연결시켜준 이도 백동수였다. 박지원은 이덕무와 함께 백탑시사의 중심 인물이 되었고, 수많은 청년들이 이곳에 모여들었다. 훗날, 북학파라 불리는 커다란 파도를 이룬 사람들은 이때 백탑시사에서 활동한 이들이다. 백탑시사는 북학파를 있게 한 원형이라고 할 수 있는 것이다. 백동수는 백탑시사의 윤활유요, 신선한 만남을 주선하는 매개자였다. 그는 백탑시사의 숨은 별이었던 것이다.

백탑시사에는 젊은 층뿐 아니라 머리가 하얗게 센 원로들도 가끔 참석했다. 도암 이재의 문하에서 배운 김용겸도 그중 한 사람이었다. 김용겸은 후배들의 조그만 잘못도 그냥 지나치지 않고 정색을 하고 꾸짖어 잘못을 뉘우치도록 하는 사람이었다. 그러나 마음에 담아두는 일이 없어 지난날의 잘못을 다시 거론하지 않았다. 거침없는 말과 행동으로 소문난 백동수도 김용겸 앞에서는 조심에 조심을 거듭했다.

글씨와 그림에 뛰어난 재주를 보인 박제가가 그린 '어락도'. 명의 부활을 위해 청나라 군대와 무력 투쟁을 벌인 정성공의 어린 시절을 담은 '영평의령초모도'도 그가 그린 작품이다.

당시 백동수의 행동 반경은 집과 마을을 훌쩍 벗어나 있었다. 그는 매일 저잣거리에서 백정들과 종, 상두꾼, 장사꾼을 만나 어울렸다. 박지원이나 이덕무도 인습과 규범에 얽매인 사람들은 아니었지만, 백동수만큼 하층민의 삶을 속속들이 알진 못했다. 그런 그들에게 하층민에 대한 백동수의 깊은 애정과 생생한 체험이 그대로 전해졌다.

이 시기에 맺은 벗들과의 우정을 백동수는 죽는 날까지 이어갔다. 그가 가장 소중하게 생각한 단어는 의기(意氣)였다. 그의 벗들 역시 규범과 형식에 매이지 않고 오로지 뜻 하나만 보고 사람을 사귀었기에, 이들의 우정은 노론, 소론, 남인, 북인 같은 정치적 견해 차이를 뛰어넘을 수 있었다. '뜻이 통하면 누구와도 벗이 될 수 있다'고 백동수는 믿었다.

평안도와 서울 여항을 오가며

무사의 고장 평안도

1754년 가을, 열두 살 백동수는 황해도 장련현감으로 부임하는 할아버지 백상화를 따라 황해도를 여행했다. 무과에 급제하고도 서자라는 출신 때문에 하급 무관으로 '말을 타고 팔도를 떠돌아야' 했던 백상화가, 말년에 종6품 현감에 오를 수 있었던 것은 충신 백시구의 아들이라는 후광 덕이었다. 현감은 백상화가 오를 수 있는 최고의 벼슬이었다. 백상화는 직전까지 평안병영에서 일했기 때문에 백동수도 유년 시절의 일부를 평안도 안주에서 지냈다.

장련은 황해도의 명산 구월산 자락에 위치한 서해안의 작은 고을이었다. 백동수가 열다섯 살이 되던 1757년 봄, 백상화는 장련현감 임기를 마치고 관직에서 은퇴했다. 이때부터 백동수는 매년 농사철이 되면 아버지를 따라 충청도 아산으로 갔다. 할아버지가 벼슬을 살며 평생 모은 돈으로 아산에 얼마간의 논밭을 마련했기 때문이다. 농사를 감독하는 일은 아버지가 도맡았다.

당시 평안도·황해도를 '서북', 함경도를 '동북'이라 불렀는데, 이곳 사람들은 무예를 숭상하는 용맹한 기질을 가지고 있었다. 옛부터 북방 민족의 침략이 빈번하여 자신의 생활 터전을 지키기 위해서도 무예를 익히지 않을 수 없기 때문이다. 조선을 건국한 태조 이성계도 동북 지방 출신이었고, 그 아들 태종 이방원은 그런 이유 때문인지 이 지역 출신 무장들을 두려워했다

서북 지방 백성들은 스스로 외적의 침략을 막아내야 했으므로, 겨울이 되면 마을에서 추천한 교사의 지휘에 따라 무예를 익혔다. 나라에서도 이곳 백성들에게는 무예를 한 가지씩 익히도록 권장했다.

황해도와 평안도, 충청도를 오가며 보낸 어린 시절의 경험은 백동수의 성격 형성에 적지 않은 영향을 주었을 것이다. 거칠고 세련되지 못하면서도 활달한 그의 행동은 서북 지방의 풍토에서 받은 영향이 큰 듯하다.

황해도와 평안도가 백동수에게 거칠고 활달한 야성을 길러주었다면, 서울은 화려하고 세련된 문화를 심어주었다. 그는 감수성 예민한 어린 시절 서로 다른 두 문화를 경험한 행운아였다.

여항의 협객들과 교류하다

명망 있는 선비에게 배우고 재주 있는 벗과 사귀면서도, 백동수는 서자라는 신분에 대한 불만과 열등감을 늘 갖고 있었다. 그 때문인지 새롭고 신선한 만남으로 자극과 보상을 받고 싶어했던 그에게 서울은 아주 적합한 곳이었다. 무엇보다 인구 20~30만 명을 헤아리는 대도회지 서울에는 관리, 군영 소속 장교와 서리, 기술직 중인 등 다양한 사람들이 살고 있었다. 특히 남부 명철방 쌍리문동과 남소동에는 하급 무관들이 모여 살고 있었다. 이곳에 어영청의 분영인 남소영(지금의 장

충단 부근)과 금위영의 분영인 남별영(지금의 묵정동)이 있었기 때문이다. 고위 무관들과 달리 하급 무관 가운데는 창검무예에 뛰어난 이들이 많았다.

백동수는 북악산 밑 삼청동과 인왕산 밑 필운대와 백운동 그리고 옥류동 같은 서울 변두리뿐 아니라 서울의 중심 운종가(지금의 종로)도 자주 찾았다. 운종가에는 서울의 3대 시장(이현, 종루, 칠패) 가운데 하나인 종루가 있어, 여러 상인들을 만날 수 있었다. 또한 이곳에는 훈련도감에 소속된 무관, 하급 관리와 기술직 중인, 놀고먹는 건달, 탈법을 일삼는 파락호 등 갖가지 사람들이 살았다. 이렇게 평범한 사람들이 모여 사는 곳을 여항(閭巷)이라 불렀다.

여항에는 시의 귀재, 의술에 뛰어난 의원, 성씨는 물론 이름조차 밝히기 꺼려하는 검객 같은 재주 있는 사람들이 많았다. 어느새 백동수는 글을 배우러 선비들을 찾아다니는 날보다 협객들과 어울려 활터와 번화가와 변두리를 쏘다니는 날이 많아졌다. 박제가는 당시 그의 모습을 이렇게 표현했다.

"말 달리고 활 쏘고 검을 쓰며 주먹을 뽐내는 부류와 글씨와 그림 · 인장 · 바둑 · 금슬(거문고와 비파) · 의술 · 지리 · 방기(의약 기술)의 무리로부터 시정의 교두군 · 농부 · 어부 · 백정 · 장사꾼 같은 천인에 이르기까지 길거리에 만나서 도타운 정을 나누지 않는 날이 없었다."

아들이 협객들과 어울려 술집을 드나들고 하급 무관들에게 권법과 검술을 배우러 다니는 것을 알게 된 백동수의 부모는 혹시나 외아들이 빗나가지 않을까 염려하여, 아들의 마음을 잡을 방법을 궁리했다. 혼사를 서두르기로 한 것이다.

혼인으로 얻은 벗들

백동수가 몇 살 때 장가를 들었는지 단언하기는 어렵다. 다만 당시 관습이 열여섯 살을 전후해서 관례와 혼례를 올린 데 비추어, 1758년 무렵일 거라고 추측된다. 관례 후 그는 영숙이라는 자(字)를 받았다. 영숙은 유순한 느낌을 주는 흔한 이름으로, 아마도 백동수의 아버지가 그의 불 같은 성질을 눌러볼 요량으로 지어준 것 같다.

백동수의 아내 진주 유씨(1738~1790)는 찰방을 지낸 유상익의 딸로 그보다 다섯 살 위였다. 유씨 역시 백동수와 마찬가지로 서얼 집안에서 태어났다. 서얼 집안의 딸은 적자의 정처가 되지 못하므로 서얼끼리 결혼하는 것이 보통이었다. 유씨는 백동수의 조부모와 과부가 된 백모, 사촌형제 둘, 막내 숙부모와 조카, 누이 셋, 거기다 종까지 합해 스무 명이 넘는 대가족 살림을 꾸려나가면서 아들을 낳아 가문의 대를 이어야 했다.

이러한 아내의 고충을 아는지 모르는지 백동수는 장가든 후에도 여전히 밖으로 나돌았다. 그렇다고 해서 그의 생활에 아무런 변화가 없었던 것은 아니다. 그는 혼인으로 소중한 벗 몇몇을 사귀게 된다. 아내의 외삼촌인 퇴석 김인겸(金仁謙, 1707~1772)과 청성 성대중(成大中, 1732~1812)이 그들이다.

김인겸은 백동수가 흠모해오던 김창흡의 족질(族姪)이다. 아내 유씨의 외조부 김창복은 당대 최고 명문가인 김창흡 집안의 서자로 태어났지만, 집안에서 아무도 그를 차별하지 않아 자신이 서자라는 사실을 모르고 자랐다. 열서너 살 무렵 이웃 아이들에게 놀림을 받고서야 사실을 깨달은 그는 방에 틀어박혀 책만 읽었고, 장가든 뒤에는 공주로 내려가 은거하며 낮에는 농사 짓고 밤에는 독서하면서 일생을 마쳤다. 그의 적종형 되는 김창흡은 그에게 이런 시를 주었다.

일본인이 그린 김인겸 초상. 김인겸은 백동수의 아내 유씨의 외삼촌이었다. 김인겸은 1764년 통신사 서기로 일본 에도를 방문하고 돌아와 8,000여 구나 되는 장편의 한글 기행가사 '일동장유가'를 지었다.

사람들 모두 급급히 속세에 골머리 썩히는데
홀로 전원에서 오롯이 앉아 있네.
천직의 밭 가는 일 섭리를 헤아리고
의술의 운기는 정밀한 데 통하였네.

일본인이 그린 성대중 초상. 성
대중 집안은 성대중 자신은 물론
아버지 성효기, 아들 성해응 모
두가 학문으로 명성을 떨쳤다.

시가 말해주듯이, 김창복은 문장은 물론 농사와 의술에 일가를 이루었다. 그의 아들 김인겸도 품성과 문장이 뛰어났지만 열네 살 때 아버지가 돌아가시는 바람에 가난으로 학문에 전념하지 못하였다. 그러다 뒤늦게 사마시에 합격하여 진사가 되었으나, 공주에서 은거하고 있었다.

백동수는 가끔 공주에 내려가 김인겸을 만났다. 이때 그는 김인겸의 소개로 성대중을 알게 된다. 소년 시절부터 문장에 탁월했던 성대중은 스물두 살 되던 해에 김인겸과 함께 진사시에 급제하고, 3년 뒤에는 문과에 급제하여 정9품 교서관 정자에 제수된 인물이다. 성대중은 총명한 머리에 준수한 외모와 뛰어난 말솜씨를 갖고 있었지만, 그 역시 서자였다. 성대중은 거칠기 짝이 없는 행동에 자신보다 한참 어리지만 문무를 겸비한 백동수를 좋게 보아 망년교를 맺었다. 이후 백동수는 성대중에게 여러 모로 도움을 받는다.

또 한 사람, 부인 유씨와 외종 사촌간인 윤가기(尹可基, 1747~1802)가 있다. 윤가기도 백동수 못지 않게 성격이 곧고 재능이 많은 청년이었다.

전설의 검객, 김체건을 흠모하며

검술에 관심 갖다

백동수는 무예를 일찍 접할 수 있는 환경에서 자랐다. 할아버지 백
상화가 현직 무관이었을 뿐 아니라 친인척 중에도 무관이 많았다. 고
모부는 충무공의 5대손으로 통제사를 지낸 이언상이다. 백동수는 어릴
적부터 할아버지를 통해 증조부의 일화나 충무공의 활약상을 들으며
자랐다. 활과 환도는 그에게 서책과 필묵만큼이나 친숙한 물건이었다.

백동수는 열 살부터 평안병영에 있는 할아버지를 뵈러 서울에서 안
주까지 혼자 다녔다. 그의 체격은 서너 살 위의 아이들과 맞먹을 정도
였고, 담력이 세서 낯선 고장을 혼자 여행하기를 즐겼다. 또 열 살부터
할아버지를 졸라 말 타는 법, 활 쏘는 법을 배워, 열두어 살이 되었을
쯤에는 제법 말을 타면서 활을 쏘아 과녁을 꿰뚫을 수 있는 실력을 갖
추게 되었다.

반가의 사내아이들은 관례를 올릴 십대 중반이 되면 과거를 대비하
기 시작했으나, 백동수는 과거에 통 관심이 없었다. 그렇다고 활쏘기

〔武藝圖譜通志〕

軍校金體乾趫走音喬善也捷工武藝 肅廟朝嘗隨

使臣入日本得劒譜學其術而來 上名試之體曰

乾拂劒回旋揭舉也 踶擧拇而步倭譜凡四種曰土

由流曰運光流曰千柳流曰柳彼流流者猶義經

《무예도보통지》 '왜검' 조에 실린 김체건 관련 글. '군교 김체건은 잘 달리고, 몸이 민첩하였으며 발뒤꿈치를 들고 엄지발가락으로 걸었다'고 되어 있다. 이덕무는 김체건이 사신을 따라 일본에 건너가 왜검을 배웠다고 기록해놓았다.

와 말타기에 만족하지도 않았다. 그가 주목한 것은 검술이었다.

당시 검술로 명성이 높았던 인물은 김광택(金光澤)이다. 숙종 시대 최고의 검객으로 이름을 날린 김체건(金體乾)의 아들로 태어난 김광택은 '검선(劍仙)'이라 불릴 만큼 문무와 인품을 두루 갖추었다. 유득공의 아들 유본학이 쓴 '김광택전'에 실린 김체건에 대한 기록을 보자.

그(김체건)는 임금(숙종) 앞에서 검술을 시험할 때, 눈이 아찔해질 정도로 사람을 놀라게 했으나 그 까닭은 알 수 없었다. 그는 또 바닥에 재를 깔고 신발을 벗은 채 두 엄지발가락으로써 재를 밟고 칼춤을 추었는데 마치 나는 듯했다. 춤이 끝나자 재 위에는 발자취가 없으니 그 몸의 가볍기가 이러했다.

김체건이 숙종 앞에서 검술을 시범 보였던 일은 《무예도보통지》에도 실려 있다. 또한 같은 책 '병기총서' 숙종 16년(1690) 11월 조에 '임금이 친림한 내원에서 훈련도감 왜검수의 기예를 시험하였다'는 기록도 있다. 무예 관람을 아주 좋아했던 숙종은 1692년 8월 8일부터 관무재를 열어 4일 동안 무예를 관람하였는데, 이때 권법에 탁월한 기량을 가진 박천군수 양익명이 권법 시범을 보였다. 양익명은 숙종 앞에서 선전관 네 명이 자신을 겨냥하여 어지럽게 던지는 돌을 발과 팔로 모두 막아냈으며, 주먹으로 차돌을 박살냈다. 이 자리에서 김체건은 자신이 가르친 왜검수들과 함께 왜검과 예도를 선보여 숙종을 기쁘게 했다.

전설의 검객, 김체건

백동수의 성장 과정에서 김체건의 영향력을 빼놓을 수 없을 듯하다.

다음은 유본학의 '김광택전'과 홍용한의 '김광택전' 그리고 《훈국등록》과 《금위영등록》을 비롯한 몇 가지 자료를 바탕으로 재구성해본 김체건의 행적이다.

효종 말, 서울의 평민 가정에서 태어난 김체건은 어려서 부모를 여의고 어려운 환경에서 자랐다. 거친 소년들과 어울려 싸움질을 일삼으며 세월을 보내던 그는 열 대여섯에 정신을 차리고 집안을 일으키리라 다짐했다.

그러려면 과거에 급제하여 벼슬을 살거나, 장사를 하여 돈을 벌어야 했다. 그러나 신분이 낮아 과거에 응시할 처지도, 장사를 할 밑천도 없었다. 소년 시절부터 몸이 빨라 달리기를 잘 했으며, 힘이 세고 몸이 가벼워 씨름판을 주름잡았다. 이 무렵 익힌 검술에 뜻을 두고 뛰어난 검객을 찾아다니며 배웠고, 여가에는 독서와 서예를 하며 실력을 쌓는 것도 게을리 하지 않았다.

마침 효종이 북벌을 준비하면서 어영청을 강화하고, 훈련도감 별대를 창설하여 많은 무사를 선발하였다. 김체건은 훈련도감 군병을 선발하는 취재(取才)에 합격하여 급료를 받는 포수(砲手, 총을 쏘는 군병)가 되었다. 포수들 대부분은 글을 모르는 까막눈이었는데 글을 읽을 줄 알고, 몸이 날렵하고 검술에 탁월한 재능을 가진 그는 얼마 지나지 않아 훈련도감에서 두각을 드러냈다.

김체건은 조선의 검술이 일본보다 떨어지는 것을 안타깝게 생각하고 있었다. 마침 훈련도감에서 왜검을 군병들의 교련 과목으로 넣을 계획을 추진하고 있었다. 임진왜란 때 조선에 항복한 왜인들을 통해 전해진 왜검의 기법이 거의 남아 있지 않았기 때문이다. 훈련대장 유혁연(柳赫然, 1616~1680)이 직접 나섰다. 그는 비변사 회의에서 영의정 허적, 병조판서 김석주 등 비변사 당상들에게 훈련도감 소속의 무사

1678년에 이설한 부산포 초량 왜관의 모습을 담은 '초량왜관도'. 김체건은 1680년 무렵 이곳에 들어가 몰래 왜검을 익혔다. 왜관의 규모가 대단히 컸던 것을 한눈에 짐작할 수 있다.

한 명을 왜관에 보내 검술을 배워 오도록 할 것이라는 계획을 밝혔다. 훈련도감에는 창검을 전문으로 다루는 살수부대 6초(哨, 738명)가 속해 있었다. 그러나 포수인 김체건이 유혁연의 눈에 들어 요원으로 선발되었다. 그 많은 살수를 제치고 김체건이 뽑힐 수 있었던 것은 그의 굳센 담력과 탁월한 검술 실력은 물론 글자를 읽을 수 있는 지적 능력이었다. 훈련도감에서 김체건에게 사역원에 다니며 일본말을 익히도록 지원해 주었다.

1678년, 두모포에 있던 왜관을 10만 평 규모로 신축한 동래 초량으로 이전하게 되었다. 유혁연은 왜관을 관리하는 동래부사 이서우(李瑞雨, 1733~1709)에게 미리 협력을 구해 둔 상태였다. 이서우가 유혁연에게 보낸 비밀편지에 따르면, 왜관에 검술의 고수가 있으며 왜관에서 조선인 일꾼을 구하고 있으니 잠입시킬 수 있다는 것이었다. 1679년 가을, 국왕 숙종의 제가를 받아 김체건이 동래로 밀파되었다.

왜관에 들어간 김체건이 성실히 일하여 왜인들의 두터운 신임을 얻었다. 마침내 그는 왜인들이 검술을 수련하는 장소와 시간을 알아내는 데 성공했다. 왜관의 고위 관리들과 치안을 담당하는 무사[요코메]들만 비밀 장소에서 검술을 익히고 있었다. 기회를 엿보던 그는 사람들이 잠든 시간을 틈타 도장의 마루 밑을 표가 나지 않게 뚫어 몸을 숨길 곳을 확보해 두었다.

마루 밑에 몸을 숨기고 왜인들의 검술을 머릿속에 담은 후 모두 잠든 밤이 되면 낮에 보았던 기법을 연습했다.

탁월한 감각과 비상한 재능을 가진 그였지만 검술을 모두 익히는 데는 많은 시간이 걸릴 수 밖에 없었다. 이때 김체건은 왜관에 드나드는 역관과 일본 관리를 매수하여 검법의 비결을 적은 첩자(帖子)를 입수했다. 이 첩자를 통해 검법의 용어와 비결을 빠르게 정리할 수 있었다. 피를 말리는 생활은 계절이 바뀌고 해가 바뀌어도 계속되었다.

김체건이 왜관에서 죽음을 각오하고 왜검을 익히고 있던 경신년(1680) 여름에 남인 영의정 허적, 훈련대장 유혁연, 동래부사 이서우, 강력하게 북벌을 추진했던 백호 윤휴 등이 사약을 마시거나 유배되는 '경신환국'이 일어났다. 이들은 김체건을 직간접으로 돕던 후원자였으므로 충격이 적지 않았다. 이런 안팎의 어려움을 견디며 모든 검술을 익힌 그는 1681년 겨울에 훈련도감으로 복귀했다.

보고를 들은 숙종은 김체건을 궁궐로 불러 검술 시범을 보고 매우 기뻐하며 군병들에게 검술을 지도하는 교련관으로 임명했다. 1682년 봄에 병조판서 김석주(金錫冑, 1634~1684)가 금위영을 창설하면서 김체건을 별무사로 임명하여 자신의 휘하에 두었다. 김체건은 금위영 소속이었지만, 당시 군권을 장악하고 있던 김석주의 결정으로 때때로 훈련도감과 어영청에 가서 검술을 지도했다. 이 무렵 강화도 '서검제(書劍齋)'에서 조선세법을 익힌 무사 고후점과 함께 조선세법을 바탕으로 '예도(銳刀)'라는 이름의 새로운 검법을 정립했으며, 왜검의 기법을 응용하여 '교전'이라는 대련법도 창안했다. 김체건은 겨루기 중심으로 왜검을 가르쳤는데 이를 위해 '피검(皮劍)'을 개발하여 사용했다.

《숙종실록》을 보면 1682년 사신으로 북경에 가는 우의정 김석주가 "왜관에 들어가 검술을 배웠던 이를 데리고 들어가 중국의 무예를 배

금위영이 창설된 지 4년이 지난 1686년에 시행했던 관무재에서 작성된 별무사와 군병의 고시 과목 기록. 이미 이때부터 본국검이 고시 과목에 들어 있었음을 확인할 수 있다.

훈련도감의 운영에 관한 1719년 기록. 보병의 살수기예로 십팔기 가운데 14기의 명칭이 보인다.

같은 해 훈련도감에서 창검무예를 시험 본 내용. 입상자 수와 부상으로 준 무명과 베의 수량이 실려 있다.

우게 하겠다"고 건의하여 숙종의 허락을 받는 장면이 나온다. 김체건은 조·중·일 삼국의 검술을 모두 익힌 무사였다. 1684년 이후 검계, 살주계 같은 비밀조직이 활동할 때는 포도청 포교들도 왜검과 예도를 익혔던 것으로 확인되고 있어 그의 활동 범위가 어디까지였는지 짐작하기조차 어렵다.

1697년 1월, 김체건은 승려 운부와 대도 장길산과 밀접한 관계인 역성혁명 사건의 실제 주모자 이영창 일당을 체포하기도 했다. 얼마 후 그는 동래 왜관과 가까운 곳에 위치한 두모포 만호에 임명되었다. 훈련도감 포수에서 출발하여 종4품 만호까지 올랐으니 입신양명에 성공했다 할 것이다. 그런데 흥미로운 것은 그가 만호로 재직하는 동안의 행적이다. 흉년이 극심할 때였는데 김체건의 환곡 징수 성적이 경상도 내에서 꼴찌였다는 사실이다. 그는 파직을 각오하고 굶주리는 백성들에게 강제로 환곡미를 거두지 않았던 의기의 사람이었다. 이밖에도 그가 어려운 이웃을 힘써 도왔다는 증언이 여럿 남아 있다. 아들 김광택과 절친했던 홍용한도 "그[김체건]는 불의한 재물을 더럽게 여기고 멀리했다"고 하여 그의 깨끗한 성품을 말하고 있다. 그의 성품은 아들 김광택에게 대물림되었다. 홍용한은 김광택을 "성장하여서는 의협심과 신의를 좋아하고 세속에 얽매이질 않았으며, 날래고 용감하여서 무리들 중에 뛰어났다"고 증언하고 있다. 이처럼 김체건 부자는 전설의 검객이자 여항의 협객으로 사람들의 기억 속에 살아 있었다.

검술의 명인 김광택을 스승으로

백동수는 김체건이 이미 세상을 떠나 만나 볼 수 없다는 것이 못내 안타까웠지만, 김체건의 아들 광택에 관한 이야기를 들으며 아쉬움을 달랬다.

김광택은 성대중이 여항에 숨어 있는 다섯 기사(奇士, 뛰어난 선비)의 한 사람으로 소개한 바로 그이였다. 김체건이 터득한 검술과 검무를 고스란히 전수받은 광택은 아버지 못잖은 검객일 뿐 아니라, 아버지에게 서예도 배워 명필로도 알려졌다. 영조도 김광택이 큰 글씨[大書]를 잘 썼다는 말을 두 차례나 했을 정도였다. 이와 관련하여 홍용한이 아주 흥미로운 일화를 들려주고 있다.

김광택이 열세 살이 되던 해에 풍산 홍씨 가문의 초대를 받아 '청풍당(淸風堂)'이란 편액을 쓰게 되었다. 청자를 쓰고 풍자를 쓰다가 풍(風)자의 바깥 삐침이 잘 되지 않자 벌떡 일어나 발로 붓대를 차 글씨를 완성했다. 거침없는 김광택의 행동에 모두가 놀랐다. 더욱 놀라운 사실은 그렇게 완성한 글씨 대가의 솜씨에 손색이 없었다는 사실이다. 이후 그의 집에는 비단과 종이를 들고 글씨를 청하러 몰려드는 사람으로 가득했다고 한다. 또한 단오절에 씨름판의 판막이[최후의 승자,

장사로 이름을 날렸다. 세상에 거의 알려지지 않았지만, 김광택은 김체건과 친했던 좌의정 이이명의 주선으로 1720년부터 연잉군(훗날 영조)의 호위무사로 시중을 들었다. 1724년 영조가 즉위한 뒤 김광택은 궁궐을 나왔다. 그런데 이십 대에 이상한 피부병에 걸려 치료를 위해 10여 년을 산 속에 은둔해 살았다. 이때 《장자(莊子)》에 매료되어 내외편을 모조리 외울 수 있을 정도로 읽고 또 읽었다. 이 무렵 신선으로 널리 알려진 김홍기에게 단학을 배웠다. 은둔하던 김광택을 세상에 불러낸 것은 사도세자의 외숙부 홍용한이었다. 홍봉한은 아우 홍용한을 통해 김광택과 영조와의 특별한 관계를 알게 되었다. 홍봉한으로부터 김광택의 소식을 들은 영조가 그를 궁궐로 불러 만나보던 자리에서 금위대장 구선복(具善復, ?~1786)에게 명하여 금위영 교련관에 임명한 것이 1757년 겨울이다. 이후 만호를 지내고 관직에서 은퇴한 뒤 여항에 묻혀 지내고 있었다.

이런 사실을 알게 된 백동수는 여항에서 사귄 협객들과 함께 김광택이 살고 있는 곳을 수소문했다. 김광택의 집은 그의 집에서 멀지 않은 쌍리문동에 있었다. 이웃사람들도 그가 지난 시절 무관 벼슬을 지냈다는 것은 알고 있었지만, 뛰어난 검객이라는 사실은 전혀 눈치 채지 못했다. 그저 나이에 비해 정정하고 글씨를 잘 쓰는 노선비로만 알 뿐이었다. 김광택을 스승으로 모시고 싶었던 백동수는 예를 갖추어 제자 되기를 간청했다. 그러나 김광택은 그의 청을 선뜻 들어주지 않았다. 그렇다고 포기할 백동수가 아니었다. 그는 승낙을 얻어낼 때까지 뻔질나게 김광택의 집을 찾았다.

결국 김광택도 그의 청을 들어주지 않을 수 없었다.

백동수는 김광택을 만나기 전부터 여항의 협객과 무예별감, 군영의 살수 교련관에게 무예를 익히고 있었다. 그들 역시 자타가 인정하는 검의 고수였지만 김광택의 실력에는 미치지 못했다. '3년 일찍 수련을 시작하는 것보다 3년 걸려 좋은 스승을 찾는 것이 더 낫다'는 옛말이 있듯, 김광택같이 훌륭한 인품을 지닌 검법의 대가를 스승으로 모시게 된 것은 백동수에게는 일생일대의 행운이 아닐 수 없었다.

검보를 익히고 검의 원리를 깨쳐나가다

조선 최고의 검보

십대 소년 백동수는 백발의 검객 김광택을 스승으로 모시고 검법을 익히기 시작했다. 해가 기울 무렵이면 말을 탄 소년이 김광택의 대문에 들어서는 광경을 볼 수 있었다. 초저녁에 매화나무가 여러 그루 서 있는 고즈넉한 마당에서 백발의 노인과 댕기머리 소년이 검을 들고 때론 부딪치고 때론 떨어지기를 반복했다. 그때마다 검광이 여름날 무수히 떨어지는 유성처럼 빛났다.

백동수가 김광택의 문하가 된 지 한참 지나서야 스승이 술을 좋아하고 흥에 겨우면 칼춤을 추기도 한다는 사실을 알게 되었다. 김광택의 검무를 본 사람의 증언에 따르면, 칼춤은 신의 경지에 이르러 '만지낙화세(滿地落花勢)'를 취하면 몸이 감춰져 보이지 않았다고 한다.

격검을 할 때면 부상을 줄이기 위해 가죽을 씌운 목검을 사용했다. 이를 '피검(皮劍)'이라 하는데, 스승 김광택의 아버지 김체건이 창안한 것으로 군영에서는 오래 전부터 사용하고 있었다. 물론 피검을 사용해도 작은 부상은 각오해야 했다. 오래지 않아 백동수는 몸의 움직임이 변화무쌍하게 보이기는 해도 일정한 틀을 벗어나지 않는 것을 깨치게 되었다.

백동수는 검보(劍譜)를 익히고 격검을 통해 검의 원리를 깨쳐나갔다. '보(譜)'는 가상으로 상대와 겨루는 것을 상정하여 공격과 방어를 정립한 틀이다. 오랜 세월을 거쳐 기법의 유용성이 검증되어야만 비로소 '보'로 정립되어, 대를 이어 전해질 수 있었다. 일정한 형식이 없는 실전과, 가상의 실전을 상정하여 일정한 형식을 갖춘 보는 서로 의지하는 것이기 때문에 어느 것이나 소홀히 할 수 없었다.

찰나에 죽일 수 있으면서 살릴 수도 있는 경지에 도달해야 고수라 할 수 있다. 그러기 위해서는 검을 빠르고 자유자재로 휘두르되 검이 흔들리지 않도록 하며, 마음먹은 곳에서 검을 멈출 수 있어야 했다. 그래서 옛사람들은 "무란 병기(싸움)를 그치게 하는 것이다[武爲止戈]"라고 했다. 백동수가 조선의 검보인 예도(銳刀)에 매력을 느낀 것은 당연했다. 예도의 스물네 가지 세법은 검을 들고 취할 수 있는 모든 자세를 망라한 최고의 검보였기 때문이다.

문무를 겸비한 김광택을 스승으로 모시고 검술을 배운다는 사실이 자랑스러웠지만, 백동수는 한동안 이 사실을 아무에게도 알리지 않았다. 그런데 그의 부모가 먼저 사실을 알게 되었다. 좀처럼 꾸지람을 하지 않던 부친 백사굉이 그를 불러 앉혀놓고 조용히 타일렀다.

"날선 검으로 베고 치고 찌르는 것을 익히다보면 필시 살벌한 기운을 기르게 되기 마련이다. 좀더 나이가 든 연후에 익히는 것이 어떻겠느냐? 무엇보다 네 어머니는 네가 검을 배우다가 혹여 몸을 크게 다치지나 않을까 몹시 염려하고 계신다. 이 모두가 성인이 가르치신 인(仁)과 효(孝)에 위배되는 것이 아니냐?"

조선세법(朝鮮勢法) 예도(銳刀)

예도는 임진왜란에 참전한 명군을 통해 중국에 전해진 조선의 고유한 검법이다. 예도는 명나라 말기의 병법가였던 모원의(茅元儀)가 망국의 징조가 농후한 조국을 부흥시키려는 충정을 가지고 고금의 병서 2,000여 권을 참고하여 1621년에 간행한 총 240권의 《무비지(武備志)》에 '조선세법'이란 이름으로 실린 유일한 검보이다. 일본의 병법가들도 이 책을 입수하여 '조선세법'을 연구했다. 그런데 정작 검보를 창안한 본국 조선에서는 예도의 기법이 단절되고 말았다. 1738년 평안감영에서 전년에 입수한 《무비지》를 인쇄하여 전국의 병영에 반포하면서 예도를 다시 익히기 시작했다. 중국이나 일본의 어떤 검법보다 기법이 다양하고 세분화되어 있는 것이 예도이다. 그러나 불행하게도 예도는 다시 그 기법이 단절되었다. 다행히 최근 들어 이러한 현실을 안타깝게 여기는 많은 무예인들이 예도를 원형에 가깝게 복원하기 위해 심혈을 기울이고 있다.

모원의는 조선세법의 기초[初習]에 안법(眼法), 격법(擊法), 세법(洗法), 자법(刺法)이 있다고 소개했다. 뒤에 격법(格法)을 붙여 놓았다.

격법(擊法, 치는 법) 다섯 가지

• 표두격(豹頭擊)·과좌격(跨左擊)·과우격(跨右擊)·익좌격(翼左擊)·익우격(翼右擊)

빠르고 짧게 머리를 치는 표두, 좌우 손목을 치는 익좌와 익우, 치고 들어오는 상대의 공격을 대각으로 피하며 좌우 다리를 치는 과우와 과좌이다.

다섯 가지 이외에도 깃발을 흔들 듯이 검을 휘둘러 상대의 목을 베는 전기(展旗), 몸을 낮추어 좌우에 있는 상대를 견제하며 공략하는 횡충(橫衝), 나보다 강한 상대를 대적하는 법인 간수(看守), 검을 왼편 아래로 늘어뜨리고 있다가 베어 올리는 전시(展翅), 오른편에 칼을 늘어뜨리고 거짓으로 패한 척하며 상대를 유인한 뒤에 나아가며 허리를 치는 염시(斂翅), 강하게 허리를 치는 요격(腰擊), 낮은 자세로 들어가 내 몸을 상대의 몸에 바짝 붙여 턱을 올려치는 흔격(掀擊), 찌르듯이 치는 찬격(鑽擊), 높이 들어 치는 게격(揭擊) 등 아홉 가지 격법이 더 있다.

자법(刺法, 찌르는 법) 다섯 가지

• 역린자(逆鱗刺)·탄복자(坦腹刺)·쌍명자(雙明刺)·좌협자(左夾刺)·우협자(右夾刺)

상대의 검을 젖히며 찌르는 점검(點劍), 몸을 던지듯이 하여 배를 찌르는 탄복, 검을 좌우 겨드랑이에 끼고 있다가 길게 찌르는 좌협과 우협, 기습하듯 한 손으로 상대의 목을 찌르는 역린이다. 모원의는 쌍명도 소개했으나 24세법에는 보이지 않는다.

세법(洗法, 베는 법) 세 가지

• 봉두세(鳳頭洗)·호혈세(虎穴洗)·등교세(騰蛟洗)

모원의는 호혈, 등교도 소개했으나 24세법에는 검을 아래로 내리고 있다가 칼등으로 상대의 검을 쳐 올린 뒤 바로 내려 베는 봉두 하나밖에 없다.

격법(格法, 방어와 대적하는 법) 세 가지

• 거정격(擧鼎格)·선풍격(旋風格)·어거격(御車格)

솥을 들 듯이 검을 머리 위로 들어 막고 내려 베는 거정, 수레를 밀 듯이 상대에게 몸을 바짝 붙였다가 뒤로 빠지며 손목을 베는 어거가 있다. 세 가지 외에도 검을 허리 아래 감추고 있다가 들어오는 상대의 전면을 훑어 올려 베는 요략(撩掠), 몸을 낮추어 전후좌우를 방어하다가 돌개바람처럼 회전하며 올려 베고 내려 베며 여러 명을 대적하는 은망(銀蟒) 등 두 가지 격법이 더 있다.

모든 세법은 상대와의 관계, 변화하는 상황 속에서 그 쓰임이 결정된다. 그러므로 하나의 세법에 최고 최선의 내용을 담을 수 없다. 예도 24세법 속에는 검으로 공격과 방어, 기만할 수 있는 거의 모든 기법이 담겨 있다. 상황에 따라 한두 가지를 선택하는 것이다. 세법 하나하나마다 장단과 강약, 허실과 기정(奇正)이 들어 있다.

朝鮮勢法 初習
眼法擊法洗法刺法
擊法有五
豹頭擊跨左擊跨右擊裏左擊裏右擊
刺法有五
逆鱗刺坦腹刺雙明刺左夾刺右夾刺
格法有三
舉鼎格旋風格御車格
洗法有三
鳳頭洗虎穴洗騰蛟洗

武備志卷八十六

《무비지》에 실린 '조선세법'. 《무비지》
는 중국 역대의 모든 병법서를 참고하
여 명나라 말기에 만든, 분량이 240권
이나 되는 방대한 종합 병서이다.

격법(치는 법)의 표두

격법의 익좌

격법의 익우

격법의 과우

격법의 과좌

자법(찌르는 법)의 역린

자법의 우협

자법의 좌협

자법의 탄복

세법(베는 법)의 봉두

격법(방어와 대적하는 법)의 거정

격법의 은망(선풍)

격법의 어거

부모의 마음을 편히 해드리지는 못할망정 걱정을 끼쳐드리는 것은 바라지 않는 바였지만, 지금 배우기를 그만둔다면 스승에게 배울 수 있는 기회는 영영 잡지 못할 것 같았다.

"아버님께 염려를 끼쳐드리게 됨을 용서하십시오. 그러나 소자가 옛일을 돌이켜보니 칼을 든 무사들보다 오히려 붓을 들고 인을 말하는 학자들이 붓과 혀로써 살육한 일이 더 많은 것을 보았습니다. 또한 검법은 몸을 상하게 하는 것이 아니라 온전히 보전하는 기술이라 들었습니다. 몸을 온전히 하는 기술은 미리 배워두어야 한다고 판단하였습니다. 소자가 검을 익히는 것은 불효가 아니라 효를 이루려는 것입니다. 그러나 소자의 이런 생각이 잘못된 것이라 하신다면 말씀대로 따르겠습니다."

논리 정연한 답변에 말문이 막힌 백사굉은 아들의 검법 수련을 허락할 수 밖에 없었다.

의술·단학을 아울러 익히며

백동수는 몸을 상하지 않도록 각별히 조심하라는 부모의 당부를 지키려고 노력했다. 혹시 다치더라도 상처가 아물 때까지 부모 눈에 띄지 않도록 조심했다. 그러나 다치지 않으려고 몸을 사리다 보니 검법을 제대로 익힐 수 없었다. 궁리 끝에 백동수는 검법과 함께 의술을 배우기 시작했다.

사실 무사라면 응급처치 정도는 반드시 익혀두어야 했다. 그는 부기를 빼고 상처를 빨리 아물게 할 때 어떤 부위에 침을 놓는지, 약은 어떻게 조제하는지를 배워두었다. 이때 익혀둔 의술은 훗날 백동수가 강원도 산골에 들어가 농사를 지으며 살 때 유용한 자산이 되었다.

백동수는 매일 아침저녁으로 마당 가에 세워둔 타격대를 치고 찌르며 정확하고 빠른 기법을 익혀나갔다. 봄이면 떨어지는 꽃잎을 베어보고, 가을에는 들판에 나가 흔들리는 갈대의 가느다란 대궁을 겨냥하여 찌르기 연습을 했다. 정신을 집중하다 보면 갈대 대궁처럼 작은 표적도 아름드리 소나무 등걸처럼 크게 보이는 경지에 도달하게 된다. 이것을 '삼매법(三昧法)'이라 했다. 백동수는 매달 초하룻날이면 스승을 찾아가 그동안 수련한 결과를 보여드리고 격검을 통해 점검을 받았다. 검술 수련은 매일 밥을 먹고 잠을 자는 것처럼 빠뜨리지 않는 그의 일과였다.

한편 백동수는 김광택을 통해 임수웅(林秀雄)이라는 당대 최고의 무사를 만나게 된다. 당시 훈련도감에서 살수를 지도하는 교련관으로 있던 임수웅도 김광택의 제자였다. 1593년 창설된 훈련도감에서는 포수, 사수와 함께 창검을 전문으로 다루는 살수부대 6초를 운영했다. 중앙 군영의 살수 중에서도 훈련도감 살수들이 가장 날래고 용감했다. 그러나 1682년에 김석주의 주도로 금위영이 창설되면서 창검법은 금위영이 주도하게 되었다. 임수웅의 선배이자 스승이 되는 김체건 역시 훈련도감의 포수 출신으로 교련관이었다.

또한 백동수는 김광택에게서 내공을 단련하는 단학도 깊이 있게 배웠다. 김광택은 일찍이 병 치료를 위해 산속에 숨어 지내던 시절 짚신 한 켤레로 서울에서 금강산까지 왕복할 수 있을 만큼 몸이 가벼웠다는 김홍기의 제자가 되어 단학을 수련한 바 있다. 호흡법을 통해 내공을 쌓는 단학은 최고를 지향하는 무사들의 공통된 수련법이었다. 많은 무사들이 비밀리에 퍼져 있던 선가류의 단학에 심취하였고, 나라에서 오랫동안 금했던 《참동계》나 《황정경》 같은 단학 서적은 선비들 사이에서 널리 읽혀졌다. 이덕무도 단학을 깊이 수련하지는 않았지만 《음부경》이나 《참동계》 같은 단학서적을 즐겨 읽었다고 한다.

《참동계》와 함께 단학을 대표하는 서적으로 꼽히는 《황정경》. 도가의 양생 수련법을 담고 있어 비밀리에 전수되었다.

한편 그때 민간에서는 《홍길동전》을 비롯하여 《임경업전》 《조웅전》 《유충렬전》 같은 영웅소설이 널리 읽히고 있었다. 소설의 주인공은 실재했던 역사 속의 인물들로서 무예와 지략이 뛰어나나 때를 잘못 만나 불우한 생애를 보낸 무장이었다. 여기에다 중국에서 전래된 《삼국지연의》나 《수호전》 같은 유협소설이 민중들의 가슴을 사로잡았다. 이런 소설을 읽어주고 돈을 받아 생계를 이어가는 이들을 '전기수(傳奇叟)' 라 했다.

서울 중심가에 가면 전기수의 이야기를 듣느라 사람들이 떼지어 있는 광경을 쉽게 볼 수 있었다. 전기수는 아주 그럴듯한 목청으로 책을 읽으며 사람들을 끌어 모은 뒤 가장 간절한 대목에 이르면 문득 읽기를 멈춘다. 다음 대목이 궁금하여 견딜 수 없게 된 청중들이 다투어 돈을 던지면 이야기를 다시 이어가곤 했다.

민중들은 출세한 문관들보다는, 불우했으나 의롭게 살았던 무장을 숭상하였다. 이덕무의 문집 《아정유고》에는 "종로 담배 가게 앞에서 소설 낭독이 벌어졌는데 영웅이 뜻을 잃고 방황하는 대목에 이르자 듣고 있던 어떤 사람이 낭독자를 칼로 찔러 죽인 사건이 있었다"는 일화가 실려 있다. 약자의 편에 서서 도움을 베푸는 협객과 영웅을 갈망하던 당시 분위기를 생생하게 보여주는 사건이 아닌가 한다.

이 무렵 장안에 무성한 화제를 뿌리며 등장한 소년 협객이 있었으니 훗날의 세도가 홍국영(洪國榮, 1748~1781)이다. 왕세손의 장인 홍봉한과 친척되는 홍낙춘의 아들로 태어난 홍국영은 미남에다 눈치가 빠르고 행동이 민첩하며 호기로웠다. 대갓집 아이답지 않게 시정잡배들과 어울려 시장 바닥을 쏘다니며 술을 마시고 장기를 두는가 하면, 시조와 창을 잘하여 '나비야 청산 가자 호랑나비야 너도 가자'라는 신곡을 시정에 유행시키기도 했다. 이런 일로 홍낙춘은 자식 교육을 잘못시켰

당시 민중들 사이에 입에서 입으로 전설처럼 전해 내려오는 황진기라는 검객이 있었다. 반역 사건이 일어날 때마다 배후 인물로 지목되었던 그는 어린아이도 알 만큼 유명한 인물이었다. 나라에서는 그를 체포하기 위해 현상금을 걸고 얼굴을 그린 벽보를 곳곳에 나붙였다. 덕분에 모두들 황진기라는 이름과 생김새는 알고 있었지만, 그를 직접 본 이는 아무도 없었다고 한다.

황진기는 본래 선전관 벼슬을 하던 자였다. 그러나 1728년에 일어난 '이인좌의 난' 혹은 '무신란'이라 불리는 반란 사건에 연루되어 체포령이 떨어지자 도망을 쳤다. 그를 역적이라 기록한 《영조실록》조차 "장수가 될 만한 인물이며 지략과 검술이 뛰어나다"고 했을 만큼 그의 검술 솜씨는 탁월했다.

《영조실록》에는 황진기에 관한 기사가 상당히 많다. 그중 영조 9

년 1733년 9월 22일 기록이다.

> 푸르고 흰 얼굴에 코는 높고 길며, 수염은 적지만 검었고 체격은 중간이었는데, 평상시에도 소의를 벗지 않았습니다. 때때로 씨름이나 뛰어넘기를 했는데 날래고 용맹하기가 남보다 월등했으며, 늘 칼을 차고 스스로 춤을 잘 춘다고 말하였습니다.

영조 치세 내내 황진기를 잡기 위해 수많은 군사들이 동원되었지만 그는 끝내 잡히지 않았다. 황진기가 150세쯤 되었을 순조 치세에도 그에 대한 체포령이 내려졌다니, 그 이름이 갖는 무시무시한 위력을 짐작할 만하다. 이렇게 황진기는 지배자에게는 역적의 대명사였지만, 반란을 꿈꾸던 사람들에게는 영웅이었다.

다는 비난을 들었다. 그래도 그의 행동은 여전했다. 오히려 한술 더 떠 함께 어울리는 친구들에게 "천하의 모든 일은 모두 내 손아귀에 있게 되리라"고 호언장담했다. 홍국영이 이런 말을 하고 다녀도 안전할 수 있었던 것은, 그의 집안이 왕실과 혼사를 맺어 당대 최고의 권력가로 부상한 풍산 홍씨였기 때문이다. 백동수의 기질과 홍국영의 기질은 통하는 구석이 많았다.

글씨와 그림에 눈뜨다

백동수는 검선 김광택에게 검법과 서예를 배우는 한편 능호관 이인상에게 서화를 배웠다. 이때 그와 함께 서화를 배웠던 친구로는 비슷한 연배였던 이인상의 둘째 아들 이영장과 이윤영의 서자인 이희산이 있다.

이인상은 사촌 백동우의 장인이며, 이윤영은 오촌 당숙 백사빈의 장인이었으니 두 사람 모두 백동수의 인척이었다. 이인상이 이윤영, 김종후 같은 벗들과 어울리는 자리에는 으레 시와 서화가 따르기 마련이었다. 이럴 때면 백동수도 다소곳이 앉아 이인상이 글씨를 쓰고 그림을 그리며 벗들과 나누는 대화를 보고 들으며 필법과 화법을 익혔다.

그는 이것을 바탕으로 서화에도 관심을 쏟아 이후 정철조, 서상수, 박제가 같은 서화의 대가들과 어울려 화법(畵法)을 피력할 정도의 실력을 갖추게 되었다. 이것은 훗날 《무예도보통지》를 간행할 때 퍽 쓸모 있는 자산이 되었다. 비록 대가의 반열에 오르지는 못했으나 글씨와 그림을 식별하는 심미안은 확실히 터득했다. 훗날 그가 단원 김홍도가 그린 신선도가 화법에 어긋났다며 찢어버린 일도 이때의 경험과 무관하지 않다.

백동수의 글씨는 남아 있지 않지만, 벗들의 평을 들어보면 상당한 수준에 이르렀던 것 같다. 박지원은 그가 "전서와 예서를 잘 쓴다"고 칭찬하였다. 물불 안 가리는 비평으로 원한 사는 일이 많았던 박지원이니 괜한 말로 백동수를 칭찬했을 리는 없을 것이다.

백동수가 무예를 배우던 시기 이인상 같은 대가에게 서화를 배운 것은 무사로서의 소양을 한층 높이는 데 도움이 되었다. 백동수는 전각 솜씨도 뛰어나 여가가 날 때면 패도로 나무를 깎아 곧잘 생활용품을 만들었다. 한번은 호남을 여행하고 돌아오는 길에 굵은 대나무를 여러 개 구해와 잘 말린 후 패도로 정교하게 그림을 새기고 아교로 대나무를 이어 붙여 만든 필통을 이덕무를 비롯한 몇몇 친구들에게 선물하기도 했다. 비록 값이 나가는 물건은 아니었지만, 이덕무는 이 필통을 몹시 아껴 '붓대는 작은 대요 필통은 큰 대라, 큰 대 셋을 합치니 붓 백 자루는 담을 만하다. 이것은 영숙이 나에게 선물한 것이다' 라는 글을 새겨 소중히 간직했다.

글씨와 그림에 뛰어난 무인들

조선 시대에 글씨와 그림에 뛰어난 무인들이 많이 있었다. 충무공 이순신이 좋은 본보기다. 《난중일기》를 봐도 이순신은 명필이었음이 분명하다. 제대로 알려지는 않았지만 검객 김체건도 명필이었다. 그는 여덟 살 밖에 안 된 어린 아들 광택을 달리 맡길 데가 없어 금위영에 데리고 다녔다. 빈 청사 건물에서 노는 아들에게 쉬는 시간이면 그는 청사에 버려진 낡은 현판과 맹물을 종이와 먹물 삼아 글씨를 가르쳤다. 그는 큰 붓으로 글씨를 익혀서 대서를 잘 썼는데, 서체가 강건하고 화려하다는 평을 들었다. 김체건·김광택 부자는 서예와 검으로 일가를 이룬 대표적인 인물이다.

또 한 사람, 진종환(秦種煥)이 있다. 의원 출신으로 규장각 서리를 지낸 진동석의 아들이다. 그는 명필로 이름을 날렸던 아버지와 백부 진동익에게 어릴 때부터 서예를 익혔다. 커서는 왕희지와 김생의 필체를 본받아 일가를 이루었다. 그는 한밤에 맨손으로 호랑이를 추격할 만큼 담력이 있었던 십대 소년 시절부터 무예를 갈고 닦아 이십 대 청년이 되었을 때는 달인의 경지에 올랐다. 가끔 달 밝은 밤이면 벗들을 이끌고 산 속에 들어가 십팔기의 기법을 보였는데, 마치 몸이 나는 것 같았다고 한다. 그러나 그도 중인이라는 신분의 제약과 시대를 잘못 만나 자신의 재능을 발휘할 기회를 끝내 잡지 못한 불운한 인물이었다.

무사가 서화를 익혀 대가의 반열에 오른 것은 중국과 일본에서도 쉽게 찾아볼 수 있는 일이다. 일본 에도 시대에 전국을 떠돌며 일류 검객들과 60여 차례나 승부를 겨루어 단 한 번도 패하지 않았다는 미야모토 무사시(1584~1645)는 조각가이자 수묵화가로 이름이 높았다. 무사시는 검객답게 붓의 사용을 절제하여 힘 있고 직선적인 화풍의 그림을 즐겨 그렸다. 대도와 소도를 사용하는 니토류[二刀流]를 창시했던 그는 왼손을 단련하기 위해 양손에 붓을 잡고 그림을 그리고 글씨를 썼다고 한다.

이순신 장군의 《난중일기》. 초서로 씌어진 이 일기는 윤행임, 유득공 등이 정조의 명을 받아 《전서》로 편찬할 때 전란 중에 기록한 일기라 하여 '난중일기'란 이름이 붙여졌다.

일본 최고의 검객으로 꼽히는 무사시의 초상. 두 눈은 마치 눈꺼풀을 잘라버린 달마대사의 눈을 보는 듯하다. 오른손에 대도(大刀), 왼손에 소도(小刀)를 잡고 있다.

협객이란 무엇인가

날뛰는 숫송아지이지만……

백동수는 협객이 되고 싶었는지도 모른다. 그가 검술을 배우기 위해 김광택을 찾아갔던 것은 협객의 삶에 대한 동경 때문이었다고도 할 수 있을 것이다. 협으로 역사에 남은 사람들의 신분은 백정에서 왕족에 이르기까지 다양했다. 신분보다는 어떤 삶을 살았느냐가 협을 결정하는 요소였다. 백동수는 타고난 장수감이라 힘이 아주 셌으며, 힘으로 남을 구할 의분과 재물로 남에게 은혜를 베풀 수 있는 의기가 있었다. 박지원에 따르면 그는 '의'를 실천할 수 있는 바탕을 타고난 사람인 셈이다.

어느덧 백동수는 장안의 협객들 사이에 유명인사가 되어, 그를 따르는 협객만 서른 명 가량이나 되었다. 당시 백동수의 모습을 짐작하게 해주는 일화가 있다.

어느 봄날, 백동수는 친한 협객들과 함께 북한산에 올랐다. 술병을 허리에 차고 가야금 든 기생을 데리고 나섰다. 산길을 오르며 붉게 물든 두견화에 마음을 적시고, 계곡에 드러누운 바위에 올라 화전을 부

치며 술잔을 나누었다. 발길을 재촉하여 산사로 향했는데, 그곳에는
먼저 온 건달들이 자리잡고 있었다. 화려한 옷차림만 보아도 어느 패
거리인지 알 만했다.

잘 나가는 무뢰배들은 세도가의 자제나 포도청 포교 아니면 무예별
감을 끼고 있기 마련이었다. 이들을 통해 단속에 대비하고, 싸움이 벌
어지면 이들이 나서서 처리해주었다. 이런 무뢰배들은 협잡과 주먹질
을 일삼으며 색주가를 부업의 터전으로 삼았다. 물론 무뢰배 중에도
협객이 한둘은 끼여 있을 수 있고, 마찬가지로 협으로 불리는 사람 중
에도 무뢰한이 한둘은 끼여 있기 마련이었다.

백동수 일행은 산사 누각에 올라 자리를 펴고 앉았다. 가야금이 울리
고 노래가 이어지면서 막 흥이 오르려는데, 아까 본 무뢰배들이 누각을
향해 몰려오고 있었다. 두목인 듯한 건장한 사내가 맨 앞에 있었다. 순
간 백동수의 짙은 눈썹이 꿈틀했다. 불 같은 그의 성격을 잘 아는 벗들
이 소매를 붙들었지만 어느새 그는 몸을 날려 누각 아래로 내려섰다.

봄볕 따사로운 산사 마당에 두 사람이 마주 섰다. 백동수는 천천히 소매를 걷으며 어금니를 꽉 다물었다. 그러자 얼굴을 뒤덮고 있던 검은 수염이 쫙 펴졌다. 그때야 두목은 자기 앞에 서 있는 사내가 '야뇌'라 불리는 백 모라는 사실을 알아차렸다. 순간 두목은 덩치에 어울리지 않게 몸을 떨며 뒷걸음질쳤고, 두목의 눈치를 살피던 다른 이들도 하나 둘 사라져버렸다. 수염이 펴지는 것만 보고도 몸을 떨고 도망갔으니 백동수는 불 같은 성격 못지 않게 인상도 험했던 모양이다.

이날 북한산에서 있었던 일은 한동안 장안의 화제가 되었다. 함께 갔던 이들은 마치 자신의 무용담인 양 신명나게 그날 일을 이야기하곤 했다.

청계천 다리 밑에서 배우는 세상

이런 백동수를 벗들은 염려스러운 눈으로 바라보고 있었다. 누구보다도 그의 학문적 재능을 잘 알고 있던 성대중과 이덕무는 학문을 소홀히 하는 백동수를 안타깝게 여겼다. 백동수가 협객들과 어울려 배우고 있는 무예도 실은 과거에는 전혀 도움되지 않는 검술과 권법이었다. 두 사람은 만나기만 하면 백동수의 분방한 생활을 걱정했다. 하루는 둘이 백동수의 집을 찾았다. 나이 많은 성대중이 먼저 입을 열었다.

"영숙은 과격하고 굽힐 줄 모르는 성격을 가졌다는 것은 스스로도 잘 알고 있을 것이야. 우린 영숙이 정이 깊고 학문에도 재능이 있음을 익히 알고 있네. 영숙은 적은 나이가 아니네. 지금은 훌륭한 스승을 찾아 학문을 닦아야 할 때가 아닌가?"

이덕무도 거들었다.

"사집(士執, 성대중의 자)의 말씀이 맞네. 영숙이 이러한 시기에 협객들과 어울려 다니며 무예를 익히기만 하고, 장사꾼, 백정들과 어울려 시시덕거리기나 하고 있으니 답답하기 그지없네. 나는 장인께서 영숙을 염려하시는 말씀을 여러 번 들었네. 우리는 영숙이 행동을 의젓하게 하고 학문에 열중하기를 충심으로 바라네."

"두 분이 아우를 위해 하시는 말씀은 고맙게 받아들이겠습니다. 하지만 어찌 책으로 세상을 모두 알 수 있겠습니까? 때가 되면 두 분도 아우의 행동을 이해하게 될 것이니, 잠시 모른 척 내버려두시구려."

백동수는 아무렇지 않게 대꾸했다. 얼마 후 이덕무를 다시 만난 성대중은 한탄을 거듭했다.

"영숙은 늘 마음대로 행동하여 찬찬한 구석이라고는 조금도 찾을 수 없네. 마치 날뛰는 숫송아지 같아. 내가 나서서 고삐로 묶으려 해도 묶을 수가 없었네. 참으로 안타까운 일이야."

백동수를 아끼는 이들은 모두 그를 염려하고 있었다. 그러나 그는 책이 아닌 현실 속에서 세상을 배우고 있었다.

1762년 봄, 여름철의 홍수 피해를 막고자 청계천에 준설사를 설치하고 삼군영의 군사와 노동자를 동원하여 시내에 쌓인 모래를 치웠다.

가난한 사람들에게 더욱 고통스런 겨울이 오면 그는 서울을 가로질러 흐르는 청계천을 따라 걸으며 다리 밑 거지들이 사는 움막을 살피고 다니면서, 움막조차 마련하지 못한 사람들에게 거적을 사서 나누어 주었다. 이들은 농토를 잃고 무작정 서울로 온 농민들이었다. 백동수는 청계천 다리 밑에서 세상을 배우는 중이었다.

백동수는 이덕무에게 자신이 목격한 가난한 백성들의 고단한 삶을 들려주었는데, 그후론 성대중도 더 이상 학문을 강권하지 않았다.

1760년 2월, 나라에서 준설사를 설치하고 두 달 동안 청계천을 정비했다. 오랫동안 개천 밑에 모래가 쌓여, 해마다 장마철이 되면 물이 넘쳐 많은 사람들이 죽고 집이 떠내려가는 큰 재해를 입곤 했다. 이 공사에 동원된 사람은 연인원 15만 명, 그중 삯을 받고 일한 사람은 약 5만 명이었다. 대부분 구걸로 연명하던 이들이었다. 백동수는 공사를 지켜보며 관의 힘을 새삼 느꼈다. 백성에게 두루 혜택을 주기 위해서는 관의 힘을 적절히 사용하는 법, 즉 경세지학을 공부해야 한다는 것을 확실히 깨달았다.

한동안 책과 담을 쌓고 지내던 백동수는 집 안에 틀어박혀 책을 읽기 시작했다. 성대중과 이덕무는 그의 변한 모습을 매우 반겼다. 유협열전만 즐겨 읽던 백동수가 《맹자》와 구양수의 작품을 읽고 있었다. "일정한 생업을 가진 사람은 항심을 가질 수 있지만, 일정한 생업이 없는 사람은 항심을 가질 수 없다[有恒産者有恒心, 無恒産者無恒心]"는 《맹자》 '등문공' 편의 한 대목이 백동수 가슴에 확 들어왔다. 그를 사로잡는 구절이 또 있었다.

"뜻을 펼 수 있게 되었을 때 백성과 함께 그 길을 걸어가고, 뜻을 펼 수 없게 되었을 때에는 혼자서 그 길을 걸어가야 한다. 부귀도 그 마음을 어지럽히지 못하고, 빈천도 그 지조를 옮기지 못하며, 무력도 그 뜻을 굴복시킬 수 없는 자라야 비로소 진정한 대장부라고 할 수 있다."

백동수는 전에는 깨닫지 못했던 글귀의 뜻이 가슴에 뜨겁게 와 닿는 것을 느꼈다. 체험으로 터득한 것을 책으로 확인하는 희열을 맛본 것이다.

사도세자와 《무예신보》

부활하는 조선 무예

검술과 서화의 매력에 깊이 빠져들고 있을 무렵, 백동수는 귀가 번쩍 뜨이는 얘기를 들었다. 임수웅이 사도세자의 명을 받들어 조선의 창검무예를 발굴, 정리하고 있다는 반가운 소식이었다.

1749년, 열다섯 살의 세자는 부왕 영조의 명으로 대리청정을 시작하여 국정의 일부를 맡았다. 이후 세자는 뒤주에 갇혀 죽는 1762년까지 10년 넘게 대리청정을 맡게 된다. 이 기간 동안 세자는 영조를 대신하여 많은 일을 하였는데, 그중 하나가 나라 안의 창검무예를 발굴하고 정리하여 군영에 보급하는 일이었다. 민간에서 명맥을 유지해오던 무예를 세자가 나서서 발굴하고 정리하는 것은 조선 개국 이래 처음 있는 일이었다.

사도세자는 보통 알려져 있는 것처럼 유약하고 선병질적인 인물이 결코 아니었다. 영민한 데다가 무예에 깊은 관심을 갖고 궁궐 뒤뜰에서 직접 무예 훈련을 게을리하지 않는 강건한 인물이었다. 외모까지 효종을 빼어 닮았다는데, 《실록》의 한 대목을 보자.

사도세자가 지은 《무예신보》의 서문 "예보6기연성18반설"의 일부. 북벌에 대한 사도세자의 집념은 '삼배발검무용천'이라는 글과 《무예신보》를 편찬한 것에서 짐작할 수 있다. 사도세자는 15세에 청룡언월도를 다룰 만큼 힘이 장사였고, 검법에도 뛰어났으며 글씨도 잘 썼다.

효묘(효종)께서 일찍이 무예를 좋아하여 한적한 날이면 후원에 나가 곧 말을 타고 무예를 시험하였으므로 몸에 지녔던 청룡도와 철주로 된 큰 곤봉이 저승전(세자가 대리청정을 할 때 군무의 문서에 찍는 도장을 보관하던 건물)에 있었는데, 기운이 센 무사라하더라도 이를 운용할 수 없었다. 그러나 소조(사도세자)는 15~16세 적부터 벌써 이를 들어 사용하였다. 또 활을 좋아하여 살을 잡고 과녁을 겨누었다 하면 반드시 명중되었다. 날을 듯한 굴레 위에서 말고삐를 잡고 재빨리 몰기도 하고 길들이기도 하였다.

사도세자는 조·중·일 삼국 무예의 정수를 모은 무예서 편찬을 계획하고 임무를 수행할 적임자를 물색했다. 이때 훈련도감의 장교로 재직하고 있던 임수웅이 편찬 책임자로 선발되었다. 임수웅은 김광택의 뒤를 잇는 창검무예 일인자로 손꼽히는 인물이었다. 임수웅은 젊고 병법에 해박했으며 문장 실력도 갖추고 있었다.

《무예신보》 완성되다

백동수가 열일곱 살이 되던 1759년, 마침내 사도세자가 추진하고 임수옹이 책임 편찬한 《무예신보(武藝新譜)》가 완성되었다. 《무예제보번역속집》이 간행된 지 꼭 150년 만에 조선의 무예를 비롯한 삼국의 무예를 종합한 전문 서적을 펴낸 것이다.

《무예신보》에는 장창, 죽장창, 기창, 당파, 낭선, 쌍수도, 예도, 왜검, 교전, 제독검, 본국검, 쌍검, 월도, 협도, 등패, 권법, 곤방, 편곤의 십팔기(十八技)가 수록되어 있다. 십팔기 중에서 한교(韓嶠, 1556~1627)의 무예 6기(六技, 장창, 당파, 낭선, 쌍수도, 권법, 곤방)와 왜검을 제외한 나머지는 조선 전래의 무예이거나, 기원은 중국과 일본에 두었지만 조선에서 완성된 무예였다. 이를테면 제독검은 왜란 때 조선에 파병된 명장 제독 이여송의 직함을 따 제독검이라 불리긴 하지만, 그 검보(劍譜)는 왜란 이후 조선에서 완성되었다. 제독검의 검보를 살펴보면 열네 가지 자세 중 열두 가지 자세에 '적'이란 단어가 붙어 있다. 세법 하나에도 왜적을 향한 강한 적개심을 드러내 검보를 제정한 목적을 분명히 하고 있었다.

사도세자는 《무예신보》를 훈련도감에 배포하여 교본으로 삼게 했다. 《무예신보》는 대중에게 공개된 비서(秘書)였다. '비서'는 많은 시간을 투자해야 터득할 수 있는 것을 짧은 시간 안에 터득할 수 있게 하고, 미처 깨닫지 못한 것을 깨닫게 해주며, 핵심을 파악하게 해주는 책이다. 하나의 무예가 보(譜, 혹은 투로. 일정한 세를 연결해 만든 형)로 정립되려면 반드시 기법의 유효함이 검증되어야 하고, 국가의 공인을 얻어야 했다. 그러나 아무리 훌륭한 보를 수록한 무예서라 해도 비법을 전달할 수는 없다. 무예 수련을 통해 이러한 사실을 잘 알고 있었던 세자는 《무예신보》를 펴낸 뒤 '예보6기연성18반설(藝譜六技演成十八般設)'이란 글에서 이렇게 말했다.

"《주해중편(籌海重編)》에 이르기를 '명장은 비법[陰用]을 말하지 않고

효종과 무예

공자는 군자가 지녀야 할 덕목의 하나로 활쏘기를 꼽았다. 조선의 왕들도 활을 잘 쏘았다. 조선을 개국한 태조와 제22대 정조는 명궁이라 해도 과언이 아닐 정도로 빼어난 실력을 가지고 있었다. 하지만 고위 무관들조차 꺼리는 청룡도와 철봉을 특별히 만들어 궁궐 안에서 무예를 닦은 왕은 효종뿐이었다. 효종은 북벌을 국시로 삼고 군사를 육성했다. 자연 무를 숭상하는 기풍이 일어났으며, 신식 화약 무기를 대량 개발하고 정예 포수를 길러냈다. 당쟁으로 점철된 숙종 시대에도 무예 발전은 계속되었다. 이때는 특히 마상기예에 대한 관심이 높아져 1707년에 '기창교전(旗槍交戰)'이 제정되었으며, 김체건의 공로로 예도와 왜검술이 군영에 보급되었다. 그렇지만 군영에서 익히는 창검무예의 종목은 여전히 제한되어 있었다.

무릇 창검은 전투를 매듭짓는 최후의 병기다. 들판에서 맞붙거나 성을 공략하고 사수할 때 마지막 순간에는 적군과 아군이 맞붙게 된다. 이럴 때는 포수나 사수도 총과 활을 버리고 창검을 들어 백병전을 벌여야 한다. 화약 병기의 시대가 왔지만 창검을 다루는 살수는 여전히 필요했다.

당시 군영에는 《병장도설》과 《화포식언해》 같은 병법과 화약 병기를 다루는 여러 종류의 서적이 보급되어 있었다. 하지만 창검무예를 다룬 서적은 《무예제보》(1598)와 《무예제보번역속집》(1610)뿐이었다.

《무예제보》는 임진왜란 때 훈련도감의 낭청 한교가 명말의 무장 척계광이 저술한 《기효신서》를 번역하여 편찬한 것이고, 《무예제보번역속집》은 광해군 때 훈련도감 도청 최기남(崔起南, 1559~1619)이 《무예제보》에 빠트린 내용을 보완하여 편찬한 것이다. 두 권의 무예서는 전국 시대를 거치면서 군사 강국으로 부상한 일본의 침략을 연거푸 당한 뒤 창검의 중요성을 절감한 결과물이었다. 조선은 전란의 상처가 아물기도 전에 최강의 군사 강국으로 부상한 청의 침략을 받아 항복하고 말았다.

효종이 북벌을 추진하면서 조선은 무예의 부흥기를 맞게 되었다. 뜻있는 무사들에 의해 관심 밖에 있었던 조선 전래의 무예가 발굴되었고, 일본과 청과 전쟁을 치르면서 입수한 무예도 재정립되었다. 사료를 종합해보면 숙종 시대에 이미 '조선의 십팔기'가 완성되었던 것으로 보인다.

그러나 십팔기를 군영에서 모두 익혔던 것은 아니다. 1744년에 간행 반포된 법전 《속대전》에 십팔기의 일부를 수용했다. 즉 월도, 쌍검, 제독검, 평검, 권법·왜검·예도 등이 관무재(觀武才)의 고시 과목으로 규정되었다.

《무예제보번역속집》 중 '권법' 부분. 이 책은 광해군 1610년에 훈련도감 도청 최기남이 편찬한 무예서이다.

'북벌 군주' 효종이 직접 만들어 사용했다는 언월도와 철주. 그의 현손인 사도세자도 이것으로 무예를 익혔다. 영조는 때로 무장들의 여력을 측정하기 위해 언월도를 휘둘러 보게 했다.

군사들이 스스로 깨닫게 한다' 고 하였다. 나 역시 이와 같이 말하노니,
배우는 사람들이 스스로 깨달아야 하리라!"

백동수는 훗날 그 자신이 임수웅의 뒤를 이어 《무예도보통지》를 편
찬하는 책임자가 될 줄은 꿈에도 생각지 못했을 것이다.

제2장

젊은 무사의 자화상

야뇌 · 점재 · 인재

야뇌, 들판에서 굶주리는 자

1761년 정초, 열아홉 살이 된 백동수는 평소와 달리 바깥출입을 하지 않고 집 안에 틀어박혀 있었다. 이즈음 그는 신분의 벽이 얼마나 높고 두터운지 절실하게 깨닫고 있었다. 백동수 자신뿐만 아니라 수많은 벗들이 그 벽에 갇혀 절망하고 있었다.

백동수는 서얼을 차별하는 제도가 고쳐지기 전에는 벼슬을 하지 않으리라 결심했다. 선조의 유산이 많다면 모를까, 벼슬을 멀리할 경우 가난을 피할 수 없으리란 건 자명한 일이었다. 굶주림 앞에선 교양이나 예절은 물론 신념조차 지키기 힘들다는 사실도 잘 알고 있었다.

백동수는 늘 거처하는 사랑방의 당호(堂號)를 생각했다. 자신이 지향하는 삶에 걸맞은 것이어야 했다. 궁리 끝에 들 야(野)에 주릴 뇌(餒) 자를 더해 '야뇌'라 지었다. '굶주리는 농부' 쯤으로 해석할 수 있겠는데, 양식을 생산하는 주체인 농부가 굶주리는 이유는 어디에 있는가? '야뇌'에는 사회에 대한 그의 분노와 저항이 담겨 있다.

백동수는 곧장 이덕무를 찾아가, '야뇌'를 호로 정한 자신의 결심을 들려주었다. 이덕무는 많은 사람들의 호를 들어보았지만 주릴 '뇌'자를 호에 썼다는 말은 들은 적이 없었다. 백동수는 이 자리에서 이덕무에게 마음에 새겨둘 글 한 편을 부탁했다. 이덕무는 흔쾌히 붓을 들었다. 제목은 '야뇌당기(野餒堂記)'.

야뇌는 누구의 호인가? 나의 벗 백영숙이 스스로 지은 호다. 내가 영숙을 보매 성품이 기위(奇偉: 뛰어나게 훌륭한)한 선비인데 무엇 때문에 스스로 낮고 더러운 곳에 처한단 말인가? 나는 이 까닭을 알고 있다.

무릇 사람들은 세속에서 벗어나 무리와 어울리지 않는 선비를 보면 반드시 이를 조소하고 비웃으며 말하기를, "저 사람은 얼굴이 순박하고 꾸미지 않으며, 의복이 유행을 따르지 않으니 시골 사람(야인, 野人)이로구나. 말이 수수하고 성실하며, 행동거지가 유행을 따르지 않으니 가난한 사람(뇌인, 餒人)이로구나!"라고 하며 마침내 그와 함께 어울리지 아니한다. 온 세상이 모두 이러한지라, 이른바 야뇌라고 하는 사람도 홀로 외롭게 그 길을 가다가 많은 어려움을 당하고 세상 사람들이 자기와 함께하지 않는 것을 탄식하고 후회해서 그 순박한 것을 버리거나, 혹 부끄러워하여 꾸밈이 없고 순진한 것을 버리고서 점차로 천박한 것을 좇아가니 이것이 어찌 진정한 야뇌이겠는가? 참으로 야뇌다운 사람은 또한 볼 수가 없다.

영숙은 옛 풍미가 있어 수수하고 성실하며, 꾸밈이 없고 순진한 사람이다. 차마 꾸밈없고 순진한 것으로써 세상의 화려한 것을 바라지 아니하고, 수수하고 성실한 것으로써 세상의 속임수 쓰는 것을 따르지 아니하며, 굳세게 우뚝 서서 마치 저 딴 세상에서 노니는 사람과 같다. 그러므로 세상 사람 모두가 헐뜯고 비방하여도 그는 조금도 '꾸밈없는 것[野]'을 뉘우치지 아니하고 '굶주리는 것[餒]'을 부끄러워 아니하니 이 사람이야말로 진정한 야뇌라고 부를 수 있지 않겠는가? 이러한 것을 누가 알 것인가? 나만이 잘 알고 있다. 그렇다면 야뇌라고 이르는 것은 세상 사람들이 하찮게 여기는 것이지만 나는 그대에게 기대하는 바가 크다. 앞에서 내가 "스스로 낮고 더러운 곳에 처한다"라고 한 것은 마음이 격하여 한 말이다.

영숙은 "내가 자기의 마음을 알아준다" 하여 그 서문을 부탁하므로 써서 준다. 행여 이것을 가지고 말을 교묘하게 하고 낯빛을 좋게 꾸미는 자에게 보이게 되면 반드시 비웃고 또 꾸짖어 이르기를, "이 글을 지은 자야말로 더욱 야뇌한 사람이로구나" 하겠지만, 내 어찌 성내랴?

이덕무의 표현대로 백동수의 말과 행동은 '마치 딴 세상에서 노니는 사람' 같았다. 그는 유자들이 중시하는 옷차림과 몸가짐에 도무지 신경을 쓰지 않았다. 그가 걸어갈 때면 씽하고 바람이 일었고, 대화를 나눌 때면 우렁우렁한 목소리가 담장 너머까지 들렸다. 그런 옷차림과 걸음걸이, 말투는 점잖음을 미덕으로 여기는 선비들에게 경망스럽고 무례한 태도로 비쳐져 오해 사는 일이 많았다.

그러나 백동수는 태연했다. 그는 세상의 규범에 따라 겉을 꾸미거나 적당히 타협하는 삶의 방식을 단호하게 거부하는 이단아였다. 그 마음을 알아챈 이덕무는 '야뇌'에 담긴 뜻을 굳게 지키라며 격려해주었던 것이다.

점재, 서두르지 않는다

백동수의 불 같은 성격과 황소 같은 고집을 주위 사람들은 몹시 우려했다. 그렇지만 타고난 성품을 고치기란 쉬운 일이 아니었다. 자신의 가장 큰 결점이 '서두르는 것'에 있다고 판단한 백동수는 같은 해 6월 초, 자신의 서재 문설주에다 '점재(漸齋)'라 써 붙였다. '점'은 '차츰차

츰 나아간다'는 뜻이다. 그는 다시 이덕무를 찾아갔다.

"아, 영숙은 참으로 뜻이 있는 사람이네. 이미 '점'이라 호하고 또 나에게 그 뜻을 밝혀줄 것을 부탁하니, 그 세운 뜻이 어찌 천박하고 용렬한 것이겠는가? 만일 나를 망령된 사람으로 여기지 아니한다면, 일상에서 사용하고 있는 작은 일을 가지고서 시험해보는 게 어떠하겠는가?"

"어떻게 말인가?"

"바라건대 손을 모으고 용모를 단정히 하며, 정중하게 걸어 문으로 들어가고 청당(廳堂)에 오를 때는 예법대로 하며, 마음에 여유를 가지고 담화를 하시게."

이제야 백동수가 제자리를 찾아가는 모양이라고 생각한 이덕무는 《소학》에 나오는 예법을 말했다.

"그건 나도 어릴 적에 배웠던 말이네."

무언가 새로운 이야기를 기대했던 백동수는 심드렁하게 대꾸했다. 그러나 이덕무는 확신에 차 있었다.

"물론이네. 그러나 아는 것만으로는 아무런 소용이 없네. 몸에 배게 하는 것이 중요한 법일세. 이렇게 하기를 오래 하고 나면 반드시 얻는 것이 있을 것일세. 그때는 아마 '명숙(明叔, 이덕무의 자, 훗날 무관(懋官)으로 고침)은 거짓말하는 사람이 아니다, 내가 시험하여보니 과연 그렇구나'라고 말할 걸세. 그러면 나도 따라 기뻐하며 말하기를, '영숙은 더욱 힘써 끝[末]과 마지막[終]을 이루어다오'라고 격려할 것이네."

백동수는 어느덧 이덕무의 진지함에 이끌렸다.

"선비는 마음 밝히기를 거울같이 해야 되고, 몸단속하기를 먹줄같이 해야 되네. 거울은 닦지 않으면 먼지가 끼기 쉽고, 먹줄은 바르지 않으면 나무가 굽기 쉽네. 그러므로 마음과 몸을 다스리는 것도 마땅히 거울처럼 닦고 먹줄처럼 곧게 해야 하는 법이라네."

이덕무는 거듭 다짐을 두었다.

"유종의 미를 거두어야 '점'이라는 자네의 호를 평가할 것이네."

'야뇌'와 '점재'는 타고난 성품대로 호협하게 살고자 하는 욕망과 점잖은 선비의 풍모를 갖추려는 의지가 뒤엉켜 있는 청년 백동수의 자화상이다. 서로 상반된 지향을 담고 있는 두 개의 호처럼, 이때 그는 정체성의 혼돈을 겪고 있었다.

자유분방했던 백동수는 여전히 검객들과 어울려 무예를 익히고 여행을 다녔지만, 예전에 비해 바깥 나들이가 줄고 문학을 공부하는 친구들과 어울리는 시간이 늘었다.

이때 백동수가 자주 어울린 친구는 이덕무를 비롯하여 윤가기, 유금, 이광석, 서사화, 변일휴, 김홍운, 이영장, 이희산 같은 비슷한 연배의 청년들이었다. 이들도 대부분 그와 마찬가지로 서얼이었다. 하지만 누구라 할 것 없이 자신감에 차 있었고, 개성과 재능을 지닌 이들이었다.

이덕무가 엮은 시화집 《청비록》에는 100여 명에 이르는 국내외 시인들의 작품 수백 편이 실려 있다. 그중 지은이의 이름이 밝혀져 있지 않은 작품이 딱 한 편 있는데, 이 작품이 바로 백동수가 지은 것으로 짐작되고 있다. '한 친구의' 작품이라고만 되어 있는 시는 이러하다.

늦가을 나무 소리는 들을 치닫고
차가운 산 그림자는 마을을 찾아드네.
갈매기는 날며 물을 찍고
암소는 누워서 산을 쳐다보누나.

서정이 넘치는 이 시를 두고 이덕무는 "운치가 있고 조리가 있으며 담백하고 정밀하다"고 평했다. 그는 이 시를 소재로 "석치 정철조와 겸재 정선, 현재 심사정의 절묘한 필치로 부채 머리에 그려보았으면 싶다"고 말했다.

인재, 부드러움이 강함을 이긴다

'점재'라 호를 지은 뒤 5년이 흐른 1767년, 스물다섯 살의 백동수는 여전히 방황하고 있었다. 그동안 협객을 거느리고 장안을 누비고 다녀도 보았고, 사랑방 초어정에서 이덕무·박제가 같은 좋은 벗들과 의기를 나누고 시와 그림에도 관심을 쏟았으며, 신분과 나이를 떠나 박지원·성대중 같은 벗들과 경세지학에 몰두하기도 했다.

그러나 '나는 어찌할 수 없는 서얼'이라는 사실이 그를 괴롭혔다. 조부 백상화는 무과에 급제하고 증조부 백시구의 후광을 받았음에도 황해도 벽지에서 현감을 끝으로 관복을 벗었다. 뛰어난 인품과 학행를 지닌 이인상도 현감, 일본 열도를 떠들썩하게 문명을 떨쳤던 김인겸도 현감, 누구나 실력을 인정할 수밖에 없었던 성효기는 말년에야 겨우 찰방 자리를 하나 차지했다. 존경하며 따랐던 원중거도 찰방에 임명된 지 두 달 만에 파직되어, 양주 산골로 들어가 나무를 기르고 있었다. 이들의 인품과 재주라면 대제학은 족히 될 만했다. 그렇게 되지 못한 이유는 오직 한 가지, 서얼이기 때문이었다.

백동수는 자신의 앞날을 생각해보았다. 가난한 농부로 살겠다는 신념으로 당호를 '야뇌'라 짓고 결의를 다졌지만, 과거를 보아 출세하기를 바라는 부모의 뜻을 감히 거역할 수는 없었다. 결심을 꺾고 부모의 뜻대로 과거에 응시하여 급제한다고 해도 뜻을 마음껏 펼 수 없는 세상이었다. 운 좋게 벼슬을 얻는다고 해도 변방으로 전전하다가 늘그막이 되어서야 말을 돌보는 찰방이나 시골 현감으로 벼슬을 마감할 것은 불 보듯 뻔했다. 그렇다고 벗들과 어울려 문장을 가다듬고 시를 지으며 불만을 삭여봐야 밥 나오는 구석이 있는 것도 아니었다. 무예를 수련하며 맺힌 응어리를 풀어보려 해도 어느 틈엔가 절망감이 솟아올랐다. 향을 사르고 가부좌를 틀고 앉아 참선을 하고 참동계를 외어보았다. 말을 달리고 검을 휘두르며 분노를 삭여도 보았다. 그러나 눈을 뜨고, 땀이 식으면 다시 현실로 돌아왔다.

결국 절망을 술로 풀었다.

어느 날, 백동수는 만취한 상태에서 박지원을 찾아가 술을 내놓으라고 했다. 연거푸 술잔을 비운 그는 가슴속에 쌓인 세상에 대한 분노와 원망을 거침없이 쏟아냈다. 대담한 박지원이 듣기에도 무섭고 두려운 말이었다. 그가 박지원 앞에서 쏟아낸 말은 어디에도 기록되어 있지 않지만 이런 말이 아니었을까 싶다.

"태생이 무슨 죽을 죄가 되는가? …… 나 같은 처지에 있는 놈은 나라가 망해서 높은 벼슬하는 놈들이 도망을 갈 때라야 비로소 무슨 일을 할 수 있을 것이오. 미중(美仲, 박지원의 자)은 죽었다 깨어나도 모를 것이야. …… 참으로 더러운 세상일세."

신세를 한탄하고 세상을 욕하다가 격정을 누르기 어려우면 고래고래 소리지르며 노래를 불렀다. 박지원이 어르고 달랬지만 아무 소용이 없었다. 그의 과격한 말을 혹 남이 들을까 두려웠던 박지원은 술을 깨게 하는 것이 상책이라고 생각했다.

"자네 소행이 무례하니 볼기를 맞아야겠네."

박지원의 말에 백동수는 껄껄 웃으며 능청스럽게 엎드렸다. 박지원은 종이를 자르는 판자때기를 들어 백동수의 볼기를 열 대나 내리쳤다.

여태껏 누구에게도 맞은 적이 없었던 백동수는 벗이 볼기를 친다고 하자 기분좋게 응해주었다. 다음날 새벽, 술이 깬 백동수는 찬물 한 잔을 들이키고 어제 있었던 일을 곰곰 생각해보았다. 어제의 소동은 웃어넘길 장난이 아니라 깨달음을 주려고 벗이 내린 극약 처방이라는 사실을 깨달았다. 그는 급히 의관을 차리고 박지원을 찾아가 정중하게 예를 갖추어 전날의 실수를 진심으로 사과했다.

그날 이후 백동수는 한동안 밖을 나가지 않고 방 안에 틀어박혀 지냈다. 자칫 잘못하면 소중한 벗을 잃겠다는 생각이 들었다. 어쩌면 그보다 먼저 목숨을 잃을 수도 있겠구나 싶었다. 그동안 흘려 들었던 친구들의 충고가 귀에 들리는 듯했다.

"영숙, 강한 것은 끝내 부러지는 법이라네. 진정 자네가 뜻을 이루려면 강한 것만으로는 부족하네. 자네에게 부족한 것은 바로 부드러움일세. 병법에서도 '유능제강(柔能制剛)' 곧 '부드러운 것이 강한 것을 이긴다' 라고 하지 않던가?"

백동수는 《시경》에 나오는 '무절아수단(無折我樹檀)'이란 글귀를 떠올렸다. 박달나무는 굳세면서도 부드러워 쉽사리 꺾이지 않는 질긴 나무다. 그는 찬물로 몸을 씻은 뒤 향을 피우고 단정히 무릎 꿇고 앉았다. 잠시 후 벼루에 먹을 갈며 '부드러우면서도 견고함을 지닌 박달나무처럼 지혜롭게 살리라' 고 거듭 다짐했다. 붓을 들어 호흡을 가다듬고 전서체로 '인(靭)' 이라는 글자를 크게 써서 벽에 붙였다. '인' 을 파자하면 질긴 가죽[革]과 굳센 칼날[刃]이다. 다시 말해 '인' 은 강함과 부드러움이 조화를 이룬 '중용의 도' 를 함축한 글자였다. 그는 '인재(靭齋)' 를 자신의 호로 삼기로 작정했다. 이후 그는 친한 벗을 만나면 이렇게 당부했다.

"내 호를 '인재' 로 정했네. 그러니 이후로 자네가 나를 부를 때는 '인재' 라 불러주시게. 혹 내 말이 거칠거나 행동이 지나치면 '인' 으로 호를 정하면서 자네에게 당부했던 이 말을 들려주기 바라네. 그대가

'인재' 라고 부를 때마다 나는 반드시 오늘의 다짐을 기억하겠네."

'야뇌' 는 이덕무 같은 친구를 제외하고는 별로 환영하지 않는 호였다. '점재' 역시 그의 기질에 어울리지 않았다. 그러나 '인재' 는 평소 그의 거친 행동을 나무라던 성대중도 즐겨 불러주는 호가 되었다.

박지원은 그날 있었던 일을 아무에게도 말하지 않았다. 어쩔 수 없이 내린 극약 처방이지 벗의 자존심에 상처를 주려고 한 일은 아니었기 때문이다. 그러나 백동수는 이덕무나 박제가에게 이런 사연을 거리낌 없이 털어놓았다. 이후 백동수는 친한 벗일수록 그 앞에서 언행을 조심했다. 백동수는 좋은 벗을 두었다. 그의 주위에는 끊임없이 질책하고 격려를 아끼지 않았던 이덕무, 박지원, 성대중 같은 벗이 있었다.

이십 대의 백동수는 자신의 정체성에 대해, 미래에 대해 끝없이 고민하며 방황하고 있었다. 야뇌에서 점재로, 또 인재로 세 번이나 바뀐 호는 그의 방황을 그대로 보여주고 있다. 그러나 이후 그의 삶을 음미해볼 때, 그에게 가장 잘 어울리는 호는 역시 '야뇌' 가 아니었을까.

농사꾼과 상인에 도전하다

새로운 농법 실험

1765년 무렵부터 백동수 집안의 형편은 눈에 띄게 나빠지고 있었다. 할아버지 백상화가 관직에서 은퇴한 뒤로는 충청도 아산의 농장 밖에는 달리 수입이 나오는 곳이 없었다. 대가족이 한 집에 살았기 때문에 절약을 한다 해도 다달이 드는 생활비가 만만치 않았다. 또 손아래 누이들이 시집을 가면서 혼례 비용으로 적잖은 돈이 들었다. 게다가 백동수는 형편이 어려운 선비와 친구들을 돕는다고 여러 차례 천금이나 되는 많은 돈을 써버렸다. 사정이 이러하니 그도 대안을 궁리하지 않을 수 없었다.

매년 봄가을이면 백동수는 아산 백암동으로 내려갔다. 마침 아산의 옆 고을 천안에 이덕무의 농장이 있어 농사철이 되면 둘은 종종 같이 길을 떠나곤 했다. 이덕무도 아예 아산까지 동행하는 경우가 많았다. 아산 백암동에 이한술과 박기양 같은 시우(詩友)가 있었기 때문이다. 통제사 이언상의 외아들로 백동수의 고종사촌이었던 이한술은 무업을 잊지 않고 사마시에 급제하여 진사를 지냈다. 또한 백암동에는 이언상의 5대조인 충무공 이순신 장군을 제사 지내는 사당 현충사가 있어, 백동수는 아산으로 내려갈 때면 반드시 들러 참배하였다.

일은 종들에게 맡기고 뒷짐진 채 어슬렁거리기만 하는 여느 양반들과는 달리 백동수는 직접 쟁기를 잡고 소를 몰아 논을 갈았다. 그는 조상 대대로 내려오는 전통적인 농법을 그대로 따르지 않고 새로운 농법을 시도했다. 어떻게 하면 수고를 줄이고 소출을 늘일 수 있을까 궁리한 그는 여행을 할 때면 다른 지방의 농사법을 꼼꼼하게 살펴보고 새로운 것이 눈에 띄면 배워두었다.

당시 한강 이남의 삼남 지방은 이앙법으로, 서북 지방은 직파법으로 벼농사를 짓고 있었다. 직파법은 물을 댄 논에 싹이 튼 볍씨를 뿌리는 방식이며, 이앙법은 못자리를 만들어 모를 키운 뒤에 옮겨 심는 모내기를 말한다. 서너 차례 김매기를 해야 하는 직파법에 비해 이앙법은 모내기를 하면 두 차례만 김매기를 해도 되고 소출도 훨씬 많았다. 그러나 가뭄이 들면 직파법으로 키운 벼는 잘 견디지만 모내기를 한 벼는 곧 시들어버렸다. 이앙법의 관건은 물이었다. 물론 이앙법이든 직파법이든 풍부한 물을 확보하는 일은 벼농사 짓는 데 필수였다. 용두레와 수차 같은 신식 농기구가 있어도 가까운 곳에 물이 없으면 아무 소용이 없었다.

1765년 겨울, 백동수는 서둘러 아산으로 내려갔다. 다가오는 봄에 대비하여 보를 수리하고 도랑을 새로 내야겠다는 생각이었다. 겨울 가뭄으로 논 근처에 있는 개울은 거의 바닥을 드러내고 있었다. 수량이 넉넉한 시내는 논에서 10여 리나 떨어져 있었다. 그는 종들을 시켜 수로 옆에 논이 있는 농민들을 불러 모으게 했다. 공동으로 보를 쌓고 수로를 내자는 그의 제안에 농민들도 찬성했다. 엄청난 일거리에 엄두가 나지 않아 누구도 선뜻 나서지 못했는데, 백동수가 나서주자 오히려 고마워했다. 그는 팔을 걷어붙이고 농민들과 함께 보를 막고 도랑을 팠다. 도랑이 터지거나 막혀 물을 제대로 흘러보내주지 못하면 농사를 망치게 되니, 깊고 넓게 파야 했다. 얼어붙은 땅을 겨우 파내면 바위와 갈대 뿌리가 뒤엉켜 있어 작업 속도는 더디기만 했다. 백동수는 겨우 내 아산에서 지내며 10여 리나 되는 도랑을 모두 판 다음에야 서울로 돌아왔다. 이제 가뭄에도 한시름 놓을 수 있게 되었다.

가을 논에는 탐스런 이삭이 금색 물결을 이루고 있었다. 그러나 일이 안 되느라 수확기에 든 음력 8월 초부터 내리기 시작한 가을 비가 그칠 기미를 보이지 않았다. 그는 이덕무를 찾아가 농사 이야기를 하며 밤을 지샜다. 평소에는 토지제도 개혁, 농법 개량, 농기구 개선 등이 주된 화제였지만 이날은 늦장마와 태풍 피해, 흉년으로 인한 곡가 폭등 같은 우울한 이야기가 많았다.

태풍이 몰고 오는 폭우는 벼농사의 큰 걱정거리였다. 이삭이 여물 때 비가 내리면 벼가 쓰러지는 것은 불 보듯 뻔한 일이었다. 비가 계속 내리면 쓰러진 이삭에서 싹이 돋는데, 이런 것을 농민들은 '곡두에 뽈 난다'고 했다. 흉작을 예견한 장사꾼들이 미리 곡물 가격을 올려 추수를 하기도 전에 서울에서는 쌀값이 폭등했다.

흉작으로 백동수의 살림살이는 더욱 어려워졌다. 겨울은 어찌어찌 난다 해도 봄이 문제였다. 가을에 뿌려놓은 보리는 초여름이 되어야 거둘 수 있었다. 보리를 거두기까지 보릿고개는 가난한 이에겐 가장 힘겨운 시기였다. 주림을 견디다 못한 농민들은 보리가 채 여물기도 전에 푸르스름한 이삭을 잘라 먹었다. 이를 '살청(殺靑)'이라 했다.

본전만 건진 장삿길

1768년 봄부터 백동수는 포천 본가에서 지냈다. 노환으로 누워 계시는 할아버지를 보살펴드리기 위해서였다. 음력 4월 8일, 낮부터 비가 쏟아지고 있었다. 이날 밤을 넘기지 못하고 백상화는 자식과 손자들이 지켜보는 가운데 눈을 감았다. 나이 일흔여덟이었으니 호상이었다. 그러나 자신의 이름을 지어주고 무인으로서 모범을 보여준 할아버지의 별세는 백동수에게 큰 슬픔이었다. 이덕무는 '만사'를 지어 처조부의 별세를 애도했다.

(전략)
금년 관등절에 비는 좍좍 오는데
아내가 어쩐 일인지 슬퍼 마지않더니
알겠네, 조부와 손녀 사이에 핏줄이 이었어라.
백 리 길 부고가 이른 아침에 닥쳤네.

평상머리에서 절 올린 지 삼십 년이 되었구나.
나는 바로 백 공의 손녀사위이네.
거룩하고 참된 모습 가장 익숙하게 알건만
덕행을 그려낼 문장 없음이 부끄럽네.

조부 장례를 마친 뒤 백동수는 한동안 덮어두었던 생계 문제를 놓고 깊은 고민에 잠겼다. 앞으로는 자신이 집안 살림을 책임져야 했다. 아버지 백사굉은 생업에는 별 관심을 쏟지 않았다.

그런 그를 비웃기라도 하듯 관리와 상인들은 부를 자랑하고 있었다. 특히 청나라 무역을 독점하다시피 하는 개성상인과 의주상인, 대마도와 무역하는 동래상인, 한강을 무대로 곡물·어류·소금 따위를 서울 소상인들에게 중계하는 경강상인들은 돈을 긁어모으고 있었다. 청나라와 일본을 오가는 역관들도 엄청난 부를 축적했다.

장사로 돈을 번 중인들은 양반들처럼 시사를 결성하여 문학과 예술에 심취했다. 그런 인물 중 하나가 담헌 홍대용의 집에도 자주 드나들었던 가야금의 명인 김억이었다. 역관인 부친이 대청 무역으로 모은 엄청난 재산을 고스란히 물려받은 그는 늘 비단옷을 입고, 300자루가 넘는 칼을 방에 죽 걸어놓고는 날마다 한 자루씩 바꾸어가며 찰 정도로 멋을 부렸다. 좀처럼 밖에 나오지 않고 집 안에서 기생들에게 묻혀 살아 '온 나라 기생이 김억의 집에 다 모여 있다'는 말이 나돌 정도였다. 그가 첩으로 거느린 기생이 여덟 명이나 되었는데, 여자 다루는 솜씨도 국수 급이라 한자리에 불러놓고 함께 술을 마셔도 저마다 자기 하나뿐이라고 여겨 서로 질투하지 않았다고 한다.

꼬박 한 해 동안 집 안에 틀어박혀 있으면서 백동수는 과거를 보아야 하지 않을까 거듭 고심했다. 이때 박지원, 이덕무, 박제가들은 이미 산사에 들어가 과거 준비를 하고 있었다. 그들 역시 "제도가 개선되기 전까지는 과거에 응시하지 않으리라" 호언장담하던 친구들이었으나, 모두 가난이라는 벼랑에 몰려 있는 한 집안의 가장들이었다.

고심하던 백동수는 다른 길을 찾기로 했다. 1770년 봄, 스물여덟의 그는 경상도 동래로 훌쩍 내려갔다. 이때 박제가가 지은 '동래 수영에 의탁하러 가는 인재 백동수를 전송하며 주다[贈別白靭齋東脩客東萊水營]'라는 시가 남아 있다.

백동수는 소년 시절부터 시장 상인들과 사귀었다. 자연스레 상인들이 어떤 물건을 어디서 얼마에 구입하고 얼마의 이윤을 얹어 파는지 알게 되었다. 그는 동래로 가 장사를 해볼 요량이었다. 당시에도 가난한 선비들이 생활을 위해 장사에 나선 것은 드물긴 하나 아예 없는 일은 아니었다.

장사를 하겠다는 백동수를 벗들은 어떻게 생각했을까? 1778년 북경을 다녀온 이덕무는 벗들에게 이런 얘길 했다.

"학사 숭귀가 시장에서 손수 여우 털로 만든 외투를 하나 골라서 길이와 품을 맞춰보기도 하고 입으로 털을 훅 불어보기도 한 다음, 손수 돈을 꺼내 사는 것을 보고 매우 놀랐다."

제아무리 가난한 선비라 해도 스스로 장터에 나가 장사꾼들과 물건값을 흥정하는 것을 좀스럽고 비루한 일로 여긴 것이다. 사정이 이러니 양반들 중에 돈을 많이 벌고 싶어도 스스로 장사에 나서는 경우는 드물었다. 양반들이 장사하는 것을 적극 권장한 사람은 박제가였다. 그는 놀고 먹는 양반들에게 나라가 강제로라도 장사를 시켜야 한다고 주장했다. 그러나 이도 한참 뒤의 일이었다. 따라서 백동수가 동래에 내려간 사실은 알아도 그곳에서 장사를 했던 비밀을 알았던 사람은 벗 가운데서도 극소수에 불과했던 것 같다. 그러나 백동수의 장사는 실패로 끝났다. 그에게 준 벗의 글에 "사람을 속이면 열 배를 받을 수 있는 것을 털끝만큼도 사람을 속이지 않았다"라는 구절이 있다. '속이면 열 배를 받을 수 있다'는 것이 장사꾼의 논리다. '털끝만큼도 사람을 속이지 않았다'는 것은 협의 논리다. 열 배를 받을 수 있는 것을 원가에 팔았다면 결과는 뻔한 일이다. 백동수는 본전을 겨우 건지고 장사를 그만두어야 했다.

백동수는 장사는 도무지 자신에게 맞지 않는다는 것을 깨닫자 미련을 버렸다. 미련을 버리니 마음이 편해진 백동수는 그해 가을, 다시 서울로 올라왔다. 마침 식년시를 알리는 방이 나붙었다.

무과 급제 그리고 백 선달

무예 수련장, 활터

옛말에 '손에도 이끼가 끼고 뼈에도 녹이 스는 법'이라 했다. 활을 당겨본 지도 꽤 되었던 백동수는 말을 타고 활터로 향했다. 당시 활터는 무예 수련장이자 사교의 마당이었다. 조선 시대 부모들의 교육열은 오늘 못지 않았다. 부모들은 아이의 나이가 열 살이 넘으면 서당이나 향교에 보내 예절과 글을 배우도록 했다. 형편이 넉넉한 양반이나 사대부들은 명망 있는 선비가 운영하는 서원에 보냈다. 서당과 서원이 사립 교육기관이라면, 서울에는 서당 말고도 나라에서 세운 국립 교육기관인 중학 네 곳과 성균관이 있었다.

그러나 청년들에게 무예와 병법을 가르치는 교육기관은 따로 없었다. 다만 무과를 통해 무관을 선발했다. 조선에 무관을 양성하는 교육기관이 존재하지 않은 것은 문을 우위에 두는 주자학을 통치 이념으로 삼았기 때문이다. 임진왜란 직후에는 경상도 영천 같은 지방에 사설 무학이 설립되기도 했지만 지속되지 못했다. 무과에 급제하여 군문에 나아가면 비로소 훈련원과 능마아청에서 재교육이 실시되었다.

병법이나 권법과 검법 같은 무예는 집 안에서 익힐 수 있었지만 말타기와 활쏘기는 그럴 수 없었다. 기마술과 사격술을 주로 가르치는 무과의 실기 교육은 고을마다 있는 활터에서 이루어졌다.

한양에는 과거를 준비하는 한량들이 몰렸던 다섯 곳의 활터가 있었다. 필운동의 등과정, 옥동의 등룡정, 삼척동의 운룡정, 사직동의 대송정, 누상동의 풍소정이 모두 서촌(西村)에 몰려 있어, 이들을 '서촌오사정'이라고 불렀다.

활터는 무예를 배우고 단련하는 수련장인 동시에 만남의 자리이기도 했다. 봄, 가을이면 과거를 준비하는 한량들이 매일 활터로 모여들었다. 이들은 편을 나누어 술내기 활쏘기 시합을 벌이곤 했다. 그래서 서촌의 오사정 같은 이름난 활터 주변에는 술과 음식을 파는 주막이

국궁 1번지로 불리는 황학정은 1898년에 고종의 어명으로 필운동 등과정이 있던 터에 세워진 활터이다.

즐비했다.

　백동수는 이광섭(李光燮), 이한주(李漢柱) 같은 벗들과 어울려 남산에 있는 활터를 찾았다. 이덕무의 당질인 이광섭은 훈련대장 이경무의 아들이며, 박제가의 처남이기도 한 이한주는 병사 이관상의 아들이다. 모두 무과에 급제하여 가업을 이어야 할 책임이 무거웠던 집안의 장남이었다.

　백동수는 마상기예를 익히기 위해서 활터에 갈 때면 늘 말을 탔다. 말을 자유자재로 부릴 수 있어야 마상기예를 펼칠 수 있기 때문이다. 그리고 마상기예를 배우기 전에 최소한 마상재의 기초는 배워야 했다. 말에 몸을 감추어 적의 공격을 피하며 돌격하는 데 유용한 무예인 마상재는 부상을 입을 위험이 아주 컸다. 말에서 떨어져도 큰 상처를 입지 않는 강변의 모래밭은 마상재를 익히기에 좋은 곳이었다. 백동수도 노량사장을 주로 이용하였다.

　벗들은 활터에서 마상재를 수련하는 백동수를 자주 보았다. 쏜살같이 달리는 말 등 위에 곧추서서 오른손을 뻗어 사격하는 자세를 취하고, 다시 안장에 앉은 뒤 두 손으로 안장을 잡고 말 등의 왼쪽과 오른쪽을 번갈아 뛰어넘어 땅에 발을 닿게 한다. 그러고는 안장을 잡고 물구나무를 섰다가 즉시 안장에 등을 대고 가로로 누워 죽은 듯이 있다가 다시 등자에 왼쪽 발과 오른쪽 발을 걸고 말 배에 몸을 번갈아 숨긴다. 다시 고삐를 놓고 등자에 발을 건 상태에서 말꼬리를 베개 삼아 하늘을 보며 누워 출발했던 자리로 돌아오며 허리를 편다. 숨을 고른 후, 다시 왼손에 창을 잡고 말에 뛰어올라 박차를 가한다. 창을 왼편 겨드랑이에 끼고 오른손을 치켜드는 자세[新月

마상기예의 기초라 할 마상재. 말에 몸을 감추어 적의 공격을 피하며 돌격하는 데 유용한 무예이다. 통신사를 수행한 무관들이 일본에 가면 기추(騎芻)와 마상재 시범을 보였다.

무과 시험의 실무를 담당했던 훈련원의 전현직 무관들은 무과를 준비하는 한량들에게 가장 훌륭한 교사였다. 그밖에 무과에 급제하여 벼슬을 지낸 부형도 자제의 교육을 담당했다.

맨 처음 배우는 것은 무예의 기초라 할 말타기와 활쏘기다. 말타기와 활쏘기가 일정한 수준에 오르면 말을 탄 채 하는 마상기예를 익힌다. 무과의 시험 과목에 들어 있지 않은 검술은 기본만 배운다.

무과 실기 과목은 크게 지상무예와 마상기예로 나뉜다. 지상무예는 사격술로서 철전, 편전, 관혁, 유엽전, 조총 등이며 마상기예는 활을 쏘는 사격술과 편곤과 창을 다루는 기추, 편추, 기창 등이 있다. 평소 말을 타고 활과 총을 쏘아 과녁에 모두 맞출 수 있는 실력이 되어야 무과에 급제할 수 있었다. 과녁에 모두 명중시키는 것을 '몰기(沒技)'라 했다.

무과를 준비하는 사람은 규정을 충분히 알고, 그에 따라 실기를 익혀야 했다. 서울의 이름난 활터에는 물시계가 비치되어 있었으며, 마상기예를 익힐 수 있도록 주위에 마로(馬路, 말이 달리는 길)를 그려놓았다.

上天]를 취했다가 두 손으로 창을 잡아 왼편 앞에 놓인 짚 인형을 찌르고, 재빨리 창을 뽑은 다음 손을 바꾸어 오른편 앞을 찌르고, 다시 손을 바꾸어 왼편 뒤를 찌르고, 손을 바꾸어 오른편 뒤를 찌르고, 창을 위 아래로 흔들고[弄創], 오른편 안으로 휘둘러 감고, 왼편 안으로 휘둘러 감은 뒤 제자리로 돌아온다.

마상월도는 백동수가 가장 즐겨 익혔던 무예 종목이다. 월도를 능숙하게 다루려면 힘이 좋아야 했다. 무예를 두루 섭렵한 데다 힘이 장사였던 백동수는 마상월도에 탁월한 기량을 가졌다.

과거에 응시하다

무과에는 실기 시험 외에 이론 시험이 있었다. 이론 시험은 세 가지였다. 유교 경전과 병서 그리고 법전을 시험관 앞에서 풀이해야 한다. 이를 강서(講書)라 했다. 유교 경전은 사서오경 중에서 하나, 병서는 무경칠서(육도, 손자, 오자, 사마법, 황석공 삼략, 위료자, 이위공문대) 중에서 하나, 그리고 《통감》·《역대병요》·《장감》·《박의》·《소학》 중에서 하나를 응시자가 선택하여 책을 보지 않고 풀이(이를 '배강'이라 한다)해야 한다. 무경칠서 중에서 《오자서》는 제외했다. 이것은 1728년 무신란을 겪은 영조가 취한 일시적인 조처였다. 오기를 반란을 일으킨 정희량·이인좌와 같은 자로 보았던 까닭이다. 그리고 법전(영조 당시에는 《속대전》)을 앞에 펴놓고 읽으면서 뜻을 풀이(임문, 강석)해야 한다. 이것을 통(通), 조(粗), 략(略) 등으로 점수를 매기고 세 과목을 합산, 종합 점수를 내어 등락을 결정했다.

이처럼 무과는 실기가 많고 이론 시험도 무척 까다로웠다. 시험 과목에 들어 있지는 않지만 더 읽어야 할 책으로 《행군수지》가 있었다. 숙종 때 김석주가 편찬한 이 책은 《병학지남》과 더불어 병가의 필독서였다. 인조 때 이서(李曙)가 편찬한 《화포식언해》도 읽어야 했다. 이 책에는 여러 가지 총통에 화약을 장진하는 법, 총통의 길이에 따라 달라지는 약선 제조 방법, 화약에 드는 물자와 무게, 화약 제조법 등이 한글로 풀이되어 있다.

1770년 가을, 백동수는 사헌부의 감찰 아래 병조와 훈련원에서 주관하는 식년(式年) 초시에 응시했다. 식년시란 12간지에서 자·묘·오·유가 들어가는 해, 그러니까 3년마다 열리는 정규 시험이다. 《경국대전》에 따르면 식년 전 해 가을, 서울의 훈련원과 팔도의 병영에서 중앙에서 파견된 문무관원의 감독 아래 초시를 치러 190명을 선발하되, 급제자 수를 서울 일흔 명, 호서와 호남 각 스물다섯 명, 영남 서른 명, 관동·해서·관서·관북 각 열 명으로 할당했다. 인구 수를 감안하면 지방은 부당한 대우를 받는 셈이었다.

식년무과는 《경국대전》의 규정에 따라 스물여덟 명만 뽑는 규정을 지켰다. 응시자는 많은데 급제자 수가 적기 때문에 서울 출신들은 식년시를 피하는 경우가 많았다. 별시는 지방 출신이 참여하기 어려워 응시자는 주로 서울과 경기 지역에 한정되었다.

백동수는 이광섭과 함께 초시에 합격하여 복시에 응시할 자격을 얻

기예의 종목과 규정

- 무게가 여섯 냥이나 나가는 쇠화살을 멀리 쏘는 철전(鐵箭). 쇠화살을 쏘아 80보 혹은 100보(약 131미터) 떨어진 곳에 세워둔 깃발의 좌우 각 15보 안에 넣으면 되는데, 초과 거리 5보에 1점씩 가산점을 준다. 청룡도와 함께 체력을 측정하는 방법으로 활용하였으나 본래는 전투용 화살이다.

- '애기살'이라고도 불리는 8촌 길이의 짧은 화살을 대롱에 넣고 쏘아 과녁을 맞추는 편전(片箭). 130보 떨어진 곳에 세워진 표적을 맞추면 15점, 과녁을 맞추면 100점을 준다. 대표적인 조선 고유의 무기로 전투 때 사용하였다.

- 150보 떨어진 거리에 세워진 표적을 쏘아 맞추는 관혁(貫革). 표적의 길이 10척 8촌, 너비 8척 3촌, 관(貫, 총알·화살을 맞히는 목표, 표적)의 길이와 너비는 각 3분의 1의 크기이다. 관혁은 글자 그대로 짐승의 가죽을 매달아 만든 표적이다.

- 120보 떨어진 과녁을 맞추는 유엽전(柳葉箭). 과녁의 길이 6척 6촌, 너비 4척 6촌, 관의 길이와 너비는 각 3분의 1의 크기이다. 화살촉이 버들잎 모양으로 생겼다 해서 유엽전으로, 연습용 화살이다.

- 100보 떨어진 과녁을 맞추는 조총은 임진왜란 이후에 추가된 과목이다. 과녁의 길이는 7척, 너비 2척.

- 말을 타고 달리며 다섯 개의 화살로 25보(약 33미터) 떨어진 곳에 세워둔 다섯 개의 짚 인형을 차례로 쏘아 맞추는 기추(騎芻). 말을

우리 나라의 활과 화살은 조·중·일 삼국 가운데 으뜸이었다.

달릴 때는 몸을 구부려야 하고 화살을 다 쏘면 허리를 펴고 한 손을 들어 활을 뒤집어서 다 쏘았다는 표시를 해야 한다. 일정한 시간 내에 다섯 발을 모두 쏘아야 하는데, 시험관이 물시계(누각(漏刻) 혹은 누수(漏水)라고 함)로 시간을 잰다. 1시간을 4각으로 나누고, 다시 1각을 세분하여 시간을 재었다. 마로(馬路)의 폭은 2보(대략 2.6미터)로, 마로를 벗어나면 실격이다.

- 기추와 같은 방법으로 표적인 짚 인형을 창으로 찌르는 기창(騎槍). 창의 무게는 30근이며, 길이는 15척 5촌이다.

- 편추(鞭芻)는 출마 후 오른손으로 편(쇠도리깨)을 잡고 뒤로 들었다가 양손으로 앞을 향해 들고 좌우에 서 있는 여섯 개의 인형을 향하여 한 번씩 휘둘러 친 후 다시 좌우로 휘두르며 나간다. 만약 말이 마로를 벗어나면 시간이 남아도 실격이 되어 즉시 말을 세워야 한다. 누각의 기준은 기추와 같다. 여섯 개 인형의 거리는 각각 28보이며, 마로는 기추보다 1보가 넓은 3보다.

(거리를 잴 때는 주척(周尺)을 사용했다. 주척 1자의 길이는 미터법으로 환산하면 21.79센티미터. 1보는 주척으로 6자이므로 130.74센티미터이다. 따라서 100보는 대략 131미터가 된다)

철전의 다른 이름은 육량전인데, 화살의 무게가 여섯 냥이 된다 하여 이런 이름이 붙었다. 정조 시대에는 철전을 200보(250미터)나 쏘는 무사도 더러 있었다.

조선의 비밀 병기였던 편전. 편전을 사용하는 방법은 한동안 일급 비밀에 속했다. 편전을 쏠 때에는 통아를 사용했다.

시위를 건 활을 '얹은활'이라 하고, 시위를 푼 활을 '부린활'이라 한다.

었다. 한편 박지원도 사마시(司馬試, 생원과 진사를 뽑는 소과)에 응시하여 수석을 차지했다. 이때 박지원은 영조의 특명으로 제출한 답안지를 왕 앞에서 낭독하는 영광을 안았다.

초시를 치른 뒤 백동수는 박지원을 만났다. 박지원은 더 이상 시험에 응할 생각이 없다고 했다. 그는 박지원에게 생각을 돌이켜 회시(會試, 복시와 같음)에 응하라고 당부했고, 다른 친구들도 '임금의 은총을 입은 상태에서 포기란 있을 수 없는 일'이라며 회시에 응시하기를 강권했다.

백동수가 한창 복시를 준비하고 있던 11월 10일, 이조 낭관을 지낸 최익남이 올린 상소가 조정을 발칵 뒤집었다. 그는 동궁이 사도세자 묘소에 오랫동안 성묘하지 않은 일은 잘못이라면서 "아버지에게 효도하고 나서야 할아버지에게도 효도를 하며, 아버지에게 정성을 바치고 나서야 할아버지에게도 정성을 바쳐야 합니다. …… 외척들이 설치지 못하도록 조치를 내리소서"라고 요구했다. 사도세자의 죽음은 탕평당이라 불리는 외척들이 저지른 짓이라고 지적한 최익남의 주장은 죽음을 각오한 것이었다.

최익남은 물론 그와 친하게 지내던 이봉환과 남옥이 의금부에 붙잡혀 국문을 받고 형장의 이슬로 사라졌다. 이봉환은 1748년 유후와 함께 통신사의 일원으로 일본에 다녀온 바 있으며, 남옥도 1763년에 원중거, 김인겸, 성대중과 함께 통신사 제술관으로 일본에 다녀왔다. 이때의 활약으로 이봉환, 남옥, 성대중은 당대의 실권자 홍봉한의 추천으로 서얼로서 특채를 받아 벼슬에 올랐다. 다행히 성대중은 이 환란에서 비켜갔지만 하마터면 친한 벗을 잃을 뻔했다. 사건의 전말을 알게 된 백동수는 큰 충격을 받았다. 이들의 참화는 결코 남의 이야기가 아니었다. 그는 한동안 마음을 추스르느라 고생을 해야 했다.

《신전자초방》에 실린 화약 만드는 방법

길 위나 담 밑에서 낮에는 볕에 쬐고 밤에는 습기에 젖어 빛깔이
검고 맛이 매운 흙을 채취하고, 다북쑥이나 볏짚을 태워 재를 만
든다. 흙과 재를 고루 섞은 후 항아리 위에 헝겊을 펴고 혼합한
재료 위에 물을 부어 흘러나오는 물을 받는다. 항아리에 받은 물
을 가마에 넣고 볏짚이나 잡목에 불을 붙여 세게 하여 끓인 뒤
불을 약하게 하여 달인 뒤 식히면 초(硝)가 된다. 이것을 다시 물
에 녹인 뒤 거듭 달여서 정제시킨다. 이렇게 만든 정초를 버드나
무 재와 유황 가루를 섞어서 뜨물로 반죽하여 방아에 넣고 찧은
뒤 말린 것이 화약이다.

본래 명나라 군대가 사용한 서양식 대포인
불랑기포. 표면에 기유년(1789)에 장용영에
서 만든 것이라고 새겨져 있다.

《신전자초방》 중 화약을 만드는 방법을 적
은 대목. 취토(取土), 즉 흙을 고르는 법을
한글로 풀이해 놓았다.

이 무렵 백동수를 슬프게 한 일이 또 일어났다. 자신을 따라 활터에
다니며 무과를 준비하던 이한주가 갑자기 죽은 것이다. 남산 활터에서
차례를 기다리던 이한주는 잘못 날아온 화살에 맞아 그 자리에서 절명
하고 말았다.

예정된 복시 날짜가 하루하루 다가오고 있었는데, 그때 백동수의 마
음을 뒤흔드는 일이 또 일어났다. 주위의 강권에 못 이겨 복시에 응시
했던 박지원이 답안지를 제출하지 않고 그냥 나와버린 것이다. 시험에
응하지 않겠다는 말을 듣긴 했지만 설마 했었다. 행동을 같이하기로
약속한 박지원의 시험 거부에 백동수는 크게 상심했다.

합격하고도 벼슬길에 나가지 못해

3월 초, 백동수는 무거운 마음으로 복시를 보았다. 복시는 훈련원과 병조의 주관으로 두 곳에서 이루어졌다. 종로를 기준으로 좌우로 인원을 나누어 종로 좌편 출신과 삼남(경상·전라·충청)의 좌도, 황해도·함경도 출신은 1소에서, 종로 우편 출신과 삼남의 우도·강원도·평안도 출신은 2소에서 시험을 보았다. 실기 과목은 초시와 같았다. 복시는 초시보다 더 엄격하여 당상관 이상 문무관원 여섯 명이 채점하고, 사헌부와 사간원에서 파견한 두 명의 관헌이 시험의 전 과정을 감시했다.

복시가 열리는 식년 봄이 되면 서울 거리는 활을 멘 무사들로 넘쳐났다. 초시에 합격한 전국의 거자(擧子, 응시자)들이 미리 서울에 올라와 시험장을 답사하고 심기를 가다듬었다. 경쟁은 치열했다. 서울 대갓집 출신의 일부 한량들은 편법을 써서라도 급제하려고 온갖 수단을 동원했다.

그중 하나가 급제가 유력한 거자를 시험장에 나오지 못하게 하는 방법이다. 이들 명단을 확보하여 묵고 있는 숙소를 파악한 다음, 주먹 센 건달을 고용해 숙소를 일러준다. 시험 전날 밤, 건달들이 숙소를 습격하여 후보 거자의 팔다리를 집중 가격한다. 주로 지방 출신들이 표적이 되었다. 이런 일이 잦아지자 복시나 전시가 다가오면 포도청에서는 포교를 풀어 기찰을 강화하였고, 3군영의 군사들도 여기에 합세했다. 그렇지만 현장에서 건달을 체포해도 누구의 사주를 받았는지는 끝끝내 함구하기 때문에 결국 범인을 찾아내지 못하고 유야무야되는 경우가 대부분이었다. 그래서 지방에서 올라온 거자들은 한 숙소에서 여럿이 묵으며 불의의 봉변에 대비했다.

백동수는 복시에서 이광섭과 함께 스물여덟 명 안에 들었다. 복시에 합격하면 급제한 것이나 마찬가지였다. 이제 등수를 결정짓는 전시(殿

1644년 한시각이 그린 '북새선은도'. 병영 연무장에서 말을 달리며 짚 인형을 향해 활을 쏘는 무사의 날렵한 모습이 보인다.

試)만 남은 것이다. 3월 11일, 전시가 열렸다. 전시는 최종 시험인 만큼 국왕이 친히 참관하였다.

선전관이 11기(목전 · 철전 · 편전 · 기추 · 관혁 · 기창 · 유엽전 · 편추 · 조총 · 강서(무경칠서와 사서오경))를 적은 종이를 왕에게 바친다. 왕이 그중에서 1기, 혹은 2기를 붓으로 '수점(受點, 점을 찍어 표시함)'을 하면, 시관은 이를 과목으로 출제하여 시험을 보인다. 따라서 전시는 초시나 복시에 비해 그날의 운이 크게 작용했다. 시험 성적에 따라 등수를 매겨, 《경국대전》의 규정에 따라 갑과 세 명, 을과 다섯 명, 병과 스무 명을 뽑았다.

이날 백동수는 복시에 합격한 이들과 20여 명의 직부인(直赴人)과 함께 과장에 섰다. 직부인이란 초시 · 복시를 치르지 않고 바로 복시 · 전시에 응시할 자격을 얻은 사람을 말한다. 각 병영에서 치른 무예 시험에서 수석을 차지했거나, 만점을 얻은 현직 무관이나 한량들이 직부인이 될 수 있었다. 이날 어떤 과목이 왕의 수점을 받았는지 알 수 없지만, 백동수는 병과 18인으로 급제했다.

급제자들에게는 왕이 합격 증서인 홍패를 내린다. 이때 급제자의 부모와 친지들의 참관이 허락되었다. 백동수는 부모가 지켜보는 가운데 왕 앞에 나가 홍패를 받았다. 뒤이어 축하 잔치가 열렸다. 이해 식년 문무과 급제자들은 급제를 알리며 시가를 행진하는 유가(遊街)를 하지 못했다. 전시가 있은 사흘 뒤, 영조는 탕평에 위배되는 발언을 하였다하여 유언호, 김문순을 포함한 일곱 명의 소장파 관료들을 유배 보냈다. 이런 때 유가를 하는 것을 바람직하지 않다며 왕이 특명을 내려 급제자의 유가를 금지시켰다.

수많은 경쟁자를 물리치고 어렵사리 과거에 급제를 해도 벼슬에 오르기 어려운 것이 당시의 형편이었다. 관직 수가 턱없이 부족했기 때문에 자리가 나지 않았다. 그래서 홍패를 안고 벼슬길에 나갈 날만 애타게 기다리는 사람들이 많이 있었다. 백동수 역시 벼슬을 얻지 못했다. 문·무과에 급제하고도 아직 벼슬에 나가지 않은 사람을 '선달(先達)' 혹은 '선단'이라 했다. 벗들은 그를 '백 선달'이라 불렀다.

두 벗, 박지원 · 이덕무와의 전국 유람

결단을 위해 나선 길

과거를 치르고 나자 무거운 짐을 벗어버린 듯 홀가분했다. 그러나
박지원에게 생각이 미치면 더없이 우울했다. 더군다나 얼마 전에 유배
를 떠난 유언호는 박지원의 절친한 벗이었다. 낙향을 생각하고 있었던
박지원은 충청도 단양과 영동을 마음에 두고 있으며, 서울 집을 팔아
그곳에 논밭을 구할 계획이라고 말했다.

두어 해 사이 백동수에게 좋지 않은 일이 너무나 많이 일어났다. 잠
시라도 서울을 벗어나고 싶었던 그는 박지원에게 이 참에 여행을 떠나
는 것이 어떻겠느냐고 제안했다. 기다렸다는 듯 박지원도 찬성했다.
두 사람은 지도를 펴들고, 기왕 나서는 길이니 낙향할 곳도 찾아볼 겸
남북을 두루 돌아보자는 데 의견을 모았다. 그러려면 경비가 만만치
않을 터, 하지만 궁하면 통하는 법이다. 백동수는 고을 수령과 변장으
로 재직 중인 벗들, 그동안 여행하며 사귄 팔도의 지인들에게 편지를
띄웠다.

백동수는 늘 타고 다니던 말이 있었지만 박지원은 나귀조차 없었다. 말 한 필을 세 내려면 하루에 3전 7분이 들었다. 박지원은 그만한 형편도 못되었기에, 백동수가 여러 필의 말을 갖고 있는 친구에게 말을 빌렸다.

1771년 음력 3월 24일, 무과에 급제한 지 보름도 채 안 된 때였다. 백동수는 이른 새벽 사당에 나가 고하고 부모에게 인사를 드렸다. 마침 황주에 볼일이 있던 이덕무도 개성까지 동행하기로 했다. 이덕무는 황해도 병마절도사로 있는 삼종형 이경무의 아들 광섭이 식년무과에 급제한 것을 축하하기 위해 나서는 길이었다. 백동수는 청지기 김오복을 데리고 박지원과 이덕무가 살고 있는 대사동으로 향했다. 김오복에게 박지원의 시중을 들게 할 참이었다. 세 사람이 말을 타고 서울을 벗어나니, 산과 들은 온통 연두색으로 물들어 있었다.

첫 목적지인 개성에 도착했다. 500년 동안 고려 수도로 번영을 누린 도읍지답게 유적이 즐비했다. 성터, 만월대, 첨성대, 성균관, 선죽교 등 옛 사연을 간직한 유적과 유물을 둘러본 다음 천마산에 올랐다. 명기 황진이가 송도 삼절의 하나로 꼽았던 박연폭포를 비롯하여 대흥사, 개성사, 원통사 같은 고찰이 개성의 진산 천마산의 너른 품 안에 안겨 있었다.

여기서 이덕무와 헤어져야 했다. 백동수와 박지원은 만월대에 술자리를 마련했다. 이별의 시를 읊는 이덕무의 청아한 목소리를 들으며 두 사람은 말없이 술잔을 기울였다.

번화하던 옛 도읍엔 풀만 곱게 무성한데
손가락 퉁기는 사이 오백 년이 흘렀구나.
부서진 벽돌 조각 주우며 가죽 신 끌던 소리를 생각하고 무너진 주초 미루어 기둥 둘레 헤아려보네.
구름 돌아가고 물 흐름은 영웅들의 기상이라면
꽃 지고 새 슬피 욺은 나그네의 시름이어라.
어찌 말하랴, 흥망이 나에게 깊이 관계되어
이별의 정 때문에 눈물이 비 오듯 흐르는 것을.

이덕무가 눈물을 흘리며 슬퍼한 것은 벗들과 잠시 헤어지기 때문만
이 아니라 서울을 떠날 계획을 세우고 여행 길에 나선 두 벗의 모습이
남의 일 같지 않아서였을 것이다.

연암, 제비바위골

이덕무와 헤어진 뒤 백동수는 박지원을 이끌고 개성에서 멀지 않은
금천군 연암(燕巖)으로 향했다. 산은 깊고 계곡은 길어서 종일 가도 사
람 하나 만날 수 없는 적막한 곳이었다. 그러나 몇 굽이 고개를 지나자
갑자기 탁 트인 분지가 나타났다.

백동수는 갈대 무성한 냇가에 말을 세우고 평계(平溪) 냇물로 목을
축인 뒤 느긋한 표정으로 골짜기를 바라보았다. 천마산 자락에 자리잡
은 연암은 개성에서 30여 리 떨어져 있었으나 행정 구역상으로는 금천
군에 속했다. 한때 고려의 '삼은(三隱)' 가운데 한 사람인 목은 이색과
대시인으로 추앙 받았던 익재 이제현이 살았던 곳이다. 연암에서 10리
떨어진 곳에는 이제현을 모시는 서원이 있었다. 그러나 두 사람이 찾
았을 때는 화전민들만 약초를 캐고 숯을 구우며 살고 있었다.

백동수는 손에 든 채찍으로 높은 언덕배기를 가리키며 말했다.

"미중, 저기 저곳을 보시게. 저곳에 뽕나무를 심어 울타리를 만들면
좋겠군. 갈대를 불사르고 밭을 일구면 한 해에 좁쌀 1,000석은 거둘 수

있을 것이야."

박지원도 고개를 끄덕였다. 백동수가 농사에 전문가라는 사실을 잘 알고 있었다. 계절은 늦봄이었지만 갈대 잎은 메말라 있었다. 갈대에 가려 들판이 제대로 보이지 않자 백동수는 부싯돌을 꺼내 불을 놓았다. 마른 갈대 잎은 순식간에 타 들어가 바람을 따라 불길이 무섭게 솟아올랐다. 갈대밭에 숨어 있던 꿩이 느닷없는 불길에 놀라 푸드득 날아올랐다. 순간 노루 새끼 한 마리가 갈대밭에서 튀어나오더니 내달리기 시작했다. 백동수는 팔을 걷어붙이고 번개처럼 노루를 뒤쫓았고, 박지원도 뒤를 따랐다. 노루는 곧 잡힐 듯하더니 냇물로 뛰어들어 산으로 자취를 감춰버렸다. 큰 키에 육중한 몸으로 열심히 뒤따라온 박지원이 거친 숨을 몰아 쉬며 백동수의 곁에 섰다.

"백 년도 못 되는 인생살이가 아닌가. 그런데 어찌 답답하게 일생을 나무와 바위에 파묻혀 조밥이나 먹고, 꿩·토끼나 사냥하는 사람으로 살 수 있겠는가?"

백동수의 말에 박지원도 말없이 고개를 끄덕였다.

연암은 제비바위, 곧 평계 주위에 있는 바위 절벽에 제비 둥지가 많다고 해서 붙여진 이름이다. 연암골은 농사지을 만한 들판과 물이 풍부하고 경치 또한 매우 수려한 곳이었다. 박지원은 이곳이 마음에 꼭 들었다. 충청도 단양에 들어갈 계획은 아예 잊어버렸다. 박지원은 그 자리에서 자신의 호를 '연암거사'라 정했다. 좋은 터를 잡아준 백동수에 대한 고마움의 표시이기도 했다.

연암골을 품고 있는 금천은 신라의 무오대사(武鳴大舍)와 관련이 깊은 고장이다. 병법에 정통했던 무오대사는 신라 원성왕 2년(786)에 《병법》 열다섯 권을 지어 왕에게 바쳤다. 이것이 바로 우리 나라 최초의 병서로 알려져 있는 《무오병법》이다. 책을 받아 본 왕은 대사에게 굴압

(금천군의 옛 이름)현령의 벼슬을 내렸다고 한다.

우리 땅 곳곳에 닿은 발길

두 사람은 말고삐를 북쪽으로 돌려 평양으로 향했다. 평산, 서흥, 봉산을 지나 사리원, 황주, 중화를 거쳐 평양에 다다랐다. 서울에서 560리 떨어진 평양은 서울 다음으로 큰 군사와 문화의 도시였다.

백동수 일행이 평양에 도착했을 때는 마침 4월 초파일을 하루 앞둔 날이었다. 그날 저녁 이덕무와 이광섭을 만나 대동강변에서 벌어진 관등절 행사를 구경하며 회포를 풀었다. 이튿날은 평양성을 둘러보았다. 평양성은 임진왜란 당시 격렬한 전투가 벌어졌던 곳이다. 《평양지》에는 조선과 명나라 연합군이 평양성을 수복하는 광경이 실려 있다.

계사년(1593) 1월 8일 새벽, 제독 이여송이 징을 울리자 3군이 일제히 진격하여 1군은 칠성문, 1군은 보통문, 1군은 함구문을 맡아 공격하였다. 왜군은 장창과 대검을 사용해 칼끝을 나란히 하여 내려뜨리니 마치 고슴도치의 털 같고 화살과 탄환이 비 오듯 하여 감히 접근하지 못하였다. 제독이 겁을 먹고 후퇴하는 군사 한 명을 베어 진 앞에 돌려 보이니 참장 낙상지가 몸을 솟구쳐 먼저 올라갔고, 모든 군사들이 북을 치고 함성을 지르며 뒤따랐다. 낙상지가 겨드랑이에 대포를 끼고서 크게 외치며 연달아 쏘니 연기가 하늘로 뻗쳤다. 또 한 손으로 죽은 시체를 성 위로 던져 올리자 왜군이 "군사가 날아왔다"며 기겁을 하고 물러났다.

임란 당시 명군을 총지휘했던 제독 이여송의 초상. 이여송의 5대조 할아버지는 조선 사람이었다.

낙상지(駱尙志)는 평양성을 수복하는 데 혁혁한 전공을 세웠지만 계급이 참장이라 제대로 대접을 받지 못했다. 그가 지휘한 5,000명의 절강부대는 뛰어난 전투력과 엄격한 규율을 갖추고 있었다. 나머지 대다수의 명군은 애꿎게 민간을 약탈하는 일에만 용맹을 발휘하여 "왜놈은 얼레빗이요, 되놈은 참빗이다"는 원성을 자아낸 북방군이었다. 구원군이든 침략군이든 외국 군대가 출동하면 가장 고통 당하는 것은 힘없는 백성들이었다. 그뿐인가, 고관들도 명나라 장수들의 횡포와 멸시를 감수해야 했다. 백동수는 이런 이야기들을 평양성을 거닐며 박지원에게 들려주었다.

백동수는 벗들과 함께 평양에 남아 있는 정전(井田)의 유적을 둘러보고 강동현에 있는 단군 묘에 들러 참배했다. 그리고 다시 이덕무와 아쉬운 이별을 해야 했다. 벗과 함께 여행하지 못함을 새삼 아쉬워하며 안주, 박천을 지나 영변 철옹성에 올랐다. 멀리서 보면 마치 쇠항아리 같다 해서 철옹성이라 이름 붙여진 이곳은 천연 요새에 세워진 고성이다. 철옹성 동장대에서 바라보는 약산의 봄 풍경은 빼놓을 수 없는 절경이었다. 때마침 만춘이라 약산을 뒤덮은 진달래가 온 산을 물들이고 있었다. 상춘객 틈에서 그들도 탄성을 질렀다. 철옹성은 3년 전 박제가가 영변부사였던 장인 이관상의 권고를 받아들여 한동안 머물면서 과거 공부를 했던 곳이었다. 철옹성에는 이관상이 말을 기르기 위해 세운 마별청이 있었는데, 박제가가 마별청 상량문을 지었다.

두 사람은 동장대에 서서 영변 고을을 내려보고, 동쪽에 높이 솟은 묘향산을 바라보았다. 발길을 조심하며 가파른 산길을 지나 묘향산(1,909미터)에 닿았다. 금강산이 가을이라면 묘향산은 봄이었다. 금강산은 골산이고 지리산은 육산이지만 묘향산은 이 둘을 두루 갖춘 산이었다. 그래서 서산대사는 묘향산을 '조선 제일의 명산'이라 불렀다. 산에 들어서면 신비한 향내가 은은하게 풍겨 '묘향'이라 했다는 등 이야기를 간직한 골짜기마다 보현사, 안심사 등 이름 높은 고찰이 많았다.

첫날은 용문사에서 하룻밤을 묵었다. 용문사는 여행을 떠나기 전 백

동수를 찾아온 박제가가 "날이 궂어 지난번 묘향산을 찾았을 때 비로봉과 향로봉에 올라 요동과 황해를 보지 못한 것이 못내 한스럽습니다. 묘향산에 가시면 반드시 비로봉에 올라 요동과 황해를 보기 바랍니다"라고 당부했던 절이다.

새벽에 일찍 일어나 밖을 보니 하늘이 더없이 맑았다. 비로봉에 오른 백동수는 섬들이 점점이 박힌 황해와 압록강 너머로 끝없이 펼쳐진 요동을 굽어보았다. 조선 선비들의 생각이 옹색한 것은 영토가 좁은 탓도 없진 않으리라는 생각에 미치자 압록강을 건너 요동의 넓은 들을 말 타고 달리고 싶은 충동이 일어나는 것을 어찌할 수 없었다.

이날은 상원암에서 묵었다. 마침 4월 보름이라 휘영청 떠오른 보름달이 사방을 비추어 대낮처럼 환했다. 암자 앞에 뭉게뭉게 피어오른 안개가 달빛을 머금어 수은 바다를 이루었다. 그 아래쪽에서 코 고는 소리 같은 것이 은은하게 들려왔다. 상원암 승려는 '저 아래 인간 세상에는 지금 뇌성이 치고 폭우가 쏟아지고 있을 것' 이라 했다. 사나흘을 묘향산에서 지낸 뒤 산을 내려와 안주에서 다시 강원도로 접어들었다.

백동수는 "폭우가 쏟아져 평지에도 물이 한길이나 흐르고 민가가 떠내려갔다"는 주민들의 얘기를 듣고, 상원암 승려가 했던 말을 떠올렸다. 문득 박지원이 묘향산 비로봉 쪽을 바라보며 득도한 도인처럼 말했다.

"어젯밤에 우리는 구름비 밖에서 밝은 달을 껴안고 편안하게 지냈네 그려. 저 묘향산은 태산에 비하면 겨우 한 개 둔덕에 지나지 않을 뿐이 아닌가? 그런데도 그 높낮이에 따라 세상이 이와 같이 판이하니 성인이 천하를 살펴보면 어떻겠는가!"

묘향산에는 비 한 방울도 내리지 않았는데 산 아래의 고을에는 큰비가 내린 것을 가리킨 듯하나, 실은 담헌 홍대용을 염두에 둔 말이었다. 백동수도 홍대용에게 땅이 하루에 한 바퀴 돌아 하루가 된다는 지구의 자전에 관한 이야기를 들었다. 그 정확한 의미를 백동수나 박지원이 제대로 이해했는지는 알 수 없다. 그러나 적어도 자연의 위대함에 비해 인간은 보잘 것 없는 존재라는 사실만큼은 두 사람 모두 알고 있었다.

마침내 동해에 다다랐다. 두 사람은 해안을 따라 느릿느릿 말을 몰았다. 눈앞에 금강산이 나타났다. 이미 두어 차례 들른 적이 있었기에 아쉽지만 그냥 지나쳐 강릉으로 향했다. 경포에 있는 호해정에 이르러 삼연 김창흡의 영정 앞에 절을 올렸다. 그리고 매월당 김시습과 삼연의 발자취를 따라 한계령을 넘어 두 어른이 오랫동안 은거했던 설악산을 찾았다. 김창흡은 백담사와 오세암 사이에 있는 암자 영시암에 움막을 치고 살았다고 한다. 그는 '나 태어나 괴로움뿐 세상일은 견디기 어려우니, 늙은 몸 설악산에 던져 여기 영시암을 이루네'라는 시를 남겼다. 평생 벼슬을 살지 않고 꼿꼿한 처사로 일관한 김창흡은 백동수나 박지원에게 흠모의 대상이었다. 설악산을 빠져 나온 두 사람은 인제, 기린을 지나 춘천으로 향했다.

어느덧 충청도 땅에 들어섰다. 충청도에서는 단양 팔경을 빠뜨릴 수

없다. 풍광도 일품이지만, 존경하는 스승 단릉 이윤영과 능호관 이인
상이 말년을 지내려 했던 곳이다. 박지원이 단양으로 낙향할 계획을
세웠던 건 바로 그 때문이었다.

단양을 빠져나와 괴산 화양동 계곡으로 들어섰다. 우암 송시열을 모
신 화양서원이 있는 곳이다. 송시열은 여기서 학문을 닦고 제자를 가르
쳤다. 서원 근처 암벽에 '비례부동(非禮不動)'이라 새겨져 있었다. '예가
아니면 움직이지 말라'는 뜻으로, 명나라 의종의 친필 글씨라 한다.

속리산도 빼놓을 수 없었다. 거문고와 검을 들고 팔도를 떠돌며 거
침없이 살았던 백호 임제가 청년 시절 3년 동안 《중용》을 읽었다는 암
자의 흔적이 남아 있는 곳이다. 백호가 속리산을 떠나며 지은 시는 불
과 열네 자로 이루어진 짧은 시지만 참으로 절묘한 울림을 주고 있다.

도가 사람을 멀리한 것이 아니라 사람이 도를 멀리한 것이요,
道不遠人人遠道
산이 세속을 떠난 것이 아니라 세속이 산을 떠난 것이로다.
山非離俗俗離山

속리산을 내려와 문경새재를 넘어 경상도 땅을 밟은 두 사람은 김
천, 거창을 지나 가조와 합천의 경계를 이루는 말티고개를 넘어 최치
원이 말년을 보낸 가야산에 오르고, 해인사에 들러 팔만대장경을 구경
했다. 가야로 내려오는 길에 홍류동 원융각에도 들렀다. 원융각에 제
독 이여송이 쓰던 전립과 전포, 그가 지은 시가 보관되어 있다는 승려
의 말을 들었기 때문이다. 전립과 전포는 엄청나게 컸다. 호기심이 발
동한 박지원은 키가 제일 큰 젊은 중에게 전포를 입혀보았다. 그래도
전포의 길이는 땅에 한 자 넘게 끌려 이여송이 거구였다는 옛 문헌의

기록이 사실이라는 것을 확인하였다.

발승암 김홍연

집을 떠나 온 지 달포가 넘어, 아쉽지만 서울로 발길을 돌려야 했다. 올라가는 길에도 명산과 유적지를 빼놓지 않고 두루 둘러보았다. 나라 안 구석구석 빼어난 경치를 간직하고 있었다. 박지원이 백동수를 돌아보며 탄식하듯 말했다.

"사람들이 평생 보지 못할 빼어난 경치를 우리 두 사람만 보게 되었네그려. 이 어찌 즐겁지 아니한가!"

박지원은 오르는 산의 넓은 바위마다 '김홍연(金弘淵)'이라는 이름이 붉은 글씨로 새겨져 있는 것을 보고는 백동수를 불러 세웠다.

"내가 몇 해 전에 금강산에 올랐을 때도 '김홍연'이란 이름이 바위에 새겨진 것을 보았네. 도대체 이 자는 어떤 사람인가?"

백동수는 박지원이 흥분하는 까닭을 이해했다. 태고의 신비를 간직한 푸른 절벽에 이름을 새겨놓아 흥취를 깨뜨리는 행위를 그 역시 달가워하지 않았다. 이덕무도 "푸른 산의 흰 돌이 죄 없이 묵형을 받았네"라며 몰지각한 양반들의 행위를 개탄했던 적이 있었다.

그런데 박지원의 분노를 불러일으킨 김홍연이 자신의 벗이란 사실이 곤혹스러웠다. 벗이 없는 자리에서 벗을 욕하는 짓은 스스로 삼가던 그였지만, 박지원의 재촉에 못 이겨 김홍연에 관한 이야기를 들려주었다.

"김홍연은 왈짜의 한 부류일세. 그러나 민간에서 부랑 방탕한 생활을 하는, 세속에 물든 무뢰배는 아니네."

"그렇다면 협객이란 말인가?"

"그렇다네. 그는 협객이자 검사(劍士)였다네."

백동수는 은근히 김홍연이 막된 놈이 아니라는 것을 강조했다.

"그는 젊어서 말타기와 활쏘기를 잘해서 무과에 급제했네. 맨 손으로 호랑이를 때려잡을 만큼 힘이 셌는데, 젊었을 적에는 양쪽 겨드랑이에 두 기생을 끼고 몇 길 되는 담벼락을 뛰어넘었던 적도 있었다고 하더군. 집을 드나들 때도 늘 준마를 타고 좌우 어깨엔 매를 데리고 다녔지."

"무과에 급제했으면 벼슬은 살았는가?"

"아닐세. 그는 벼슬길에 나가기를 즐겨 하지 않았네."

"벼슬을 살지 않아도 될 만큼 집이 부자였던 게 아닌가?"

"맞는 말씀이네. 그는 오히려 재물을 흙을 퍼다 쓰듯이 하여 고금의 유명한 글씨와 그림, 칼, 거문고, 골동품은 물론이고 기이한 꽃과 풀도 사서 모았네. 자기 마음에 드는 것을 만나면 아무리 많은 돈도 아끼지 않았지."

"그래, 그 사람은 지금 무얼 하는가?"

"지금은 머리털이 허옇게 센 늙은이가 되어서 송곳과 끌을 행낭에 넣고 명산을 두루 유람한다는 소문을 들었네. 한라산에 한 차례 들어갔고 백두산에 두 번 올랐다고 하는데, 가는 곳마다 바위에 제 이름을 손수 새기고 다닌다고 하더군."

"무슨 까닭에서인가?"

"나도 궁금하여 물었더니 '후세에 이런 사람이 있었다는 것을 알리겠노라' 했네."

잠시 묵묵히 있던 박지원이 불쑥 되물었다.

"대체 그 사람이 누구란 말인가?"

백동수는 다시 대답했다.

"김홍연일세."

"소위 김홍연이란 누구인가?"

"자를 대심(大深)이라 하네."

"대심이란 누구인가?"

"스스로 호를 발승암(髮僧庵, 머리 기른 중)이라 부르고 있네."

"소위 발승암이란 누구인가?"

백동수는 어이가 없어 박지원을 물끄러미 바라보았다. 박지원은 껄껄 웃더니 말을 이었다.

"옛적에 사마상여(司馬相如)가 가공 인물인 무시공(無是公)과 오유(烏有) 선생을 내세워 서로 문답케 했다더니, 지금 자네와 나도 태고적 석벽과 흐르는 물 사이에 우연히 만나 서로 묻고 답했구려. 후일 생각해 보면 우리들 자신마저도 모두 오유 선생이 될 터인데 소위 발승암이란 사람이 어디 있단 말인가?"

백동수는 참지 못하고 화를 벌컥 내며 쏘아붙였다.

"내가 어찌 자네에게 황당한 이야기로 거짓말을 꾸며대겠나. 실제로 그런 사람이 있단 말일세."

그는 말을 몰아 앞으로 달려나갔다. 박지원이 껄껄 웃으며 뒤를 쫓았다.

"그대는 고집이 너무 세구려. 화를 풀고 내 이야기를 마저 듣게나. 옛적에 왕안석(王安石)이 '극진미신(劇秦美新)'이라는 글은 곡자운(谷子雲)이 지은 것이고 양자운(揚子雲)은 아니다'고 변론했으나 소식(蘇軾)은 '서경(西京)에 과연 양자운이란 사람이 있었는지 모르겠다'고 하였네. 자네도 잘 알다시피 무릇 두 사람의 문장은 당시 세상에 밝게 빛났고 역사 기록에도 전해오는 실존 인물일세. 하나, 후세에 논변하는 사람에 따라서 이런 의심을 했네. 하물며 깊은 산 궁벽한 골짜기에 새겨 놓은 부질없는 이름쯤이야 바람에 사라지고 빗물에 닳아, 백 년이 못

되어 마멸될 것 아니겠는가?"

그제야 백동수는 박지원이 자기를 놀리는 말이 아님을 알아차렸다. 바위에 이름을 새기는 김홍연의 행위가 쓸데없는 짓이라는 것을 빗댄 말이었다. 박지원의 화법은 하도 특이해서 오래 사귄 백동수조차도 그 뜻을 알아차리기 어려울 때가 있었다. 결국 백동수는 한바탕 껄껄 웃고 말았다.

이로부터 9년 뒤, 박지원은 김홍연을 직접 만나게 된다. 박지원이 홍국영의 탄압을 피해 연암에 살고 있을 때였다. 하루는 박지원이 평양 거리를 걷다가 우연히 김홍연과 마주쳤다. 그후 김홍연은 박지원의 집을 찾아가 "그대의 글을 빌려 후세에 이름이나 전하게 해달라"고 부탁했다. 박지원은 백동수에게 들은 이야기를 잊지 않고 있다가 '발승암기'를 지어주었다.

김홍연은 무과에 급제하고도 벼슬에 나가지 않고 '머리 기른 중'이라 자처하며 살았다. 이는 당대의 검객들 가운데 도가나 불교에 심취한 인물이 적지 않았음을 말해준다. 그런 까닭에 검객들의 존재는 쉽게 드러나지 않았다. 검객들 대부분이 자신의 존재를 감추며 살았던 것에 견주어 김홍연은 자신을 후세에 알리려고 애쓴 인물이었다.

남북을 두루 돌아다닌 대장부

조선은 남북 3,200리, 동서 1,200리를 벗어나지 못하는 작은 나라다. 그러나 골마다 빼어나게 아름다운 명승지가 널려 있고 들에는 오곡이 풍성하게 자라는 천혜의 땅이었다. 다만 삶에 여유가 없어 그것을 누릴 수 있는 사람이 소수뿐이라는 데 문제가 있었다.

백동수와 박지원은 길을 가다 산을 만나면 산에 오르고, 절이 있으면 승려와 대화를 나누고, 강을 만나면 배를 띄워 흘러가는 강물을 따라 시를 읊고, 정자에 올라 술잔을 기울였다. 비경을 찾느라 욕심을 부리지 않는다면 길을 잃을 염려는 없었다. 낯선 길일지라도 10리 혹은 5리마다 세워놓은 장승을 살펴보면 지명과 거리가 적혀 있어 그곳이 어떤 고을인지, 다음 고을까지는 얼마를 더 가야 하는지 알 수 있었다.

주머니 사정이 궁한 것이 흠이라면 흠이었다. 그러나 그 역시 커다란 걱정거리는 못 되었다. 고을마다 객점(客店)이 있어 싼값에 묵을 수 있었다. 말에게 콩을 먹이고 편자를 갈아 끼우는 일도 객점에서 해결했다. 벗이 수령이나 변장으로 재직하고 있는 고을을 지나게 되면 걸음 빠른 김오복을 미리 보내 서신을 전달하여 방문할 것을 알린 후 찾아가 여비를 조달했다. 부잣집이 보이면 거침없이 대문을 두드려 숙식을 해결했다. 대부분의 시골 부자들은 여행하는 선비를 위해 사랑을 비워두었다. 그러나 깊은 산골에 이르면 사정이 달라졌다. 화전민들에게 식은 조밥을 얻어먹고, 때로는 길을 잃고 산중을 헤매며 굶기도 했다.

이렇게 백동수는 박지원을 안내하여 경기도를 거쳐 황해도, 평안도, 강원도, 충청도, 경상도 땅을 두루 밟았다. 어림잡아 3,000~4,000리는 족히 되는 거리로, 강인한 체력과 두둑한 배짱이 없으면 엄두도 못 낼 여행이었다. 무예와 노동으로 단련된 백동수는 말할 것도 없지만 박지원 역시 대장부라 해도 손색이 없었다.

"대장부가 남북을 주유하지 않고 어떻게 백성들에게 다가갈 수 있겠는가"라는 말이 있다. 여행을 하는 동안 백성들의 삶을 살피는 일 또한 빼놓을 수 없었다. 백동수는 가난과 질병, 관의 횡포에 시달리는 백성들의 삶을 보았다. 여행을 떠나기 전 해, 그러니까 1770년 함경·강원·경상도 지역에 악성 전염병이 돌아 수천 명이 목숨을 잃는 참사가 일어났다. 백동수는 여행 길에서 소문으로 듣던 참상을 직접 목격했다. 전염병의 가장 큰 희생자는 가난한 백성들, 특히 아이들이었다. 흉

이인상이 그린 황해도 유천점 주막거리. 백동수와 박지원도 이곳에서 한 잔 술로 목을 축였을 법하다.

년이 들어 제대로 먹지 못한 아이들은 저항력이 떨어져 쉽게 감염되기 마련이었다.

가난과 질병으로 고통받는 백성들에게 관은 피난처가 아니라 도리어 고통을 안겨주는 소굴이었다. 세금을 징수하는 서리들의 횡포는 가혹했다. 군포 낼 사람이 죽었거나 낼 능력이 없어 도망가면 친척에게 대신 세금을 물게 했고, 젖먹이에게도 세금을 거두었다. 수령은 이를 뻔히 알면서도 눈감아주었다. 탐관오리들의 등쌀에 견디다 못한 백성들은 고향을 등지고 서울로 몰려갔다.

군역을 피하기 위해 온갖 불법이 자행되고 있었다. 공자의 후손과 기자의 자손인 기씨와 한씨, 조선으로 망명해온 명씨 · 진씨 · 양씨 같은 중국인 후손들과 안향 · 설총 · 문익점 · 신숭겸 · 한명회 같은 명문세가의 자손은 군역을 면제하도록 국법으로 정해놓은 것부터가 문제였다. 이를 구실로 양반과 부자들은 서리들과 결탁하여 군역에서 빠져나갔다. 대신 권세 없고 가난한 이들이 그 짐을 떠안아야 했다. 조선이 가난한 것은 문제를 해결하고 사회를 개선해야 할 책임을 진 선비들이 태만했기 때문이다. 백동수는 그렇게 확신하였다.

여행 후기

여행을 마치고 돌아온 백동수와 박지원에게 청천벽력 같은 소식이 기다리고 있었다. 벗 이희천이 청파교에서 효수당한 것이다. 벗의 잘린 머리는 장대에 매달려 사흘 동안 바람을 맞았다. 이희천이 책 장수에게 중국 서적 《명기집략(明紀輯略)》을 구입했던 것이 화근이었다. 청(淸)의 주린(朱璘)이 지은 《명기집략》은 태조와 인조를 모독한 문구가 들어 있어 금서였다. 형 집행을 주관한 사람이 훈련대장 이장오(李章吾)라는 사실도 기가 막혔다. 한동안 박지원이 삼청동 백련봉 아래 있던 이장오의 별장에 세들어 살았으니 백동수도 이장오와 면식이 있었다. 비록 왕명에 따른 것이었지만 자주 얼굴을 대하던 사람이 벗의 목을 베라는 명을 내린 사람이라니, 얄궂은 운명에 그저 탄식할 따름이었다.

오촌 당숙 백사빈(白師斌, 1738~1768)이 이윤영의 딸에게 장가를 들어, 백동수와 이희천은 사돈지간이었다. 백사빈도 3년 전에 요절하여 사위와 아들을 먼저 저 세상으로 보낸 이윤영 곁에는 이제 서자 이희산만 남게 되었다. 이윤영에게 《주역》을 배우던 시절부터 십수 년 동안 이희천과 사귀어온 박지원도 큰 충격을 받고 아예 바깥출입을 하지 않았다. 이때 받은 충격으로 박지원은 과거를 완전히 단념하고 만다.

이희천이 죽은 뒤 모처럼 벗들이 모두 모였다. 여행을 하며 보고들은 경험을 벗들에게 털어놓는 자리였다. 백동수는 가난과 전염병, 군역의 폐단, 백성들의 말없는 원망 등을 얘기했고, 이덕무는 "전조선과 후조선 그리고 고구려의 옛터를 답사하며 정전의 구획이 남아 있는 것을 보았다. 이것은 진나라 이후 천하에 없는 훌륭함이다"고 예찬했다.

이덕무가 정전을 '천하에 없는 훌륭함'이라고 한 데는 까닭이 있다. 정전은 글자 모양대로 토지를 아홉 등분하고 여덟 가구가 공동으로 경

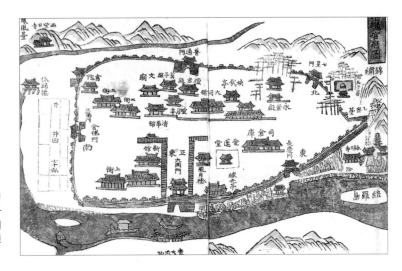

평양성의 왼편에 바둑판처럼
그려진 곳이 정전의 유적이라
한다. 당시까지만 해도 정전의
흔적이 뚜렷하게 남아 있었던
모양이다.

작하여 수확물을 공동으로 분배하고 수확물의 9분의 1을 국가에 바치
는 토지제도였다. 백동수는 토지를 고루 나눠 평등을 실현했던 정전제
에 관심을 가졌다. 백성들의 말없는 원성을 씻기 위해서는 반드시 군
역과 토지제도를 개혁해야 했다. 모든 문제의 열쇠는 제도 개선에 있
었다. 백동수는 벗들과 어울려 밥과 술을 나누며 우정을 쌓고, 조선의
현실을 타개하기 위해 새로운 강국으로 부상한 청과 일본의 문물을 연
구하며 숱한 밤을 지샜다.

  이듬해, 박지원은 아내와 자식을 처가로 보내고 전의감동에 있는 집
에서 혼자 지내고 있었다. 백동수도 그곳에서 홍대용, 성대중, 서상수,
이덕무, 유득공, 유금, 이희경, 박제가, 이서구 같은 지인들과 어울려
며칠씩 묵곤 했다. 박지원의 아들 박종채가 지은 《과정록》에 모임의 정
경이 나온다.

  항상 서로 만나면 며칠씩 묵으면서 위로는 고금의 치란과 흥망의 까닭과 옛
  날 사람들이 세상에 나가고 시골에 숨어 있는 대절과 제도의 연혁, 농공의

이익과 폐단, 산업 경제, 산천과 국방, 천문, 관상, 음악, 초목과 새·짐승, 육서와 산수 등을 관용하고 포괄하여 기록하시었다.

사대부들이 소홀히 하는 이용 후생과 경제 명물 등의 학문에 관심을 쏟았던 이들은 특히 북학 수용에 대해 의견이 일치했다. 조선중화를 강조했던 성대중은 "명은 비록 망했으나 우리 조선이 있으므로 오히려 망한 것이 아니다. 우리 조선은 실로 천하의 종주다"라고 하였다. 그러나 대명의리에 충실했던 그도 북학에는 적극 찬성했다.

"청의 군사, 성곽의 제도 같은 것은 간편하고도 굳세며 쉽게 지킬 수 있는 것이어서 오랑캐가 중국을 아우를 수 있었던 방도가 되었던 것이다. 저들의 장점을 취하여 우리의 단점을 다스리는 것은 자강을 위한 방책이 될 것이니, 우리가 널리 채용하여 신중히 그것을 선택함에 달려 있을 뿐이다."

선전관에 추천되다

150년 만에 처음 있는 사건

1772년 8월, 영조는 창덕궁을 나와 육상궁(毓祥宮, 영조의 친어머니인 숙빈 최씨의 신위를 안치한 사당)으로 향하고 있었다. 궁중 음악을 담당했던 장악원(掌樂院)에서는 왕이 행차하는 장소에 미리 대기하고 있다가 왕이 문을 들어서면 즉시 음악을 연주하였다. 그런데 영조가 육상궁에 들어섰는데도 제때 음악이 연주되지 않았다. 영조는 "임금이 행차하는데 즉시 연주하지 않았다"고 불같이 화를 내며 장악원의 책임자인 이진규를 갑산으로 유배를 보냈다. 영조는 이것을 단순한 실수가 아니라 군주인 자신과 자신의 어머니를 무시하여 고의로 저지른 일이라고 단정했다. 숙빈 최씨의 신분이 궁녀들에게 세숫물을 떠다 바치던 천한 무수리였기 때문이다. 궁문을 나선 영조는 별안간 북쪽을 향해 관을 벗고 땅에 엎드려 신하들에게 들리도록 큰 소리로 말했다.

"신축년 이후 나를 섬긴 자가 어찌 감히 이렇게 하겠는가?"

신축년(1721)은 영조가 왕세자로 책봉된 해다. '신축년 이후부터 나를 섬긴 자'들이란 천한 무수리 아들은 임금이 될 수 없다는 소론의 주장을 누르고 연잉궁(영조) 자신을 왕세제로 추대한 노론을 가리킨다. 영조의 돌출 행동에 놀란 세손(정조)이 관을 벗고 엎드려 환궁하기를 간청하고, 신하들 역시 관을 벗고 엎드려 용서를 빌었다. 수십 년 간 영조를 섬겨온 눈치 빠른 대신들은 '신축년'이란 한 마디에 벌써 왕의 의도를 파악하고 있었다. 그제야 영조는 마지못하는 척 하교했다.

영조는 서얼들의 억울함을 누구보다 잘 알고 해결하려 했던 왕이다. 어머니 숙빈 최씨가 천한 무수리 출신이었기 때문에 영조도 왕이 되기 전 마음고생이 많았다.

"서얼의 통청을 금한 것은 유자광으로부터 그렇게 한 것인데, 이는 바로 임금이 조화를 행한 하나의 커다란 신기(神機)이다. …… 이후에는 절대로 구애받지 말고 국초의 풍속을 두게 하라."

국초의 풍속이란 조선 초기에는 서얼을 차별하지 않았음을 가리킨다. 이날, 영조는 서얼 네 사람을 중용했다. 여귀주를 사헌부 지평에, 윤밀과 오준근을 사간원 정언에, 김취대를 선전관에 임명한 것이다. 영조는 이 자리에서 양사(사헌부와 사간원)와 선전관청에 서얼을 임명한 전례를 본받아 앞으로도 서얼을 순차로 임명하도록 교시를 내렸다. 이런 소식을 들은 서얼들은 '150년 만에 처음 일어난 사건'이라며 감격의 눈물을 흘렸다.

백동수는 물론 이덕무, 박제가 같은 벗들도 이러한 소식에 감격의 눈물을 흘리기는 마찬가지였다. 그것은 서얼을 차별하는 제도의 철폐를 주장했던 박지원조차 감히 상상하기 어려웠던 커다란 기쁨이었다.

서얼을 중용하는 교시를 내리기 전, 관을 벗고 땅에 엎드리는 파격적인 행동을 감행한 영조의 속뜻은 신하들의 반발을 막는 데 있었다. 사대부의 잣대로 재면 영조 자신이 서얼이었다. 그래서인지 영조는 즉위 후 서얼허통을 위해 많은 노력을 기울였다. 이어 9월에 영조는 "적서를 차별하는 자는 역률(逆律, 반역자를 처단하는 법)로 다스리겠다"고 선언했다.

얼마 후 백동수는 자신이 선전관에 추천되었다는 선전관청의 기별을 받았다. 선전관은 왕의 최측근에서 일하기 때문에 '서반(西班)의 승지'로 불려지는 청요직으로, 무관이라면 한번쯤 꿈꾸어보는 선망의 자리였다. 이덕무는 백동수와 함께 무과에 급제했던 족질 이광섭이 선전관이 되자 가문의 자랑이라고 몹시 기뻐했었다. 선전관은 그만큼 좋은 자리였다.

멀어진 벼슬길

이듬해 정월 26일, 영조는 영남의 서얼 유생들이 태학(성균관) 서치(序齒, 나이의 순서대로 자리에 앉는 것)와 향안 통록(고을 사족(士族)들의 명부를 기록한 문서를 올리는 일)을 간청하는 상소였다. 영조는 "서얼은 이미 조정의 동서반직에 통청되었으니 향촌의 향안에도 마땅히 통록되어야 한다"는 비답을 내렸다. 그리고 영조는 이튿날 성균관에서 서치를 실시하도록 지시했다. 이때부터 성균관에서도 나이 순서대로 앉게 되었다. 마침 겨울 가뭄이 극심했는데 태학서치를 단행한 며칠 뒤에 비가 내려 이 비를 '서치우'라 했다. 성균관에서 서치가 실시된 정월 26일과 27일은 백동수도 평생 잊을 수 없는 날이었다.

선전관청에 들른 영조가 물었다.

"선전관 중에 서얼이 몇 명이나 되느냐?"

"한 명이 있을 뿐입니다."

"지난해 내가 임명한 김취대 한 명만 있다!"

영조의 불호령이 떨어졌다.

"임금의 명을 무시함이 어떻게 감히 이와 같단 말이냐? 훈련도감의 기와 북을 대령하고 행수(行首) 선전관을 대령시켜라."

행수 선전관 백동준이 대령했다. 그는 바로 백동수의 재종형이었다. 영조는 명했다.

"병조가 서얼을 선전관에 한 명만 통청시킨 것은 임금의 명령을 가볍게 여긴 것이다. 행수 선전관 백동준을 회시(回示)하고 곤장을 친 뒤 거제부에 충군하고, 다른 선전관들도 경기도 내에 있는 여러 섬에 충군하라! 빈자리는 서류 가운데서 선천(宣薦, 무과에 급제한 사람 중에 선전관에 추천된 후보자)으로 선발하여 보충하라."

백동준 대신 이문덕이 행수 선전관에 임명되었다. 백동수의 이름도 선전관청에서 작성한 후보 아홉 명의 명단에 올랐다. 그러나 백동수는 기뻐할 수가 없었다. 왕의 분노를 사 유배를 떠난 재종형이 일하던 관청에 자신이 들어갈 수는 없는 노릇이었기 때문이다. 조정 관료들의 논의도 백동준과 재종형제 사이인 백동수를 선전관에 임명하는 것은 불가하다는 쪽으로 결론을 내렸다.

이때 선전관에 임명된 사람은 율곡 이이의 자손 이항림(李恒林), 문벌가의 서대유(徐大有) 같은 명문가의 서얼이었다. 이항림은 정조 대에 전라우도 수군절도사에 기용되기까지 하였다. 결국 백동수는 선전관이 되지 못했다. 150년 만에 이루어진 기회도 그에게는 허락되지 않았다.

조선 선비들이 뜻을 펼 수 있는 유일한 통로는 벼슬살이였다. 한 인간의 업적을 평가할 때 가장 먼저 관료로서의 지위를 따졌다. 인격의 고결함이나 학문의 깊이는 그 다음이었다. 그러니 선비의 길을 걸으려 해도 벼슬에 초연하기란 매우 어려웠다.

백동수는 무과에 급제하여 선전관에 추천되기까지 했지만 결국 아무런 벼슬도 얻을 수 없었다. 이제 남은 방법은 인사권을 쥐고 있는 고관을 찾아 벼슬을 청탁하는 것밖에 달리 도리가 없었다. 그러나 그의

선전관

왕의 시위, 왕명의 전달, 군대의 호령과 군악의 취주, 부신(符信, 군사를 동원할 때 쓰이는 패)의 출납을 맡았던 선전관은 적간(摘奸, 범법 행위나 부정한 사실의 유무를 조사하여 적발하고, 지방관들의 부정 비리를 캐는 일)을 하여 왕에게 보고하는 일도 하였다. 왕은 선전관 보고를 토대로 암행어사 파견을 결정하였다. 따라서 선전관은 무예와 용맹은 물론 학식과 큰 키에 훤칠한 용모도 갖추어야 했다. 정원은 스무 명으로, 역할에 따라 행수 선전관, 사무를 총괄하는 장무, 어명을 전달하는 승전(承傳), 정규 인원 외 미리 선발된 예차(預差) 선전관 등으로 나뉜다.

자존심이 허락하지 않았다.

　이해에 아내 유씨가 아들 심진(心鎭)을 낳았다. 심진은 장가든 지 15년 만에 본 귀한 아들이었다. 백동수와 유씨는 한마음으로 아들이 탈 없이 건강하게 자라기만을 바랐다.

기린에서의 10년 잠행

마침내 서울을 떠나다

백동수는 자신이 얼마 전에 선전관에 추천되었던 사실조차 까맣게 잊었다. 그의 마음은 서울을 떠날 생각으로 가득 차 있었다. 기린으로 갈 작정이었다. 강원도에서도 가장 외진 곳, 기린에서 농사를 짓고 목축을 할 생각이었다.

백동수는 남산에 올라 한양성을 내려다보았다. 처마와 처마를 맞댄 즐비한 기와 지붕들이 빽빽하게 들어찬 거리, 사람들이 분주하게 오가는 한양성의 번화한 풍경이 한눈에 들어왔다. 서울은 자신이 태어나고 자란 곳이며, 여러 벗들과 선후배가 살고 있는 정든 고향이었다. 연로한 부모와 어린아이들이 험하고 낯선 환경에 제대로 적응할까, 못내 마음에 걸렸다.

박제가는 벗이 서울을 떠나는 안타까움을 이렇게 표현했다.

아름답구나! 화려하지 않은가? 내 일찍이 나라 안을 두루 노닐어 신라, 고려와 기자의 옛 도읍지를 차례로 여행했으며, 태백산, 금강산의 사람이 아무도 다니지 않는 곳도 다녀보았다. 그런데 산수의 장려함과 문명이 서울을 훌쩍 능가하는 곳은 없었으니 비록 숲이나 계곡의 뛰어난 경관이 있다 해도 어떻게 이곳을 버려두고 다른 곳을 찾아가겠는가? 하물며 한양성은 정치, 교화가 시행된 곳이요, 사방에서 모여드는 곳이라 벼슬아치, 벌열의 집안과 인물, 누대, 수레나 배, 번성한 재화, 그리고 저 친척과 벗들, 상고할 만한 문헌이 모두 이곳에 모여 있지 않는가! 그 위에 자네와 내가 자란 곳이라 발길은 거리 거리에 익숙해 있고, 그 풍경은 꿈속에서도 살아 있는데 차마 하루아침에 버리고 떠나갈 수 있을까? 머뭇머뭇 망설이고 뒤를 돌아보면서 떨어지지 않는 발걸음을 하지 않을 수 있겠는가?

돈과 권력을 쥔 사대부들이 살기에 서울만큼 좋은 곳은 없었다. 도연명의 '귀거래사'를 입으로 읊조리고 즐겨 청담(淸談)을 말하면서도 그들은 결코 서울을 떠나지 않았다. 그들이 서울을 떠나는 일은 대개 두 가지 경우였다. 하나는 외직에 발령을 받은 때이고, 또 하나는 죄를 지어 귀양을 가는 경우처럼 어쩔 수 없이 떠나야 할 때였다. 가끔 가난 때문에 떠나는 경우가 있긴 해도, 예외 없이 서울 근교에 자리잡았다. 서울에서 멀리 떨어지면 출세에 필요한 인맥도 정보도 끊어져 재기하기 어렵다는 것을 너무나 잘 알고 있었기 때문이다.

오래 전부터 박지원은 "연암골에 내려가 농사를 지으며 살고 싶다"고 했었다. 그러나 쉽사리 결단을 못 내리고 망설이는 게 너무나 당연했다. 박지원은 장안에 널리 알려진 명사였다. 자신을 따르는 총명한 후배들과 어울리는 즐거움을 그는 한껏 누리고 있었다. 백동수도 마찬가지였다. 장안의 협객들이 그의 모습을 흉내낼 만큼 인기가 높았다. 서른 명이나 되는 협객과 수많은 예인, 아리따운 기생들이 그를 따랐다. 이 모든 것을 훌훌 털고 첩첩산중에 들어가 세상과 인연을 끊고 땅을 일구며 살겠다고 결단하기란 결코 쉬운 일이 아니었다. 더욱이 전원 생활의 한가로움을 누리기 위해서가 아니라, 화전을 개간해서 농사를 짓고 가축을 키우기 위해 가는 길이었다.

그럭저럭 백동수가 서울을 떠나기로 작정한 날이 다 되었다. 연락도 하지 않았지만 그의 집에는 매형 이덕무를 비롯하여 친한 벗들이 하나둘 모여들었다. 초어정에 둘러 앉아 말없이 술잔을 기울였다. 벼슬을 얻은 것도 아니고 수령이 되어 떠나는 환송회도 아니어서 술자리는 무겁기만 했다. 벗들은 새 삶을 위해 험한 곳으로 떠나는 백동수를 위해 무언가 도움을 주고 싶었다. 하지만 자신들이 줄 수 있는 거라고는 벗이 원하는 대로 목축에 성공하기를 바라는 간절한 마음뿐이었다.

지난번 여행 길에서 백동수와 함께 기린을 둘러보았던 박지원이 탄식하듯 말했다.

"그 험준하고 궁벽한 품이 연암골과 어찌 비교할 수 있으랴!"

박지원은 기린골의 험한 정경을 송아지를 '업고[負]'라는 글자로 압

19세기 초에 그려진 도성도. 18세기 후반 서울은 인구 30만 명을 헤아리는 거대 도시였다. 한성 안에 약 20만 명, 성 주위에 약 10만 명이 살았다고 한다.

축해서 표현했다. 기린골로 들어가는 고갯길이 너무 가파르고 험해서
송아지가 넘을 수 없어 사람이 업고 가야 한다는 뜻이다. 박제가가 물
었다.

"듣기로는 교통이 불편하여 서울 소식이 한 해에 겨우 한 번 닿을 만
큼 외진 곳이라 하던데, 서울을 떠나 새와 짐승들의 울음소리만 들리
는 적막한 산골에서 어찌 살려고 하십니까?"

백동수는 껄껄 웃었다.

"걱정할 것 없네. 그럴 때면 사냥을 할 생각이네."

"그 험한 곳에서 어떻게 먹고 살 것인가? 그곳은 소금조차 구하기 어
렵다던데……"

박지원이 물었다. 백동수는 빙긋 웃으며 마구간을 가리켰다. 마구간
에는 이제 막 젖을 뗀 어린 송아지 한 마리가 있었다.

"무슨 걱정이 있겠나? 저 놈을 길러서 밭을 갈면 되고, 돌배나 아가
위로 장 담그는 방법도 배워두었는데."

그의 너털웃음은 벗들을 더욱 우울하게 했다. 박지원이 다시 입을
열었다.

"영숙도 알다시피 나 자신은 이럴까 저럴까 망설이면서 아직까지 거
취를 결정하지 못하고 있네. 그런데 자네의 길을 내가 감히 말릴 수 있
겠는가? 나는 자네의 결심을 장하게 생각할지언정 자네의 곤궁함을 가
엾이 여기지 않겠네."

박제가가 침통한 표정으로 술잔을 권했다.

"영숙은 떠나가십시오. 나는 지난날 곤궁한 처지에서 영숙을 만나면
서 참된 우도(友道)를 발견했습니다. 내가 영숙과의 사귐이 어찌 다만
곤궁한 시기의 교분뿐이겠습니까!"

박지원은 지난해 함께 연암을 찾았던 추억을 담은 글을, 박제가는

안타까운 마음을 토로한 글을 건네주었다.

…… 영숙은 전서와 예서에 능하고 장고(掌故)에 밝다. 젊어서 말타기와 활쏘기에 뛰어나 무과에 뽑히었다. 비록 벼슬은 시명(時命)에 매인 바 되었으나, 임금에게 충성하고 나라를 위해 죽으려는 뜻만은 선조의 공덕을 잇기에 족함이 있었으니 사대부에게도 부끄럽지 않다. 아아! 그런 영숙이 어찌하여 식솔을 이끌고서 예맥의 고장으로 들어가는가? …… (연암 박지원)

…… 아하! 영숙은 평소 의기를 소중하게 여겨 일찍이 손수 천금을 흩은 적이 여러 번이었으나, 끝내는 곤궁한 채 불우하게 되어 사방 어디에서도 그 입에 풀칠을 할 수 없게 되었다. 활쏘기를 잘하여 과거에 급제했으나 그의 뜻은 녹록하게 공명을 취하는 데 부침하려 하지 않아서 이제 식구를 이끌고 기린협으로 들어가려 한다. …… (정유 박제가)

험한 골짜기가 어엿한 목장으로

기린은 백두대간 서쪽에 자리 잡은 작은 고을로, 춘천 도호부에 속한 현(縣)이었다. 오늘날 기린은 인제군에 속해 있다. 기린의 동쪽에는 설악산과 점봉산이, 서쪽과 남쪽에는 대암산과 방태산이 마치 커다란 병풍처럼 둘러져 있다. 높고 험준한 지세는 많은 고갯길을 낳았다. 진부령·미시령·한계령은 동해로 가는 고개이며, 광치령과 거니고개는 내륙으로 이어지는 길목이다. 골이 깊은 탓에 물도 많아 방태천과 내린천이 마을을 가로질러 흐른다. 인근 인제군의 지명은 군 중앙을 흐르는 내린천과 소양강이 만나는 모양이 기린의 발굽과 닮았다는 뜻에서 붙여진 이름이다.

기린에는 나무껍질과 판자로 지붕을 인 너와집이 드문드문 있을 뿐

초가집조차 드물었다. 얼마 되지 않는 다락논도 일조량이 부족해서 쌀농사는 제대로 되지 않았다. 그 때문에 주민들 대부분은 야산에서 화전을 일구어 거친 땅에서 잘 자라는 조나 콩을 심어 양식을 마련하고, 약초를 캐고 숯을 구워 팔아서 살림을 꾸리고 있었다.

그러나 백동수는 두렵지 않았다. 농사를 지어본 풍부한 경험과 함께 새로운 농사법을 잘 알고 있었다. 게다가 기린의 토질과 기후를 면밀히 조사하여 이에 적합한 목초 씨앗을 충분히 장만해두었다. 검을 배울 때 의술을 함께 배웠던 것은 스스로 생각해도 정말 잘한 일이었다.

몇 가지 단서를 놓고 추론해볼 때, 백동수가 이삿짐을 푼 곳은 현재 인제읍에 포함된 기린현 북면 귀둔동(貴屯洞)으로 여겨진다.

귀둔천을 따라 기다란 협곡을 지나면 갑자기 천혜의 요새처럼 넓은 들판이 펼쳐지는데, 이곳이 귀둔동이다. '귀둔'이란 마을 이름은 서울 양반, 곧 백동수 일가가 농장을 일군 데서 유래한 것이 아닐까 싶다. 두 줄기 시내가 들판을 감싸고 흐르는 귀둔동은 화전을 일구고 방목을 하기에는 제격이었다.

백동수는 팔을 걷어붙이고 마을로 통하는 길부터 넓혔다. 그리고 벽돌을 굽고 돌을 쌓아 식구들이 기거할 집을 지었다. 그동안 식구들은 아랫마을로 내려가 집을 빌려 지내야 했다.

길을 내고 집을 지은 다음에는 야산에 불을 질러 잡초와 잡목을 깨끗이 태운 뒤 터를 고르고 목초 씨앗을 뿌렸다. 아랫마을 사람들은 서울서 이사 온 백동수의 가족을 호기심 어린 눈으로 지켜보았다.

"돌이 많아 화전으로 개간하기에도 적합하지 않은 곳인데, 그래 무엇을 하시려오?"

한 노인이 고개를 갸우뚱거리며 물었다.

"이곳에서 가축을 기를 생각이외다."

노인은 손을 휘휘 내저었다.

"이곳에서 평생을 살면서 호랑이가 울 안에 든 소를 물어 죽인 것을 본 것만 해도 수도 없다오. 게다가 이리와 늑대도 많아서 울타리를 아무리 튼튼하게 쳐도 별 수 없을 거요. 닭이나 돼지를 기르신다 하셨소? 그것 참, 맹수들 아가리에 갖다 바치는 일이오. 쓸데없는 고생 그만두시구려."

마을 사람들 눈에 백동수는 힘만 세지 농사의 농 자도 모르는 도시 사람으로밖에 보이지 않았던 것이다. 백동수는 빙그레 웃기만 했다.

겨울이 오기 전에 할 일이 태산이었다. 넓은 지역에 돌아가며 울타리를 세우려면 많은 말뚝이 필요했다. 화목도 넉넉히 마련해두어야 했다. 겨울이 되어도 여전히 할 일은 많았다. 겨우내 화로를 피워놓은 사랑에 앉아 수천 개의 참나무 말뚝을 만들어 놓으면, 이듬해 파릇한 싹이 돋아나기 시작할 때 말뚝을 박아 울타리를 만들었던 것이다. .

백동수는 기린 장에 나가 병아리, 염소, 돼지 새끼 같은 가축을 사와 울타리 안에 가두고, 끌고 갔던 송아지와 염소를 목초로 뒤덮인 목장에 풀어놓았다. 그리고 때가 되면 울타리로 돌아오도록 훈련시켰다. 버려져 있던 땅이 목장으로 서서히 탈바꿈하고 있었다. 나라에서도 군사용 말을 기르기 위해 각 지방에 목장을 운영하고 있었는데, 그도 이러한 방법을 활용했다.

환경에 적응하지 못하고 죽는 놈도 더러 있었지만, 온 가족이 달려들어 지극 정성으로 보살핀 결과 대부분 잘 자라주었다. 밤에는 활을 들고 맹수가 울타리를 넘지 못하도록 순찰을 돌았다. 어린 새끼들이 장성하여 새끼를 치고 또 쳐, 한 해가 지날 무렵에는 목장이 비좁아서 울타리를 넓혀야 했다. 험한 골짜기가 어엿한 목장으로 탈바꿈하자 이웃 사람들도 몹시 놀라며 부러워했다. 스스로 생각해도 대견스럽고 즐거운 일이었다.

백동수는 목장이 웬만큼 자리를 잡자 서울서 하던 대로 자식 없는 노인, 고아 같은 어려운 이웃들을 돌보아주었다. 해마다 설날이 되면 살진 돼지를 잡고 술을 장만한 뒤 노인들을 초대하여 잔치를 벌이는 일도 빠뜨리지 않았다. 노인들은 술과 고기를 맘껏 먹고 마시며 입이 마르도록 백동수를 칭찬했다. 백동수는 이웃들에게 목축을 가르치고, 새로운 농사법을 소개하였으며, 신식 농기구를 제작하는 기술도 알려주었다.

아래는 백동수가 이덕무에게 들려 준 이야기인데, 목축에 관한 그의 전문지식을 엿볼수 있다.

"당나귀가 아비이고 말이 어미인 데서 낳은 것을 '노새' 라 하는데, 바로 《설문(說文)》에서 말한 나(驘)이고 《고금주(古今注)》에서 말한 맥이다. 다리는 길고 궁둥이는 위로 솟았으며 꼬리털은 홀쭉한 편이고 갈기털은 짧다. 말 아비와 당나귀 어미 사이에서 난 것을 '것귀' 라 하는데, 바로 《병아(駢雅)》에서 말한 등맥이다. 크기는 당나귀만하고 귀는 말보다 크며, 뒤는 노새와 같고 앞은 말과 같다. 노새 아비와 말 어미 사이에서 난 것을 '버새' 라 하는데, 노새 같으면서도 꼬리는 노새보다 조금 길고 귀는 노새보다 작다. 말 아비와 소 어미 사이에서 난 것을 '특' 이라 하는데, 세속에서는 특(特)을 말과 소가 교미하여 낳은 새끼라 하므로, 널리 자서(字書)를 상고해 보았으나 소로만 훈고가 나 있었다. 뒤는 소와 같고 앞은 노새와 같다. 소 아비와 말 어미 사이에서 난 것도 '특' 이라 하는데, 크기는 말과 같지만 갈기가 무성하지 않아 좀벌레가 갉아먹은 것 같다. 앞은 말과 같고 뒤는 소와 같다."

하였고, 또 말하기를, "말 아비와 당나귀 어미 사이에서 난 것도 '것귀' 라 하는데, 아래 앞니 두개는 길면서도 안으로 굽었고 발굽은 당나귀와 같이 둥글지만 중간에 실같이 가는 틈이 있다."

산중 생활의 즐거움

매 사냥을 즐기며

땅은 사람을 속이는 법이 없어, 땀 흘린 만큼 정직하게 대가를 돌려주었다. 가축을 치는 것 역시 그러하나, 농사와는 또 다른 즐거움이었다. 무예 수련도 게을리 할 순 없었다. 무예는 백동수에게 신앙과도 같았다. 박지원은 종종 "자신을 잊은 후라야 경지에 이를 수 있다"고 말했다. 자신을 잊기 위해서는 도회지보다는 역시 험한 산골이 안성맞춤이었다. 신라 화랑들은 기상을 기르고 심신을 단련하기 위해서 높은 산과 넓은 내를 찾아다녔다. 화랑들만이 아니다. 스승 김광택이 금강산에 들어가 솔가루를 먹으며 단학에 몰두했음을 그는 잘 알고 있었다. 최고의 경지에 이르려는 몸부림이었다. 무슨 일이든 절실함이 없으면 이루기 어려운 법이다.

백동수가 서울에서 멀리 떨어진 강원도 기린을 택한 이유는 목축을 하기 위해서였지만, 무예 수련을 위해서이기도 했다. 기린은 무예를 익히기에 더 없이 좋은 조건을 갖춘 곳이었다. 끝을 알 수 없는 내린천이 흐르고, 바위 봉우리들이 키를 자랑하는 설악산이 바로 옆에 있었다. 한계령을 오르면 푸른 동해가 보였다. 거기서 한참을 내달리면 화랑들의 수련터였던 의상대와 낙산사가 있는 양양에 다다른다. 그러나 목축을 하면서 멀리 여행하기란 어려운 일이기에 그는 가축을 돌보는 틈틈이 말을 달리며 활을 쏘아 꿩, 노루, 멧돼지를 잡았다.

사냥에도 규범이 있다. 짐승의 왼편 옆구리, 즉 갈비와 뒷다리 앞부분을 쏘아서 화살이 오른편 어깻죽지로 나가게 하는 것이 최상등이다. 화살이 왼편 귀밑으로 나간 것은 중등이고, 왼편 넓적다리를 쏘아 오른편 갈비뼈와 어깨 사이로 나간 것은 하등이다. 짐승의 얼굴을 쏘는 것은 금했다. 단 하나, 예외가 있다면 호랑이를 사냥할 때다.

어느 날 백동수는 병아리를 노리는 매를 발견하고 매 둥지를 찾아내, 노란 털이 아직 그대로인 새끼 매를 데려와 정성껏 길렀다. 우리나라는 아득한 고대부터 매 사냥을 했던 오랜 전통을 가지고 있다. 사냥을 하는 매를 '송골매', 사냥하게끔 길들인 매를 '보라매' 또는 '해동청'이라 부른다. 알에서 부화한 지 1년 미만의 보라매는 '초지니' 혹은 '갈지개'라 했고, 2년 생은 '재지니', 3년 생은 '삼지니'라 불렀다.

깊은 산 가을 소리는 나뭇잎 놀래고

기린은 서울보다 겨울이 빨리 찾아오고 늦도록 머물렀다. 폭설이 내리면 한동안 마을을 벗어날 수도 없었다. 긴긴 겨울을 집 안에서 지내기에는 너무 갑갑했고, 그럴 때면 백동수는 활을 메고 험한 산을 오르고 깊은 골로 내달렸다. 사냥에 나서는 그의 어깨에는 언제나 송골매가 앉아 있었다.

사냥을 하지 않을 때는 책을 펴 들었다. 이전까지의 공부가 병법이었다면 이제부터는 '경세지학'이었다. 한번 뜻을 세우면 이루기 전에는 물러서지 않는 그는 무섭게 공부했다. 기린에 살면서 참으로 많은 책을 읽었다. 농한기에는 산골 아이들을 집에 불러모아 글을 가르치는 것도 그의 일과였다.

백동수는 산골에서 자라지만 예의범절에 익숙한 딸들과 걸음마를 배우는 외아들의 재롱을 보며 노동의 고단함을 씻었다. 이웃을 불러 술잔을 나누는 일도 산중 생활의 즐거움 가운데 하나였다. 그러다가도 서울 친구들을 떠올렸지만 기린에서 서울로 가는 길은 너무 멀고 험해 쉬 달려갈 수가 없었다. 외로움이 엄습할 때면 박제가가 준 글을 읽었다.

…… 한 해가 저물 녘이면 싸락눈이 흩뿌리는 깊은 산골인지라 여우며 토끼가 살쪄 있으리니 활시위를 당기고 말을 달려서 한 발

매 사냥은 조선 시대 남성들에게 최고 인기있는 놀이였다.

에 쏘아 잡고 안장에 걸터앉아 한바탕 웃으십시오. 그렇게 하면 악착같이 달려드는 미련을 통쾌하게 떨쳐버리고 적막한 촌구석임을 잊어버릴 수 있을 것입니다.

그 무렵, 반가운 소식이 들려왔다. 현천 원중거가 용문산 부근의 지평(砥平, 지금의 양평군 저지면 일대)에 집을 지었으며, 현천의 문하를 출입하던 원택진, 여종주 같은 벗들도 스승을 따라 지평으로 들어왔다는 것이다. 원중거는 이덕무, 박제가, 윤가기 같은 백동수의 지인들이 스

승으로 모시던 분이며, 홍대용 같은 이도 존경했던 어른이다. 정조를 충실히 보좌한 윤행임(尹行恁, 1762~1801)은 원중거를 가리켜 '야복 차림에 기걸하고 수염과 눈썹이 뚜렷하며 성품이 날카로운 분'이라 했다. 백동수에게 원중거는 '실패했다 하여 뜻을 옮기지 아니하고, 늙었다 하여 절개를 바꾸지 아니한' 꼿꼿한 어른이었다. 박제가는 지평으로 낙향하는 원중거를 위해 다음과 같은 글을 지었다.

슬픕니다! 대장부란 때를 잘 만나 조정의 높은 관리가 되었다 해도 영화롭게 여기지 아니하고, 뜻을 펴지 못하여 바위 굴에 숨어 사는 것도 욕되게 여기지 아니합니다. …… 오호라! 오늘날의 사대부는 과거가 아니고 문벌이 아니고 붕당이 아니면 위로는 벼슬에 오르지 못하고 아래로는 상공업에도 종사하지 못한 채 남에게 의지한 채로 사람들 틈에 묻혀 살아갑니다. 굶주림으로 곧 죽을 지경일지라도 사대부라는 이름은 가지고 있으니 농부가 되고자 해도 될 수가 없는 사람은 또 무엇을 하는 사람이란 말입니까?

백동수는 벗들이 그리우면 지평을 향해 말을 달렸다. 이덕무의 시화집 《청비록》에는 이 무렵 백동수가 지은 작품으로 보이는 시가 실려 있다.

깊은 산 가을 소리는 나뭇잎 놀래고
강에 가득한 달빛은 양근으로 내려간다.

달빛을 실은 강은 용문산에서 시작된 내개울이다. 내개울은 남한강으로 흘러들어 양평군 양수리에서 북한강과 합류하여 서울로 들어간다. 아마도 그는 지평에서 남한강을 굽어보며 저 흐르는 강물을 따라 서울로 달려가고 싶다고 생각한 것 아닐까.

박제가는 '선달 백동수'라는 작품에서 이 무렵 백동수의 모습, 그리고 이덕무와 박제가 자신이 사는 모습을 그려놓았다.

젊은 시절 장사(壯士)로서 농사를 즐겨 짓더니
가족을 모두 이끌고 기린 골짜기로 들어갔다네.
들으니, 길에는 지난 겨울 내린 눈이 남아 있다는데
매를 데리고 동으로 나서면 어느새 지평일세.

청장관(이덕무의 호)이 굶어 죽은들 무엇이 억울하랴.
시와 책에 파묻혀 사니 뼈까지 향기롭겠네.
적막하고 번화함이 모두 한가지임을 알겠거늘
생전의 영화나 불행을 가지고 죽은 뒤의 일을 말하지 말라.

고인예사들이 길이 메이도록 모여드는데
그림과 글씨에 빠져 스스로 미쳐 있다네.
종일토록 농담이나 하며 포복절도하니
누가 아랴, 사자가 공을 희롱하는 것인줄.

"나는 뜻을 크게 세우리라"

수군 훈련 참관

기린에 들어온 이듬해 6월 27일, 재종형 백동의(白東毅)가 경상좌도 수군절도사에 임명되었다. 백동수는 동의를 축하하기 위해 아버지와 함께 좌수영이 있는 경상도 동래로 떠났다.

백동수는 이미 이십 대 초반부터 이덕무와 함께 원중거, 성대중 집을 드나들며 일본에 관한 연구를 해온 터였다. 그는 원중거와 나눈 대화를 떠올렸다.

"무엇보다 남쪽 변경을 하루 속히 개혁해야 하네. 아울러 대마도 정책도 다시 세워야 할 것일세. 우리 나라가 왜관을 설치한 것이 왜놈들을 교린하기 위해서라고 하지만 실은 두려워해서가 아닌가! 특례를 만들어 편의를 허락하니 놈들이 더욱 교만해진 거라네."

"옳으신 말씀입니다. 지난번에 박미중과 전국을 여행하며 영남에 들렀을 때 백성들이 왜관에 댈 물품을 마련하느라 고생하고 있는 것을 보았습니다."

"그러니 당장이라도 왜관을 폐지하고 회령처럼 봄가을 두 차례만 시장을 열도록 해야 할 것일세."

"그러면 그들이 불만을 가지고 폭동을 일으키지 않겠습니까?"

"아닐세. 그건 그렇지 않아. 그들은 임진년 이후 통영에 있는 우리 수군을 매우 두려워하고 있네."

동래 수영에 도착한 백동수는 이번 기회에 남쪽 변경의 수비 상황과 수군들의 훈련 모습을 보고 싶었다. 그는 동의에게 초량에 있는 왜관에 대해 물어보았다.

"왜관이 이곳에 세워진 건 언제입니까?"

"숙묘 4년(1678) 5월에 완공되었다고 하더구나."

"규모는 어떻습니까?"

"10만 평에 달하는 넓은 땅에 동서 350간, 남북 250간이나 되는 거대한 건물이라네. 쌀 9,000섬과 은 6,000냥이 들었다지. 연인원 50만 명이 동원되어 무상으로 부역을 했다네."

"주로 영남에 있는 진영의 군사와 초량에서 가까운 호남 승군들이 부역을 했으며, 공사를 마친 후 영남의 재정은 한동안 고갈 상태에 빠지고 백성들의 생활도 더욱 어렵게 되었다고 들었습니다. 나라에서 왜관을 설치해주었으면 당연히 왜국에 같은 규모의 조선관을 설치해줄 것을 요구하고 동등한 무역을 하여 실리를 찾아야 마땅하지 않습니까? 이렇게 쇄국정책으로 일관하는 것은 문제가 있다고 생각됩니다."

수군 훈련이 있는 날, 백동수는 재종형 동의와 함께 누선(樓船)에 높이 올라앉아 군사 훈련을 참관했다. 그리고 문득 대장선에서 장검을 빼어 들고 군사를 지휘하는 장수가 되어 있는 자신을 발견했다. 그러나 현실은 선달이었다. 강원도 산골에서 가축을 기르는 선달. 백동수는 깨달았다. 자신이 진정 해야 할 일은 군사를 지휘하는 일이며, 그것만큼 자신에게 만족감을 주는 일은 없을 거라는 사실이었다. 그는 속으로 다짐했다.

'공을 이루는 것은 사람이 알 수 없는 일이다. 때가 맞아야 하고, 운이 따라야 한다. 그러나 뜻을 세우는 데 때와 운은 아무런 상관도 없다. 하여, 나는 뜻을 크게 세우리라.'

반가운 소식 둘

기린으로 돌아온 백동수는 전보다 더 열심히 하루를 살았다. 목장을 돌보는 틈틈이 병법을 공부하고 무예를 수련했다. 혼자 몸으로 울릉도를 지킨 안용복을 기억했다. 단신으로 일본에 건너가 우리 땅을 넘보지 말라고 호통친 수군 출신의 뱃사람 안용복은 진정한 무사이며 영웅이었다. 한 사람의 의로운 행동이 나라에 얼마나 큰 공헌을 할 수 있는지를 그는 원중거가 쓴 《안용복전》을 통해 일찍이 배웠다.

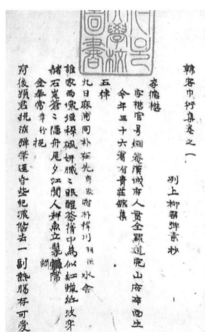

이덕무, 유득공, 박제가, 이서구의 공동 시집 《한객건연집》. 북경에서 간행된 이 시집으로 인해 네 사람은 중국과 조선에 '후사가'로 알려졌다.

1776년 겨울, 반가운 소식이 들려왔다. 이덕무, 유득공, 박제가, 이서구 네 사람의 벗들이 동인시집을 낸 것이다. 마침 북경을 가게 된 유득공의 삼촌 유금이 시집을 가져가 청의 문사들에게 평을 받아 오겠다고 자청했다. 시집은 반정균(潘庭筠, 1742~?)과 이조원(李調元, 1734~?) 같은 저명한 시인의 서문을 받아 북경에서 간행되어 호평을 받았다. 제목은 《한객건연집(韓客巾衍集)》. 조선의 나그네가 보따리에 싸온 시집이란 뜻이다.

이덕무는 이조원에게 《건연집》에 작품을 실은 네 사람을 소개하는 편지를 보냈다. 이들은 백동수의 가장 가까운 벗이므로 그 내용을 간략히 보기로 하자.

저희들 네 사람은 옛것을 사모하고 글을 읽으며 때로는 저술을 하지만 다시 사람의 눈에 들지 못합니다. 그리고 천성이 은둔을 즐기므로 마을 밖까지도 이름이 알려지지 않습니다. 다만 아침저녁으로 서로 찾아다니며 공부할 뿐입니다. 유영암은 키가 크고 용모가 아름다우며, 성품이 온아하고 욕심이 없이 담백하며, 옛글을 연구하는 데 노력하며, 붓을 대기만 하면 모두가 전할 만한 절품이요, 특히 시를 잘 짓습니다.

박초정은 키가 작으나 매우 강직하고 강개한 마음을 가졌으며, 재주와 사상이 풍부하고, 초서와 예서가 출중하며, 중국을 충심으로 사모하고, 비범한 기상이 특출합니다.

이소완은 간략하고 담박함으로써 자신을 지키고 정직하고 결백하게 마음을 가지며, 경사에 해박하고, 정론과 이론을 밝게 분별하며, 육서에 밝고 문사가 절묘합니다.

이들은 다 저의 외우(畏友)이므로 항시 사랑하고 공경할 뿐만 아니라, 한 세상에 살게 됨을 다행으로 생각합니다.

저는 지지리 못난 인품에 재주도 워낙 없지만, 오직 천성이 우직하여 남을 사랑하고 옛것을 믿을 줄만 압니다. 저는 기질이 약하고 용모가 남만 못합니다. 그러나 마음을 깨끗이 가지고 몸을 곧게 닦아서 옛날의 청아한 선비에게 비견하기를 바라므로 저를 알아주는 사람이 없더라도 원망하지 않습니다.

이덕무는 청나라의 학자나 시인들이 조선을 제대로 알지 못하는 것에 자존심이 몹시 상했다. 최고의 지성인이라는 사람들이 이런 형편이니 보통 사람이야 어떻겠는가 생각했다. 그리고 잘못을 바로잡는 일을 자신의 사명이라고 여기고 편지에 이렇게 썼다.

대저 중국의 글은 해외의 일에 대해서는 오류가 많습니다. …… 조선의 고적(古蹟)에 대해선 저에게 서신으로 질문해주시면, 종전의 잘못을 모두 바로잡을 수 있을 것입니다. 이것은 조선에게도 영광이 또한 클 것이니, 선생께서는 그것을 생각하십시오.

조선에 대해 질문하면 잘못을 모두 바로잡아주겠다는 자신감과 긍지를 한껏 내보인 이덕무의 당당함이 백동수는 자랑스러웠다.

반가운 소식이 또 있었다. 1777년 3월, '서류허통절목(庶類許通節目)'이 선포되었다는 소식이었다. 태종 때부터 첩의 자손은 문과에 응시할 수 없도록 법으로 정해져 있었다. 영조가 서얼허통에 깊은 관심을 보였지만 양반들의 저항으로 사정은 크게 달라지지 않았다. 영조의 죽음으로 150년 만에 내려진 '태학서치', '향안통록' 같은 과감한 조처도 이전으로 되돌려졌다.

1776년 정조가 즉위한 직후, 전국에서 올라온 수천 명의 서얼들이 집단으로 국왕에게 상소를 올려 법을 시정해줄 것을 요청했다. 이들은 무려 7개월 동안 궁성 밖에 머물며 왕의 결단을 촉구했다. 정조는 이들의 요구를 상당 부분 받아들여 '서류허통절목'을 선포케 했다.

벗들이 전한 북경 소식

목축을 하는 백동수에게 여름철 장마는 늘 걱정이었다. 여름을 무사히 넘기고 한숨을 놓고 있던 백동수에게 예기치 않은 시련이 닥쳤다. 1777년 가을, 기린과 인제를 비롯한 강원도 일대에 집중 폭우가 내려 470여 호가 떠내려가는 참사가 일어난 것이다. 다행히 그의 가족은 무사했지만 농장과 목장은 엄청난 피해를 입었다. 많은 가축이 죽고 울타리가 대부분 파괴되었다. 참담한 현실 앞에 그는 말을 잃었으니, 모든 것을 처음부터 다시 시작해야 했다.

홍수에 휩쓸려 황무지로 변한 농장과 목장은 백동수의 가슴처럼 상처투성이였다. 그는 낙망한 식구들과 마을 주민을 독려하며 다시 구덩이를 메우고, 말뚝을 박고 울타리를 쳤다. 추워지기 전에 서둘러야 했다. 모두가 달려들어 매달렸지만 복구 공사가 미처 끝나기 전에 겨울이 찾아왔다. 지난 겨울처럼 사냥을 하거나 말을 달려 지평에 갈 처지가 못 되었다.

그때 백동수의 매형 이덕무도 말 그대로 굶어 죽기 직전이었다. 숙부가 세상을 떠나는 바람에 그 가족까지 책임지게 된 이덕무는 궁여지책으로 훈장 노릇을 시작했다. 그러나 아이들을 가르치고 한 해 두 차례 받는 곡식으로는 대식구의 생계를 해결하는 데 별 보탬이 되지 않았다. 천안에 논이 몇 두락 있긴 하지만 삼형제가 소출을 골고루 나누어 가졌으므로 이덕무네 양식은 겨울나기에 빠듯했다.

벗 가운데 누군가가 당시 전라도 태인현감으로 재직하고 있던 홍대용에게 이덕무가 처한 사정을 알렸다. 홍대용은 즉시 이덕무에게 편지를 띄웠다.

수령의 봉록은 나누어 쓸 만하오. 어려운 때 서로 나누면 좋지 않겠소? 그러니 어려워 말고 가족을 모두 이끌고 속히 내려오도록 하시오. 부디 나의 청을 거절하지 말기 바라겠소.

관리의 집에 더부살이하는 것이 어찌 내 집에 자유로이 있는 것만 하겠습니까? 공의 말씀은 백 번 고맙지만 이것이 제가 사양하는 이유입니다.

이덕무는 홍대용의 도움을 정중히 사양했다. 배부른 육신보다는 자유로운 영혼을 더 소중히 여긴 까닭이었다. 백동수는 멀리서 들려오는 매형 가족 소식에 남몰래 가슴앓이를 했다.

무술년(1778) 봄, 아주 반가운 기별을 받았다. 이덕무와 박제가가 사신 행차의 한 사람으로 북경에 간다는 소식이었다. 이덕무는 서장관 심염조의 수행원으로, 박제가는 정사 채제공의 수행원으로 간다 했다. 당장 달려가 축하해주고 싶었지만 목장에 일이 많은 계절이라 백동수는 기린을 벗어날 수가 없었다. 그 대신 아버지가 가기로 했다. 지난해 장가를 든 아우 동간이 평안도 안주의 처가에서 신혼 살림을 시작했기에 겸사겸사 떠나게 된 것이다. 그는 이덕무에게 줄 선물로 베로 만든 적삼과 바지 두 벌, 바람과 티끌을 막아주는 풍안경을 챙겨 보냈다.

이덕무와 박제가는 여름이 되어서야 귀국했다. 백동수는 여느 때처럼 지평에 있는 원중거의 집에서 돌아온 벗들을 만났다. 벗들이 북경에서 목격한 것은 중원의 주인으로 자처하던 한족이 여진족의 무력 앞에 힘없이 굴복하여 동화되고 있는 현장이었다. 친구들이 지은 《건연집》에 서문을 써주었던 이조원이 청나라 갑옷을 입은 병사들을 보고 두려워 자리를 피하더라는 이야기도 들었다. 천주당을 방문한 이야기는 흥미진진하기 짝이 없었다.

벗들이 들려주는 북경 이야기를 들으며 백동수는 '문' 과 '무' 의 관계를 생각했다. 청은 무력으로 나라를 세웠으나 찬란한 문화를 꽃피우고 있었다. 1만 권 분량의 《고금도서집성》을 간행했다는 소식에 몹시 부러웠는데, 다시 8만 권 분량의 《사고전서》가 편찬되고 있다는 이야기를 듣고는 큰 충격을 받았다.

박지원의 연암행을 권하다

위험에 처한 박지원

1776년 3월, 영조가 승하하고 정조가 즉위했다. 외척들의 온갖 방해를 뚫고 정조의 즉위를 성사시킨 네 사람은 홍국영, 김종수, 서명선, 정민시였다. 정조는 세손 시절부터 여러 차례 죽을 고비를 넘겼다. 아버지 사도세자를 죽인 일당들이 자신의 즉위를 방해하고 있음을 정조는 잘 알고 있었다. 이들을 그대로 두고서는 새로운 정치를 펼치지 못할 것은 자명했다. 정치판의 재편은 예고되어 있었다.

정조의 보위에 몸을 아끼지 않은 홍국영이 실력자로 부상했다. 홍국영은 과감하게 정조의 정적을 제거하기 시작했다. 숙청의 회오리바람은 거세어, 정조의 외삼촌 홍인한도 예외가 아니었다. 백동수는 기린에 있으면서도 정국의 변화에 촉각을 곤두세웠다. 그와 친분을 맺고 있는 인물이 종횡으로 연결되어 있어 누가 언제 무슨 일로 화를 당할지 알 수 없었다.

1778년 7월, 자객들이 정조를 암살하려다 미수에 그친 사건이 일어났다. 한 달 뒤 20여 명의 자객이 왕의 침실 근처에서 호위 무사에게 발각되어 모두 체포되었다. 사건의 주모자는 사도세자를 죽이는 데 앞장섰던 홍계희의 아들과 손자였다. 이들이 매수하여 행동대장으로 삼은 자는 천민 출신으로 힘이 장사였던 전흥문과 궁성을 경호하는 호위 군관 강용휘였으며, 이들에게 길을 안내하는 역할은 궁중 지리에 익숙한 나인 월혜가 맡았던 사실도 밝혀졌다.

궁성을 경호하는 호위군관이 행동대장을 맡고 궁녀가 길 안내를 맡은 일은 충격이 아닐 수 없었다. 이 사건을 계기로 정조는 자신의 신변 보호를 전담하는 숙위소(宿衛所)를 창설하고, 홍국영을 대장으로 삼아 모든 정무를 숙위소를 거쳐 처리하도록 했다. 홍국영은 정예 무사 서른 명을 선발하여 숙위소에 배치했다. 한때 서울 장안에서 무뢰배들과 어울리던 홍국영이 국왕 다음의 최고 실력자가 된 것이다. '모든 권력은 내 손에 있을 것'이라던 소년 시절의 호언장담이 현실이 되었다. 그러나 시간이 지나면서 홍국영의 독단과 전횡은 도를 넘어서고 있었다.

그해 가을, 백동수는 홍국영이 박지원을 벼르고 있다는 정보를 들었다. 어느 누구도 홍국영을 공개리에 비판하지 못하였는데, 오직 박지원만은 서슴지 않고 매서운 독설을 퍼부었기 때문이다. 홍국영의 권세는 그야말로 '일인지하 만인지상'이어서 그의 눈 밖에 나면 누구라도 무사하기 어려웠다. 위험에 처한 벗을 생각하며 백동수는 쉬지 않고 서울을 향해 말을 몰았다. 늦은 밤에 느닷없이 나타난 그를 보고 박지원은 깜짝 놀랐다.

"덕로(홍국영의 자)가 공을 벼르고 있다는 이야기를 들었네. 자네의 벗 홍낙성(洪樂性, 1718~1798, 정조 대에 영의정을 역임한 노론 준론계)이 선세자(사도세자)의 원수 당으로 사람들에게 지목되었네. 홍낙성이 위험하면 자네 또한 안전치 못한데 어찌 숨지 않는가? 서둘러 서울을 떠나야 하네. 한동안 연암골에 들어가 몸을 숨기고 죽은 듯이 지내는 것이 상책일 걸세."

마침 유언호(俞彦鎬, 1730~1796)도 박지원을 찾아왔다. 그 역시 같은 얘기를 전하러 온 것이었다. 유언호는 정조 즉위 초부터 홍국영, 김종수, 정민시와 함께 권력의 핵심에 섰던 인물이다. 그런 유언호보다 한 발 먼저 백동수가 정보를 입수할 수 있었던 것은 넓은 인맥 덕분이었다. 홍국영의 심복 중에는 예전에 그를 따르던 무사와 협객들이 여럿 있었다.

백동수는 유언호와 함께 박지원을 설득했다. 박지원으로서는 연암에서 농사지을 생각을 했으나 주저하고 있던 터에 결단을 내릴 빌미가 생긴 셈이었다. 마침내 박지원은 연암으로 떠났다.

정조의 총애를 받은 유언호는 박지원이 연암에 들어가자 연암과 가까운 개성유수로 자원하여 박지원을 후원해주었을 만큼 절친한 벗이었다.

실상 내가 연암협을 취하여 살게 된 까닭은 일찍부터 목축에 뜻을 두어서였다. 연암협이 첩첩산중에 자리잡아 양쪽이 평평한 골짜기인데다가 물과 목초가 좋아서 소, 말, 노새, 나귀 수백 마리를 키우기에 넉넉했다. 내가 일찍부터 말한 적이 있지만 우리 나라가 이토록 가난한 탓은 대체로 목축이 제대로 되지 못한 까닭이다.

박지원의 《열하일기》에 나오는 한 대목이다. 박지원이 연암에 들어간 이유는 홍국영을 피해서였지만, 목축을 꿈꾸고 있었기 때문이기도 했다. 기린에서 목축에 성공한 백동수를 보고 용기를 낸 것도 사실이었다. 그렇지만 박지원은 밭 몇 고랑 일구고 벌 몇 통을 쳤을 뿐 목축은 엄두도 내지 못했다. 얼마 후 개성유수로 부임한 유언호가 소를 두 마리 사주며 후원했지만 별 성과를 거두지 못했다. 이것이 백동수와 박지원의 차이였다.

규장각 4검서

1776년 3월 11일 역대 국왕의 시문, 서화 등을 보관하고 관리하기 위한 규장각이 창설되었다. 정조가 세손으로 있을 때 계획했던 것으로써, 창설 초기에는 왕위를 위협하는 정적을 제거하는 친위 세력의 교두보 역할을 하기도 했다. 규장각이 빛을 발하게 된 것은 1779년부터다. 정조는 문학에 뛰어난 선비를 선발하여 검서관에 임명하여 교수 · 편마 · 선사 등을 관장하도록 했다. 이때 백동수의 벗 이덕무, 박제가, 유득공, 서이수 네 사람이 규장각의 외각 검서관에 선출되었다.

세상일이란 참으로 알 수 없었다. 백동수의 벗들을 검서관으로 추천한 사람 중의 하나가 홍국영이었던 것이다. 규장각에 검서를 둘 것을 맨 처음 건의했던 사람도 홍국영이었다. 서울 장안을 휘젓고 다닐 때 함께 어울렸던 청년들의 다수가 서얼이었기에 그는 서얼의 처지를 깊이 이해하고 동정하였던 것이다.

김홍도의 '규장각도'. 장용영이 정조 시대의 무를 상징한다면, 규장각은 문을 상징하는 기관이었다.

아무튼 이때부터 막혔던 물꼬가 터진 것처럼 백동수의 벗들에게는 좋은 일이 이어졌다. 검서관은 규장각 내에서 말단 벼슬이지만 규장각의 위상이 갈수록 높아짐에 따라 상당한 대우를 받게 되었다. 정조의 각별한 관심과 지원 속에 조선의 문예는 가속도가 붙기 시작했다. 고역으로 느껴질 만큼 많은 일이 쏟아져, 검서관 초기 시절 이덕무는 하루에 1만 자 넘게 정서하여 손이 거의 마비될 정도였다고 한다. 하지만 즐거운 비명이었다.

연암골에 은거 중인 박지원이 홍대용에게 이덕무, 박제가가 검서관이 된 일에 대해 쓴 편지의 한 대목이다.

　형암(이덕무의 호)과 초정(박제가의 호)의 무리들이 벼슬에 오른 것은 그야말로 기이한 일입니다. 좋은 세상에 훌륭한 재주를 품고 있으니 응당 폐물이 될 리 없겠으나 이제부터라도 조그만 녹봉이나마 받아 굶어 죽지는 않게 되었습니다. ……
　더구나 처지는 낮아도 길은 영예스러우며, 직책은 고상하지 않으나 하는 일이 까다로우니 더더욱 마땅히 친구들과의 상종도 끊고 술도 조심하여 서적의 교열에만 전심해야 할 것입니다. 그런데도 부침하며 날뛰는 무리들이 날마다 곁에서 시끄럽게 떠드니 피할래야 피할 곳이 없다고 합니다. 이미 편지 한 통을 보내 이런 뜻을 전해 알렸으나 형암은 본래부터 세심해서 능히 조심하여 방비하겠지만 초정은 지나치게 날카롭고 제 고집대로만 하려는 성질이 있으니 어찌 알 수나 있겠습니까?
　이제 저는 시골 집에서 죽어 지내며 산 밖의 일은 듣지 못할 뿐 아니라 물으려고도 하지 않습니다. 남의 일에 간섭할 것도 없지만 다만 평생토록 재주는 있으되 불우한 그들을 애석하게 여기는 마음은 그대로입니다. 이 점은 형도 저와 같은 생각을 하리라 여기기 때문에 편지를 쓰다가 자연히 언급을 하게 되었습니다. 모르겠습니다만 그동안 그들과 서로 왕래가 있었으며 또 그들이 중국 기행문을 이미 완성해서 가져다 보이던가요?

　박지원의 염려대로 박제가는 '지나치게 날카롭고 제 고집대로만 하려는 성질'을 가졌다. 1779년 가을, 박제가는 과거에 대한 견해를 묻는 정조의 질문에 이렇게 답했다.

앞 시대의 자손에게 전하여 집에서 학습한 것이 모두 다 주워 모은 썩어 빠진 말공부들이며 자신이 스스로 자랑하며 스스로 잘났다 하는 것은 그의 과거에 급제한 첫해부터 시작하고 있습니다.

일이 이렇게 되고 보니 지금으로부터 이후로는 시사하는 제도가 날마다 슬슬 쇠퇴하여갈 것입니다. 그러면 무엇을 먼저 해야 할 것인지를 아는 사람은 시기를 놓치지 말고 지금의 과거제도를 고치지 않을 수 있겠습니까? 저의 의견으로는 고금의 서적들을 절충하여 일정한 견해를 수립하고 그것을 오늘의 위정 당국자들에게 한번 시험 삼아 물어보려 한 지 오래되었습니다. 지금 다행히 성상께서 문의하여주시는 영광을 받게 되었습니다.

본래 과거는 실력으로 인재를 선발하기 위한 훌륭한 제도였다. 그러나 본래의 취지가 퇴색하여 박제가의 비판처럼 공정한 시험이라는 미명 아래 자행되는 관직의 세습제로 전락했다. 박제가는 조선의 발전을 가로막는 과거제도를 개혁하라고 정조에게 요구한 것이다.

결단, 다시 한양으로

기린에 들어온 지 어느덧 10년에 가까운 세월이 흘렀다. 그 사이 세상도 많이 바뀌었고, 1780년 이후 백동수 집안에도 많은 대소사가 있었다. 증조부가 시호를 받은 일과 부친의 회갑연 등으로 포천, 양주, 철원, 수원 등지에 있는 친인척들의 집을 방문해야 할 일이 자주 있었다. 그 역시 조상 제사나 친인척의 혼례, 초상 같은 집안 대소사를 소홀히 할 수는 없었다.

그 사이 백동수도 불혹을 훌쩍 넘겼다. 도시 생활보다 산골 생활이 더 몸에 뱄고, 가난에서 벗어났으며, 무예도 깊이 연마했다. 백동수는 오랜 생각 끝에 서울로 돌아가기로 결단을 내렸다. 그가 심혈을 기울여 가꾼 목장은 고비를 몇 번 넘기고 완전히 안정을 찾았다. 누군가 남아서 농장을 돌보아야 했다. 집안 회의 끝에 막내 숙부 백사관이 남아 목장을 운영하고, 그는 가끔씩 들러 거들어주기로 했다.

백동수는 미리 서울에 올라가 사랑방이 넓은 집을 골라 세를 얻었다. 백동수가 돌아왔다는 소식은 삽시간에 사방으로 퍼졌다. 그의 사랑방은 이내 사람들로 북적였고, 널찍한 마구간도 손님들이 타고 온 말과 당나귀들로 붐볐다. 이미 정승의 반열에 오른 고위 관료부터 여태 벼슬 않은 선비, 그림을 잘 그리는 화원, 음율에 뛰어난 악원, 의술에 해박한 의원, 군영에 출사하는 무관, 시장의 장사꾼 등 온갖 부류의 사람들이 그의 귀환을 반기러 왔다. 손님 중 누군가가 백동수에게 물었다.

"공은 어떻게 이처럼 다양한 사람들과 깊이 사귈 수 있습니까?"

백동수가 웃으며 대답했다.

"예법을 중시하는 사람을 만나면 나또한 예법에 맞게 그를 상대하고, 글을 짓거나 서화를 그리는 선비를 만나면 나 또한 글을 쓰고 서화를 하는 법으로 그를 상대하였지요. 또 복서 의약 방기 술수에 밝은 선비를 만나면, 나 역시 거기에 합당한 법도로 그들을 상대하였습니다. 그들이 예법을 좋아하면, 나 또한 겸손으로 상대하는 것이랍니다."

그는 어느 분야에서든 경지에 오른 사람이라면 모두 존중했다.

사람이 벽(癖)이 없으면 그 사람은 버린 사람이다. 벽이라는 글자는 질병[疒]과 치우침[辟]이라는 글자로 구성되어 있으므로 병 중에 치우친 것이라는 의미가 된다. 그렇지만 홀로 개척하는 정신을 갖추고 전문 기예를 익힌 자는 오직 벽이 있는 자만이 할 수 있는 경우가 많다.

꽃 연구가였던 김 아무개가 지은 《백화보(百花譜)》 서문의 한 대목으로 박제가의 글이다. 뭔가에 미쳐야만 일을 이루어낼 수 있다는 말이다. 백동수의 벽은 가난하고 어려운 사람을 돕는 일이었다. 박제가는 이를 고쳐지지 않는 버릇이라 해서 '석벽(石癖)'이라 불렀다. 그러나 그의 석벽은 박지원 표현대로 '의'나 '고'지 실력은 아니었다.

군사학의 최고가 되리라

백동수는 자신의 지인들을 둘러보았다. 홍대용의 수학, 박지원의 문장, 이덕무의 고증학, 박제가의 시, 서상수의 음악, 이한진의 서예, 유금의 기하학, 유득공의 역사, 강세황의 그림, 정철조의 가야금, 윤가기의 사부(詞賦)……. 모두들 여러 방면에 두루 통달했으면서도 한 분야에서 최고가 되어 있었다. 그뿐만 아니었다. 통신사원으로 일본을 다녀 온 김인겸, 원중거, 성대중은 일본 전문가가 되어 있었고, 사행원으로 청을 다녀 온 홍대용, 박지원, 박제가, 이희경은 중국 전문가가, 이덕무는 청과 일본 두 나라에 대한 최고 전문가가 되어 있었다. 게다가 이들은 모두 경세지학의 대가들이기도 했다.

10여 년 전 박제가는 백동수에게 주는 시에서 '학문은 능히 경서와 사서를 담론할 수 있고, 무예는 능히 활과 쇠뇌를 당길 수 있으며, 기개는 능히 국경의 수비를 책임질 수 있고, 체구는 망루와 노처럼 크고 굳세다'고 했다. 한 사람에게 바치는 최고의 찬사가 아닐 수 없다. 그러나 백동수는 자신이 선택한 병법 분야에서 김광택, 임수웅 같은 경

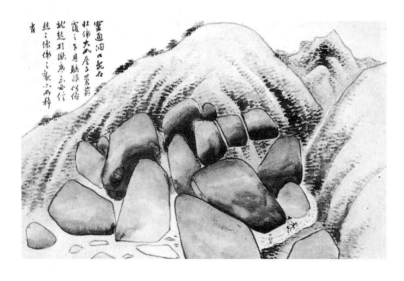

표암 강세황의 '영통동도', 《송도기행화첩》중. 단원 김홍도의 스승인 강세황도 백동수의 지인 중 한 명이었다.

지에 도달해 있는가 자문했을 때 선뜻 그렇다고 대답할 자신이 없었다. 벗들은 저만치 앞서 달려가고 있는데 혼자 뒤쳐져 느릿느릿 걸어가고 있는 기분이었다. 그는 박제가가 《북학의》에서 주장한 말을 가슴에 담고 있었다.

박제가의 말대로 시급한 것은 국력 신장이었다. 백동수는 《열하일기》를 애독했다. 박지원이 청 건륭제의 70수를 축하하는 사절단의 정사로 임명된 삼종형 박명원을 따라 건륭제의 피서지였던 열하를 여행하며 보고들은 것을 적은 책이었다. 《열하일기》에는 청의 풍속과 자연, 문화 등등 온갖 흥미진진한 내용이 들어 있다. 특히 '허생전'이 들어 있는 〈옥갑야화〉가 좋았다. 외국과 통상하여야 부국강병을 이룰 수 있다는 주장을 박제가가 다소 거칠게 제시했다면, 박지원은 노련하게 설파하고 있었다. 성격과 연륜의 차이였다. 허생에 관한 이야기는 이미 오래 전에 박지원에게 들은 적이 있지만, 다시 보아도 새로웠다.

박제가의 《북학의》. '북학파'라는 용어도 이 책에서 비롯되었다. 박제가는 중국과 통상을 하고, 선비도 장사를 시켜야 하며, 선교사를 불러 양반 자제들을 교육시켜야 한다는 주장을 폈다.

박지원의 중국 기행문집 《열하일기》. 1780년 박지원이 청의 황제 건륭제의 피서지였던 열하를 여행하고 쓴 것이다. 박지원의 사상과 필력을 확인할 수 있는 뛰어난 기행문이다.

대의의 깃발을 천하에 높이 세우려면 우선 천하의 호걸들을 먼저 사귀지 않으면 안 되는 것이고, 적국을 치려면 먼저 첩자를 보내지 않고는 성공할 수 없는 법이외다. 지금 청이 갑자기 천하를 차지하기는 했으나 중국 사람들이 자기들을 따르지 않음을 불안하게 여기고 있는 형국이오. ……

이럴 때 우리가 그들에게 당과 원나라 때처럼 자제들을 학관에 입학시켜 주고 벼슬을 시켜줄 것은 물론 장사꾼들의 출입도 금하지 말아달라고 요청한다면 저들은 반드시 이를 허락할 것이외다. 그런 다음에 국내에서 유능한 인재를 선발하여 머리 깎고 되놈의 옷을 입혀서 지식층은 빈공과(외국인을 뽑던 청의 과거제도)에 응시케 하고, 평민은 장사꾼으로 꾸며 멀리 강남으로 드나들게 하면서 그들의 허실을 염탐하게 하는 한편, 호걸들과 사귀게 하시오. 그리하면 천하를 도모할 수 있음은 물론이려니와 나라의 수치도 씻을 수 있지 않겠소?

'허생전'을 읽으며 지난날 탑골에서 밤을 밝히며 논의하던 부국강병의 방법을, 벗이 허생의 입을 빌려 명쾌하게 제시하고 있다는 사실에 백동수는 깊은 감동을 받았다. '우선 내국의 농·상·공업 분야를 지원하여 백성들의 생활을 안정시켜야 한다. 이러한 바탕이 있어야 비로소 최강의 군대를 육성시킬 수 있다. 그럼 나는 지금 무엇을 할 것인가?' 백동수는 결심했다. 무예와 병법을 아우른 군사학에 최고 전문가가 되리라고. 백동수는 무예를 수련하고 병법을 공부하는 틈틈이 주위에 어려움에 처한 벗들이 없는지 살폈다. 그리고 기린에서 홀로 술잔을 기울이며 친구를 그리워했던 기억을 잊지 않고 박지원이 살고 있는 연암을 자주 찾았다.

박지원은 농사를 짓겠다고 의욕을 불태웠지만, 연암에 들어가기 전까지 실은 한 번도 괭이를 잡아본 적 없는 백면서생이었다. 의욕만으로 감당하기 어려운 일이 농사라는 사실을 박지원은 절실히 깨닫고 있었다. 그래서였을까, 그는 농사를 짓는 대신 농서(農書)를 집필하는 일에 전념하고 있었다. 백동수는 농사일을 거들어주고 경험담을 들려주며 격려했다.

세상이 너를 필요로 하니

집안 사람들의 기대

1782년 증조부 백시구가 '충장(忠莊)'이라는 시호를 받았다. 시호는 받는 사람의 공적을 단적으로 드러내준다. 홍문관에서 규장각 제학 황경원(黃景源, 1708~1787)이 "몸을 위태로이 하여 위를 받들었으며[危身奉上], 무가 능히 장중함을 가졌도다[武能持重]"라는 두 법에서 뜻을 취해 충장이라는 시호를 올려 정조의 재가를 얻었다.

10여 년 전 백동수가 무과에 급제하여 선전관에 추천되는 것을 보고 문중 사람들은 큰 기대를 걸었다. 집안 사람이 벼슬을 살면 그만큼 가문의 위상이 높아지고 그 혜택을 나눠 가질 수 있었기 때문이다. 가난한 친척들이 백동수에게 거는 기대는 더욱 각별했다. 그런데 그가 벼슬을 단념하고 궁핍하게 생활하다가 끝내 서울을 떠나 강원도 산골로 들어가 농사짓는 것을 보고는 몹시 낙망했다. 목축에 성공하여 형편이 좋아졌다는 소식을 듣고 집안 대사에 참석한 그를 친인척들은 쌍수를 들어 환영했다. 이제 증조부가 시호까지 받았으니, 마음만 먹으면 바로 벼슬을 얻을 수 있을 거라고 모두 입을 모았다. 그때, 경상도 함양 사근에서 찰방으로 있던 매형 이덕무가 편지를 띄웠다.

봄 기후가 한창 화창해가는데 지금 형은 도성에 머물고 있는지 모르겠네. 이 아우는 산수가 중첩된 천 리 밖에서 어버이를 사모하는데, 지금은 영숙이나 나나 같은 심정일 것이네. 그러나 족하(足下)는 친척들 사이에서 노닐며 나그네의 괴로움을 모를 것이지만, 이 아우는 날마다 사나운 풍속을 대하여 하는 일은 오직 빚이나 독촉하고 송사나 판결하며, 본의 아니게 거짓성을 내기도 하는가 하면 상대방이 거짓으로 자백하고 복종하니, 결국은 위아래가 다 함께 잘못을 한 것이네. …… 더러는 잠시 한가한 시간을 내서 대숲에서 나는 바람 소리를 듣고 배꽃에 흐르는 비를 맞으며 풍치를 스스로 즐기나 그 누가 이런 것을 알겠는가?

이덕무는 자유로이 살고 있는 백동수를 부러워하고 있었다. 하지만 친척들의 성화에 시달리던 백동수의 마음은 여느 때보다 괴로웠다. 지난날 어려움을 나누던 벗들도 이제는 대부분 관직에 나가 역량을 발휘하고 있었다. 의욕을 갖고 힘써 생활하는 활기찬 벗들의 모습은 참 보기 좋았다. 가난에 시달리던 벗들이 한 잔 술을 대접할 수 있는 여유를 가지게 된 것도 진심으로 반가웠다. 그러나 관직에 나가라는 벗과 친척들의 권유에 고개를 끄덕이면서도 그는 좀처럼 움직이지 않았다.

얼마 후 이덕무가 경기도 적성현감으로 부임해왔다. 백동수는 가끔 적성에 있는 이덕무와 연암에 머물고 있는 박지원을 만나기 위해 집을 나섰다. 유득공은 포천군수로 재직하고 있었기 때문에 자주 만날 수 있었지만, 박지원과 이덕무를 만나려면 말을 타고 나서야 했다. 관직에 매이지 않은 몸은 이래서 좋았다.

연암과 적성 사이에는 백치고개가 있다. 두 고을을 가려면 반드시 이 고개를 넘어야 한다. 고갯마루에는 그 물로 목욕을 하면 문무장상으로 출세한다는 전설이 내려오는 우물 문무정(文武井)이 있었다. 그도 이덕무와 박지원을 찾아갈 때마다 이 우물에서 땀을 씻었는지 모른다.

오랜 잠행의 끝

나라에서는 새로운 군영을 건설하는 작업이 진행되고 있었다. 3년 전인 1782년, 훈련도감의 무예 출신과 무예별감 중에서 장교를 지낸 무사 서른 명을 선발하여 창경궁 명정전 남쪽 행랑에 번(番)을 나누어 입직하게 하였다. 정조는 이를 토대로 군영 건설을 시작한 것이다. 1785년(정조 9) 7월, 정조가 무장들에게 군영의 이름을 어떻게 지을 것인지 하문했을 때 금위대장 서명선과 훈련대장 구선복이 장용·무용·친군 세 가지의 이름을 올렸다. 정조는 '장용'으로 결정했다. 장용위는 훈련도감을 모태로 하여 국왕을 호위하는 특수 군영으로 출범했다. 이때까지만 해도 장용위가 훈련도감을 능가하는 핵심 군영으로 육성될 것이라고는 아무도 짐작하지 못했다. 장용위는 1787년에 장용청으로, 이듬해에는 장용영으로 이름을 바꾸었다.

1785년 9월, 군사 교련서인 《병학통(兵學通)》이 간행되었다. 오랜 산고를 겪은 《병학통》은 발간 즉시 전국의 모든 군영에 배포되었다. 그리하여 서울의 각 군영의 진 치는 훈련[習陣], 남한산성의 성을 방어하는 훈련[城操], 통제영의 수군 훈련[水操] 등 모든 군사 훈련을 이 책에서 정한 방법대로 따르게 했다.

한편 이때 간행된 《대전통편》의 병전(兵典)에 관무재 초시에는 《무예신보》에 수록된 십팔기를 시험보도록 규정해놓았다. 새 법전과 새 병서에 이어, 새 무예서의 탄생도 머지 않았다. 《무예도보통지》의 탄생은 이렇게 예고되어 있었다. 백동수는 이러한 시기에 자신이 무엇을 해야 할 것인지 생각했다. 오랜 잠행을 끝내야 할 때가 다가오고 있었다.

안팎에서 변화의 순풍이 불고 있었지만 이를 거부하는 역풍도 만만치 않았다. 1785년 11월 9일, 훈련대장 구선복(具善復, 1718~1786)이 정조의 이복동생 은언군 인의 아들 상계군을 추대하려는 역모를 꾸미다가 거사 직전에 발각되어 사형을 당하는 사건이 일어났다. 무가 명문 출신인 구선복은 친인척 관계인 이주국, 이한응, 신대겸, 장지항 같은 군영대장을 수하에 두었다. 이경무, 이방일 같은 군영대장도 그의 계열이었다. 세상에서는 그를 '무종(武宗)'으로 불렀다. 그는 정조와 화해하기 어려운 인물로, 포도대장으로 재직하던 1762년 뒤주에 갇혀 죽어가는 사도세자를 놀린 전력을 가지고 있었다. 그런 그가 정조가 즉위한 뒤에도 군권을 장악할 수 있었던 건 홍국영과 긴밀히 손을 잡았기 때문이다. 그러나 홍국영은 5년 전 벼슬을 삭탈 당하고 강릉으로 내쫓긴 뒤 방랑하다가 1781년 서른둘의 나이로 객사하고 말았다. 궁지에 몰린 구선복은 결국 무력으로 정조를 제거할 음모를 꾸몄던 것이다.

구선복의 반역 사건은 기존 군영의 재편이 불가피하다는 것을 정조에게 다시 한 번 확인시켜주었다. 정조는 장용영 건설에 박차를 가했다. 군주에게 충성하고 나라에 헌신하는 무사들로 채워진 친위 군영의 육성은 이제 더 이상 미룰 수도 늦출 수도 없는 절박한 과제였다.

선전관이 되다

백동수를 선전관에 추천한 사람이 누구인지는 알 수 없다. 그러나 훈련대장 이경무, 장용위 초대 병방인 이한풍, 금위대장 서유대, 통제사 유진항같이 일찍부터 백동수를 알고 있었던 무장일 가능성이 높다.

이경무는 무과 급제 동기인 이광섭의 아버지였고, 이한풍은 무장으로서는 드물게 검술에 뛰어났으며, 서유대와 유진항은 1764년 계미통신사의 일원으로 김인겸, 원중거, 성대중과 함께 일본에 다녀온 무관들로 백동수와 친분 관계를 가지고 있었다. 이들은 모두 백동수가 병법에 해박하고 창검무예의 달인이라는 사실을 익히 알고 있었다.

백동수의 집안 내력과 이력을 보고 받은 정조는 그 특별한 임무를 맡겨도 될 만한 인물이라고 판단했다. 임진년에 선전관에 추천되었고, 증조부 백시구에게 시호를 내린 바 있으며, 고위 무관으로 재직 중인 친인척이 여럿 있었으므로 정조도 백동수의 이름을 기억하고 있었다.

1785년 정월, 백동수는 야복을 벗고 군복으로 갈아입었다. 그의 나이 마흔세 살, 드디어 갈망해온 지과문(止戈門) 안에 들어선 것이다. 정조는 "싸움을 그치게 하는 것이 곧 무이며, 학문과 무예는 새의 두 날개처럼 조화를 이루어야 한다"고 역설하곤 했다. 그런 신념으로 '지과위무(止戈爲武)'라는 글귀를 손수 도장에 새기기까지 했다. 지과에 담겨 있는 의미는 위로는 왕, 아래로는 무사에 이르기까지 관통하고 있었다. 조선의 상무 철학은 '지과'이며, 문무의 관계는 수레의 바퀴이자 새의 날개요, 날줄과 씨줄처럼 뗄래야 뗄 수 없는 사이였다.

역적을 찾아 지리산을 수색하다

1785년 봄, 백동수가 선전관이 되자 더욱 많은 사람들이 몰려 들었다. 삼월 어느날, 이날 밤도 백동수의 사랑방에는 팔도에서 몰려든 손님들로 가득했다. 화제는 단연 서울 장안을 떠들썩하게 했던 홍복영·이율의 역모사건에 모아졌다.

"북병사 신응주가 '도원수'로 추대된 영흥사람 주형채를 체포했다는 소식을 들었는가? 주형채는 군사반란을 꾸몄기에 군법으로 다스렸다네. 잘린 놈의 머리가 훈련도감 앞 대로변에 세워 둔 긴 장대에 높이 매달려 있더군. 경상도 하동에 100칸이 넘는 집을 짓는데 1만 냥의 거금을 댄 자가 홍낙순의 아들 홍복영이라는 사실, 지리산에 신선과 이인(異人)들이 살고 있다는 소문도 해괴한 일이야. 도대체 어떤 자들인지 궁금하지 않을 수 없네."

이번 역모사건으로 영호남과 서울, 평안도에 걸쳐 관련자들이 속속 체포되어 국문을 받고 처형되었다. 그런데 역모를 꾸민 자들이《정감록》이란 예언서를 신봉한다는 사실을 알게 되었다. 이씨가 아니라 정씨가 임금에 오른다는, 역성혁명을 꿈꾸는 자들이 활동하고 있다는 사실은 충격을 주기에 충분했다.

그런데, 선전관 신홍주(申鴻周, ?~1829)가 백동수를 찾아와 당장 궁궐로 들어오라는 어명을 전달해 주었다.

그의 형이 바로 북병사 신응주였다. 백동수는 신응주를 무예 실력은 뛰어났지만 콧대가 높고 과격한 성품을 가진 인물로 기억하고 있었다. 신홍주 역시 체격이 건장하고 성미가 괄괄했으나 백동수에게는 태도가 고분고분했다. 신홍주의 겸손한 자세가 백동수의 마음에 들었다.

신홍주 초상.
힘이 장사였고 명궁이었다.
1785년 봄에 백동수는 신홍주와 함께 지리산에 있다는 선원(仙苑)을 수색하라는 정조의 밀명을 수행했다. 신홍주는 백동수와 함께 오랫동안 장용영에서 일했으며 순조 대에는 어영대장·훈련대장에 올랐다.

신홍주는 육량이라 불리는 철전에서 몰기(沒技, 만점)를 차지할 정도의 보기 드문 장사였다.

정조는 선전관들을 통해 백동수가 검술에 능하고 담력이 센 것을 듣고 있었다. 활을 잘 쏘고 담력이 있는 젊은 신홍주와 검술에 능하고 지리에 밝은 장년의 백동수를 짝으로 삼도록 했던 것이었다. 백동수와 신홍주가 어좌앞에 엎드리자 정조가 입을 열었다.

"역적 문양해는 여우와 이리처럼 교활하고 물귀신 같이 흉악한 자로서, 신령스럽고 기이하다는 칭호를 들으려고 일부러 종적을 감추고 신선을 따라서 논다고 핑계를 대었다. 나이 서른에 장가도 들지 못하고 가정도 이루지 않고 참언을 전하고 부적을 쓰는 것을 일삼아서 사람들을 선동한 자이다. 문양해를 비롯한 역도들이 지리산에 신선과 이인이 사는 선원(仙苑)이 있다고 하기에 선전관 이윤춘을 보내 하동부사 장현좌와 진주 영장에게 지리산을 빠진 곳 없이 샅샅이 뒤지게 했었다. 그러나 선원도 없고 역적 도당들의 자취도 없다고 하기에 수색을 모두 멈추게 하였다. 이제 민심이 진정되었으니 너희들이 다시 한번 수색하여 역모와 관련하여 혐의가 있는 자들이 있으면 체포하라."

국왕은 신선의 존재를 믿지 않은 것 같았다. 그런데 밀명을 내리는 것을 보면 국왕은 몹시 신경이 쓰이는 모양이었다. 역모의 핵심 인물인 문양해가 3월에 거병[大事]할 예정이라고 진술했기 때문인 것 같았다.

백동수와 신홍주는 즉시 지리산으로 향했다. 두 사람 다 활과 환도로 단단히 무장을 한 상태였다. 밀명을 받은 몸이기에 어디로 가는 지를 아무에게도 말하지 않았다. 십수 년 만에 다시 지리산을 다시 찾게 되니 가슴이 설레었다. 신홍주가 물었다.

"신선과 신인이라, 그런 자들이 세상에 있다고 보시는지요?"

"신선이야 여항에도 숨어 있네. 다만 우리의 눈에 보이지 않을 뿐."

벗 연암 박지원이 젊은 날 신선을 찾겠다고 한동안 애를 쓰던 기억을 떠올렸다. 그때 연암은 신선은 뜻을 펴지 못한 사람이라고 결론을 내렸다. 세상에 유명한 신선 김홍기는 스승 김광택의 스승이었다. 김광택도 복식호흡을 하고 솔잎을 먹으며 세속과 인연을 끊고 《장자》를 읽으며 10여 년을 산속에서 살았다. 그렇기 때문에 백동수는 신선의 실체가 무엇인지 누구보다 잘 알고 있는 셈이었다.

하동부사를 만나 지리에 밝은 젊은 장교 지원을 부탁했다. 장교와 함께 하동에서 20리 떨어진 악양현부터 정탐을 시작했다. 높다란 봉우리에 올라 지형을 세밀히 살펴보았다. 반야봉에서 천왕봉까지 주변을 훑어나갔다. 선원이 있다고 알려진 취령(鷲嶺)에 이르렀다. 취령 근처에 자리한 칠불암은 문양해가 살던 곳과 서쪽으로 10리 떨어져 있었다. 칠불암을 들어가는 문에는 '동국제일선원(東國第一禪苑)' 이라는 글씨가 쓰인 현판이 걸려 있었다. 아자(亞字) 모양의 특이하게 생긴 승방에는 묵언 수행을 하는 사람들이 아홉이나 앉아 있었다. 신선과 이인처럼 여겨지는 사람들이었다. 모두 불러내 만나보았으나 결론은 신선도 이인도 아니었다. 세속을 버리고 도를 추구하며 수행하는 사람들이었다.

칠불암 선원을 나와 취령으로 올라가다가 문득 커다란 바위에 붙어 있는 종이를 발견했다. 깊은 산속 바위벼랑에 종이가 붙여져 있으니 놀라웠다. 밧줄을 타고 바위에 올라 종이를 떼서 살펴보니 탁자(坼子) 한 스물세 글자가 선명하게 새겨져 있었다.

팔일자유미(八一自有尾), 소일궤구궁호(小一几口弓虎), 화천십목(禾千十木), 국왕정구(口王丁口), 목궤화다(目几禾多).

무엇인가 오묘한 뜻이 담긴 비결처럼 보였다. 칠불암 선원에 수행하는 자들이 붙였을 것이라는 의심이 들었다. 하지만 바위에 새겨진 글씨를 탁본한 것이니 누구의 소행인지 파악할 수 없었다. 아무리 살펴보아도 역모와 관련된 것은 아닌 듯싶었다. 내용도 제대로 파악이 되지 않은 상태이니 혐의만으론 잡아들여 문초할 수 없는 일이었다. 신선과 이인이 살만한 골은 다 뒤져 보았다. 그러나 신선과 이인은 한 명도 없었다. 결국, 빈손으로 복명하는 수밖에 없었다. 샅샅이 수색했지만 특별히 이상한 사람이나 수상한 사람을 발견하지 못했다고 솔직하게 보고했다.

　백동수는 비결을 듣고 이덕무를 찾아가 탁자를 발견한 사연을 알리고 함께 비결을 풀어보았다. 파(破)자인 것이 분명해 보여 순서대로 글자를 조합해 보았다.

　"팔일자유미(八一自有尾)를 합하면 도(道), 소일궤(小一几)를 합하면 광(光), 구궁호(口弓虎)를 합하면 호(號), 화천(禾千)을 합하면 년(秊), 십목(十木)을 합하면 말(末), 국왕(口王)을 합하면 국(國), 정구(丁口)를 합하면 가(可), 목궤(目几)를 합하면 견(見), 화다(禾多)를 합하면 이(移)가 아닌가."

　"그렇다면 '도광호년말(道光號秊末) 국가견이(國可見移)'."라는 말인데 무슨 뜻일까?"

　문장은 만들어졌으나 무엇을 뜻하는지 안 읽은 책이 없다는 이덕무조차 풀지 못했다. 백동수는 이 종이를 상자에 넣어 집안에 고이 보관해 두었다. 그로부터 20여 년이 지나서 백동수는 둘째 아들 심진에게 사연을 들려주고 비결을 보여주었다.

　1816년 백동수가 세상을 떠나고 4년이 지난 1820년에 백심진이가 이덕무의 손자 이규경을 찾아가 비결이 적힌 종이를 보여주고 아버지에게 들은 이야기를 들려주었다. 이규경이 깜짝 놀랐다. 바로 그 해에 즉위한 청나라 황제의 연호가 '도광(道光)'이었기 때문이다. 그러나 이규경도 더 이상 뜻을 풀지 못했다. '도광년말'이라 했으니 도광제가 죽을 때 비로소 풀리는 비결이라 짐작만 했을 뿐이다. 그로부터 30년이 지난 1850년 이규경은 도광제의 사망 소식을 듣고 서둘러 비결을 꺼내 보았다. 순간 이규경은 몸을 떨었다. 그해에 헌종이 후사도 없이 승하하여 나무를 하던 '강화도령(철종)'이 국왕으로 즉위했기 때문이다. 뒷말 '국가견이'는 곧 왕통이 새로운 핏줄로 옮겨진다는 뜻이었다. 무서우리만큼 정확하게 조선의 앞날을 예언하고 있는 이 이야기는 이규경의 《오주연문장전사고》 '지리산변증설'에 실려 있다.

정조는 바른 정사를 펴기 위해 많은 노력을 기울였으나 백성들 중에는 왕을 왕좌에서 끌어내고 새로운 세상을 열고 싶어 하는 세력들이 엄연히 있었다. 북쪽의 묘향산과 남쪽의 지리산, 그리고 다도해로 이루어진 변산반도는 때때로 역도와 도둑들의 은신처가 되었다. 하늘처럼 떠받드는 유학이 아니라 부처를 믿고 노자와 장자를 따르는 무리들도 존재하고 있었다. 게다가 서양신, 예수를 믿는 사람들도 하나 둘 생겨나고 있었다.

이후 백동수는 선전관으로 복무하다가 정조의 특명으로 어영청 초관에 임명되었는데 주 임무가 국왕 정조를 호위하는 일이었다. 창경궁 후원과 종묘를 잇는 대문 집춘문을 관장하는 '집춘영 초관'인 백동수는 군사 20명을 거느리고 궁궐을 수비했다. 집춘문은 춘당대가 있는 창덕궁 후원을 출입하는 문이었기 때문에 수비를 엄하게 서야 하는 곳이었다.

〈병학통〉

〈병학통〉은 정조가 즉위하던 해에 무장 장지항(張志恒, 1721~1778)에게 명하여 편찬케 했던 책으로, 육지와 성, 바다와 강에서 군사를 훈련시키는 방법이 상세하게 실려 있다. 편찬은 일찍 마무리되었지만 총책임을 맡았던 장지항이 역모 혐의를 받아 장살되면서 간행이 미루어졌던 것이다.

10년이 지난 1785년, 금위대장 서명선 · 훈련대장 구선복 · 어영대장 이주국 · 전 어영대장 이창운 · 형조참판 이경무 · 예조참판 정지검 · 삼도 통제사 이방일 · 금위대장 서유대 같은 고위 무장과 관료들이 교열에 참여하고, 예문관 검열 윤행임 · 지제교

이가환 · 전라 우수사 이유교 · 수성장 이윤빈, 검서관 박제가 등이 감인을 보아 간행되었다.

〈병장도설〉과 〈속병장도설〉을 집대성하여 만든 〈병학통〉의 특징은 보병과 포병, 그리고 기병을 통합한 전법을 담은 최초의 병서라는 점이다. 특히 기병을 훈련하기 위한 새로운 진형이 실려 있는데, 이는 기병의 중요성이 반영된 결과였다. 이 책은 군사를 훈련하는 통일된 교범서의 필요성에 따라 진법의 강령을 밝힌 것으로, 나중에 나올 〈무예도보통지〉와 짝을 이루게 된다.

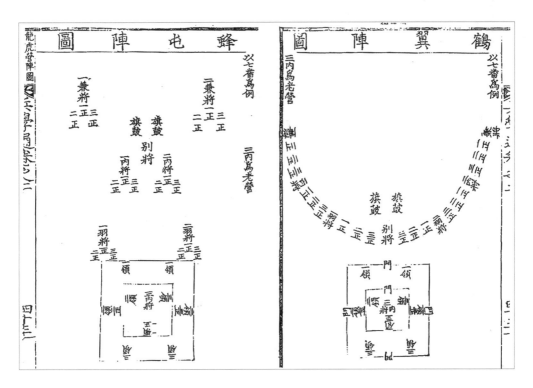

1785년에 간행된 〈병학통〉은 조선 병법의 완성본이라 할 수 있다. 이 책에 실린 마병학익진과 마병봉둔진.

정조 시대 전통 무예의 재현

...原「華城文化祭」
전통무예전
...단　후원 경기도·수원시

2001. 6. 2 (토)
전통군사 시가행진 15:00~16:00
수원 화성행궁~연무대
전통무예 재연 16:00~18:00
수원 연무대

2001년 6월 2일 수원 화성 연무대에서 열린 '정조시대전통무예
전'. 백동수는 정조 시대의 무예를 논할 때 빼놓을 수 없는 인물
이다. 최근 잊혀진 우리의 전통 무예를 복원하려는 움직임이 활
발하다.

기창. 창날 아래 깃발이 달려 있어 기창이라 했다. 장창과 대비하여 '단창'이라 불리다가 1778년 정조의 명으로 무예 명칭을 정리할 때 기창으로 이름을 정했다. 자루가 짧아 전후좌우로 공격할 수 있다. 고려 시대에 왕이 탄 수레를 호위하는 기창부대가 있었다는 기록이 남아 있다.

쌍수도는 원래 왜구들이 사용한 장도(長刀)에서 유래한 것으로 명나라에서 만든 검법이다. 칼이 길어 칼날을 잡고 구사하는 세법이 많았으나 뒤에 환도를 대용하면서 기법도 달라졌다. 검보는 세 번 나아가고 세 번 물러나며 방어하고 공격하는 세법으로 구성되어 있다.

국방부 전통 의장대의 쌍수도 시범.

서울 지역 대학 경당 동아리 연합
소속 회원들의 예도 시범.

중국에 '조선세법'으로 알려진 예도는 검
의 기초이자 완성이라 할 만큼 체계가 잘
갖추어진 검법이다.

대구 지역 초등학생과 대학생들의 본국검 시범.

예도. 《무예도보통지》의 '예도' 항목에는 두 가지 검보가 실려 있다. 즉, 24
가지의 조선세법과 이것을 이은 예도(총보)가 더 있다. 예도는 본국검과 더
불어 우리 나라를 대표하는 검법이다.

본국검은 '우리 나라의 검법'이란 뜻이다. 신라 화랑 황창이 추었던 칼춤에 기원을 두고 있다. 황창은 품일장군의 아들인 관창으로 보고 있다. 본국검은 천년을 이어져 온 전통 검법으로 전후좌우 사방을 염두에 두고 공방하는 법이 담겨 있다. 총 24세법이 있는데, 지검대적세로 시작하여 시우상전세로 마친다.

쌍검 시범. 쌍검은 방어와 공격이 찰나에 이루어지고, 균형 잡힌 신체 발달에 크게 도움이 된다. 조선 후기에 크게 유행했던 검무와 쌍검은 두 자루의 검을 사용한다는 점에서 비슷하다. 혜원 신윤복이 그린 '쌍검대무'는 두 명의 기생이 마주 서서 추는 칼춤인 데 반해, 동시대의 화원인 김덕성(金德成, 1745~?)이 그린 '배천검무'는 수염을 휘날리는 중년의 사내가 홀로 칼춤을 추는 모습을 담고 있다.

월도 시범. 월도란 칼날이 초승달처럼 생겼다 해서 붙여진 이름이
다. 사진 속의 동작은 지조염익세라는 자세인데, 매(또는 독수리)가
날개를 접은 모양이다.

월도는 자루가 길어 위력적인 동작을 구사하기에 좋다. 그래서 조
선의 고위 무관들이 즐겨 익혔던 무예이다.

수기로 지휘하는 사범의 신호에 따라 진(陣)을 이루어 등패를 시
연하는 모습. 동작은 곤패세이다.

등패 시범. 등패는 등나무로 만든 방패이다. '간과(干戈)'라는 말이 있듯이 방패는 창과 더불어 가장 오래된 무기의 하나이다. 왼손에 든 등패로 방어하고, 오른손에 든 단도로 공격한다. 등패를 익히는 군사는 몸이 유연하고 동작이 날렵해야 했다.

대한택견협회에 소속된 시범단 '치우패'의 택견 겨루기 시범. 1798년에 펴낸 《재물보(才物譜)》라는 책에 택견을 소개한 글이 실려 있다. 24반무예가 조선 왕조가 채택한 국방 무예라면, 택견은 백성들이 일상에서 즐긴 놀이이자 민간 무예였다.

곤방 시범. 200년 전에는 곤봉을 '곤방'이라 불렀다. 곤방은 권법과 더불어 기초를 이루는 무예이다. 전투를 할 때에는 치고 찌르기에 좋도록 봉 끝에 쇠를 감고, 오리 주둥이를 닮은 창날을 붙인 곤방을 사용했다.

한민족 마상무예협회의 마상 편곤 시범.

격구 시범. 단재 신채호 선생이 서양의 폴로와 같다고 한 격구는 고려의 귀족들이 즐겼는데, 여인들도 격구를 잘하였다.

충혼당 한민족 마상무예협회의 기사(騎射) 시범. 말을 달리며 활을 쏘는 기사는 우리 민족의 특기이자, 무사의 상징이었다. 무용총 벽화에도 고구려 무사들이 활을 쏘아 호랑이를 사냥하는 그림이 있다. 말을 달리며 짚으로 만든 허수아비를 쏘는 무예인 기추(騎芻)는 무과의 고시 과목이었다.

제3장

장수의 길이란 무엇인가

장용영 초관이 되어

장용위, 장용청, 장용영

조선의 군제는 원래 북방의 여진을 주적으로 설정하여 편성한 오위 (五衛)였다. 오위란 중위—의흥위, 좌위—용양위, 우위—호분위, 전위—충좌위, 후위—충무위를 말한다. 그러나 임진왜란으로 오위 체제가 무너지고, 전쟁이 한창이던 1593년 서애 유성룡의 제안으로 훈련도감을 만들어 이를 대신했다. 그리고 1623년의 인조반정 이후 권력을 장악한 서인들의 주도로 총융청, 수어청, 어영청 같은 새로운 군영을 만들어 보강되다가, 1682년 정초청과 훈련별대를 합쳐 금위영을 창설하였다.

훈련도감은 처음부터 줄곧 핵심 군영으로서의 위치를 지켰으며, 어영청은 효종 시대에 북벌의 임무를 띠고 강화된 군영이다. 이를 토대로 영조 시대에 오군영 체제가 완성되었다. 금군부대인 용호영은 궁궐을 호위하고, 훈련도감 · 어영청 · 금위영의 삼군문이 도성의 수비를 맡았으며, 수어청과 총융청이 남한산성과 북한산성을 근거로 한성의 외각 수비를 담당했다. 영조는 군영대장을 서인에서 갈라져 나온 소론 계열의 무장에게 맡겼다. 물론 노론을 견제하기 위한 조치였다. 영조 집권 후반에 들어 오군영은 군권을 장악한 서인의 이해에 따라 움직이고 있었다.

정조는 정치 군대가 되어버린 오군영 체제를 그대로 두고서는 개혁이 불가능하다고 판단했다. 이에 따라 정조는 새로운 군영을 만들기 위해 전력을 기울였다. 군영을 만드는 것은 국왕이라 할지라도 쉽게 할 수 있는 일이 아니었다. 군영 창설을 위한 명분이 필요했다. 자객의 침입을 받아 죽을 고비를 여러 차례 넘겼던 정조는 이를 적극 활용하였다. 1782년 정조는 창경궁 명정전 남쪽 행랑에 입직한 서른 명의 숙위군을 두어 자신을 호위하도록 하였다. 훈련도감에 소속된 무예별감 중에서 무과에 급제하고 장교를 역임한 정예 무사들이었다. 여기에 스무 명을 더 보태 쉰 명의 숙위군을 장용위라 이름 붙인 것이 1785년(정조 9) 7월이다. 정조는 장용위를 출범시키면서 새로운 군영 창설의 첫발을 내딛었다.

장용위는 처음부터 독립 군영으로 출범한 것이 아니라 훈련도감에 소속되어 국왕을 호위하는 금군으로 출범했다. 새로운 군영을 창설한다고 하면 반대 여론에 밀려 수포로 돌아갈 것이 뻔했기 때문이다.

2년이 지난 1787년, 장용위를 장용청으로 명칭을 바꾸고 병력을 증강시켰다. 그러나 이때만 해도 장용청의 병력은 병방(兵房) 1원과 호방(戶房) 1원, 기병으로 편성된 장용위 50인, 회계감관 2원, 군기감관 2원, 통장 2원, 작대장 1원, 소임 10원, 군병―제색군과 작대군 123명으로 구성된 소규모 부대에 지나지 않았다. 정조도 장용영의 규모를 한꺼번에 키울 수는 없었다. 이미 5군영이 있는데 무엇 때문에 새로운 군영을 만드느냐는 대신들의 반대가 만만치 않았기 때문이다.

창의문 밖에 설치된 1880년대의 총융청. 총융청은 광주, 양주, 수원 등 진의 군무를 맡아 서울의 외곽을 경비한 군영이다. 영조 시대부터 북한산성의 수비를 맡았다.

장용청은 1788년 1월, 중초와 후초를 만들면서 장용영으로 승격되었다. 창설 3년 만에 독립된 중앙 군영으로서의 위상을 갖게 된 것이다. 장용위를 주목하고 있던 대신들도 이때서야 비로소 장용영을 통해 군영 개혁을 추진하고, 이를 바탕으로 왕이 친히 모든 군영을 지휘할 것이라는 사실을 짐작하게 되었다. 이때까지 장용영의 운영에 관한 사항은 전혀 밖에 알려지지 않았다.

서얼 무사를 주목한 이유

숙위를 강화하고 군영을 개혁하기 위해 노심초사하던 정조는 서얼 무사를 주목했다. 서얼 무사들은 명문가 출신이라 해도 당파와는 거리를 두고 있었다. 정조는 서얼 무사들을 장용영에 배치하고, 장용영을 핵심 군영으로 육성시킬 계획이었다.

1787년 정조는 좌의정 이재협에게 명했다.

"임진년 선전관에 추천되었던 적이 있는 무인을 그냥 내버려둘 수 없으니, 병조에서 다른 사람보다 우선하여 수용하고 그 명단을 올리도록 하라."

지난 1772년에 서얼을 선전관에 추천한 사례가 있고, 또 1777년 반포한 '서얼허통절목'에 무관들에 대한 인사 규정이 있으니 이전에 선전관으로 추천을 받았던 사람을 그냥 내버려둘 수 없다는 말이다. 정조는 이 가운데 창검무예가 뛰어난 자를 따로 추천하라고 명했다.

훈련도감, 금위영, 용호영, 어영청 같은 군영들 모두 《무예신보》의 십팔기를 익히고 있었지만, 군영마다 무예의 명칭과 기법에 약간씩 차이가 있었다. 1778년 9월에 정조는 무예의 명칭을 통일하였으나, 기법의 차이는 해결하지 못했다. 《대전통편》의 법령대로 십팔기를 관무재 초시의 시험 과목에 넣으면서, 군영마다 약간씩 차이나는 기법은 여전히 적지 않은 문제로 남아 있었다. 이를 해결하기 위해 고심하던 정조는 표준이 될 무예서의 간행을 구상했다. 이때 창검의 일인자로 백동수가 추천되었다.

1788년 겨울, 백동수는 어영청에서 장용영으로 자리를 옮겼다. 국왕을 호위하는 자리에 무예를 총정리하는 일을 맡게 되었다. 정조가 백동수에게 맡긴 임무는 장용영 병사들에게 창검무예를 지도하는 일이었다. 그래서 초관이라는 직위 앞에 창검이라는 특수 임무가 붙어 명칭도 '창검 초관'이었다.

정조는 아버지 사도세자가 편찬한 《무예신보》가 빛을 보지 못하고 폐기된 사실을 안타깝게 여기고 있었다. 세자의 죽음에 관해 일절 말하지 말라는 영조의 엄명에 따라 《무예신보》에 관한 기록은 모두 지워졌으며, 편찬을 맡았던 임수웅은 훈련도감에서 쫓겨났다. 《무예신보》는 사도세자의 죽음과 동시에 완전히 묻혀버렸다.

아버지 사도세자를 도운 일로 고난의 세월을 보낸 임수웅을 정조는 잊지 않고 있었다. 그리하여 즉위하는 즉시 그를 종4품 만호에 임명하여 지난 세월을 보상해주었다. 아울러 십팔기를 군영에서 익히도록 명을 내렸으며, 1785년에 간행된 《대전통편》 병전에 십팔기를 관무재 초시 과목으로 규정하였다. 관무재는 북벌 군주 효종이 친히 열병한 뒤 군사들의 사기를 높이기 위해 사격술과 창검기예를 두루 시험했던 특별 과거이다.

정조는 장용영을 통해 사도세자의 유업을 잇는 새로운 무예서를 편찬하고자 했다. 이제까지 무예서 편찬과 무예를 전파하는 일은 중앙 군영인 훈련도감과 군사 교육기관인 훈련원이 도맡아 해왔다. 무예서 편찬은 장용영을 중심으로 군영을 개혁하는 데 중요한 전기를 만들어줄 것이 분명했다.

백동수의 역할은 분명했다. 장용영의 수준을 최상으로 끌어올리는 데 필요한 기초 작업 즉 무예를 강화시키고, 군영마다 다른 창검무예의 동작과 자세를 하나로 통일하는 일이었다. 강한 군사로 키우는 데 무예보다 좋은 것이 없고, 체력과 담력을 키우는 데 창검무예 만한 것이 없었다. 그는 장용영을 모범으로 삼아 군영을 전면 개혁하려는 정조의 뜻을 알아차렸다.

장용영 장관

장용영은 내영과 외영이 있다. 국왕 경호와 궁궐 숙위를 주 임무로 하는 내영은 창경궁 안 명정전 남쪽 별채인 남랑에, 훈련을 담당하는 외영은 종묘 오른편에 자리잡은 동부 연화방 이현에 자리잡고 있었다. 길 건너편에는 효종 시대에 북벌의 선봉군이었던 어영청의 본영이 있었다. 1793년에 수원 화성에 장용 외영을 설치하면서 이전의 이현 외영은 내영으로 바뀌었다.

백동수는 병방 유효원(柳孝源), 호방 최치간(崔致侃)을 비롯한 상급 장관들에게 군례를 올리고, 선배 초관들과 상견례를 가졌다. 이한풍을 이어 2대 장용영 병방으로 발탁된 유효원

명정전. 명정전 남쪽에는 정조의 호위를 담당하는 장용위 무사들이 거처하던 청사가 있었다.

은 통제사를 지낸 유진항의 아들로, 무과에 장원하여 별군직을 거쳐 금군장과 병마절도사를 역임했다. 또한 호방 최치간은 재정을 운영하는 능력이 뛰어나 정조의 특지로 발탁되었다. 선기장(善騎將) 강세중은 인조 때 패하여 심양에 볼모로 끌려간 봉림대군(효종)을 호위하다가 정뇌경과 함께 죽은 팔 장사 강효원의 후손이었다. 또한 지난 1785년 밀명을 받고 백동수와 함께 지리산에 다녀온 신홍주가 파총으로 있었다. 모두가 정조로부터 능력을 인정받고 발탁되었던 무관들이었다.

사(司)의 지휘관을 파총(把摠), 초(哨)의 지휘관을 초관이라 하며, 초관 이상의 지휘관은 장관, 초관 이하의 지휘관을 장교라 불렀다. 초관의 밑에는 열두 명의 장교, 즉 세 명의 기총(旗總)과 아홉 명의 대장(隊將)이 있다.

3품 이하 당하장관인 초관은 정휘태를 비롯해 여섯 명이었다. 이들 가운데 조언빈은 1773년 영조의 특명을 받아 백동수와 함께 서얼 출신으로서 선전관을 지낸 바 있다. 파총과 초관은 대부분 부사와 군수를 역임한 무관이었다. 이때 백동수와 함께 임명된 장관은 파총 한 명과 초관 여섯 명으로, 이제 장용영 장관은 파총 3원, 초관 12원으로 늘어났다.

장용영 군제

1788년 12월 현재, 장용영의 장교는 지구관 열세 명, 기패관 여든두 명으로 총 아흔다섯 명이었다. 지구관과 기패관은 장용영의 중추를 이루는 장교들이다. 행수 지구관 이완기는 영조 때부터 무예 시험에서 여러 차례 으뜸을 차지하며 훈련원 주부를 지낸 노련한 장교였으며, 행수 기패관 신덕취 역시 유능한 장교였다. 기병인 선기대와 보병인 보군은 도합 179명, 서리 스물한 명이 있었다. 선기대는 마상재, 기추, 마상월도, 마상쌍검 같은 마상기예 취재(시험)를 거쳐 선발된 장교로

정조가 직접 새긴 장용영 도장. 정조는 여가에 도장 새기기를 즐겼다.

구성되었으며, 보군은 훈련도감의 무예별감 중에서 조총과 창검무예를 시험하여 선발한 정예였다. 이들은 모두 급료를 받고 복무하였다.

장용영 군제는 오늘날 군대 못지않게 세밀한 규정을 갖고 있었다. 군대의 지시는 북과 징, 나팔 같은 악기와 고초기, 당보기, 영기 같은 여러 종류의 깃발(야간에는 등불)로 내려진다.

'장용' 이라는 글자가 선명하게 새겨진 깃발은 소속 군병들에게 긍지와 자부심을 심어주었다. 부대를 상징하는 깃발을 든 기수는 어떤 위기가 닥쳐와도 깃발을 포기해서는 안 된다. 깃발을 잃는 것은 수치이자 불경한 행동으로 여겨 엄히 징계하고, 전시에는 사형으로 다스렸다.

군장을 할 때 초관 이상의 장관들은 허리에 수기(手旗, 손에 들고 지휘하는 너비 1자 3치 크기의 작은 깃발)를 꽂았다. 국왕의 친위 군영을 상징하는 황색의 초관 수기 중앙에는 '장용' 이라는 글씨가, 그 아래에는 작은 글씨로 기총 세 명의 이름이 새겨져 있었다. 깃발 바탕에는 아무 사 아무 초라 써서 쉽게 알아볼 수 있게 했다. 그러므로 장용영이 다른 군영과 연합 훈련을 할 때도 장용영 어느 사 어느 초가 잘하는지 대번에 파악할 수 있었다.

군사들은 군복 가슴에 표장(길이 6촌, 너비 4촌 크기의 빛깔 있는 형겊에 대(隊)의 이름을 새긴 이름표)을 붙였다. 군병 아무개가 상관에게 자신의 소속을 보고할 때는 '아무 사(司) 아무 초(哨) 아무 기(旗) 아무 대(隊) 군병 아무개' 라고 보고했다.

장용영은 기강과 기율을 강령의 제일로 삼았다. 기강을 흩뜨리고 기율을 어기면 당상장관이라도 처벌을 받아야 했다. 장용영 군사들이 어겨서는 안 될 계령(戒令) 10조가 있다. 군영의 기밀을 누설하지 말 것, 양반과 통하지 말 것, 곡식 등 물건을 거두지 말 것, 주먹질이나 병기를 들고 싸우지 말 것, 도포와 당혜(唐鞋, 당초 문양을 새긴 가죽신)를 입거나 신지 말 것, 군장을 빌리지 말 것, 잡기를 하지 말 것, 무뢰배와 사귀지 말 것, 두목을 업신여기지 말 것, 거리에서 술주정을 하지 말 것 등이다. 1793년 수원에 외영을 두어 내외영제를 구축할 때까지 장용영의 운영에 관한 모든 사항은 일급 비밀에 속했다.

도망병은 초범일 경우 곤장 쉰 대를 치고 재범은 효수했다. 그러나 총, 칼, 말 등 군기를 가지고 도주한 경우에는 초범이라도 효수에 처했다. 아주 특별한 경우에 속했지만, 자기 집에 불을 지른 뒤 다른 사람 뼈를 던져 자신이 불에 타 죽은 것처럼 위장하고 도망한 군병은 곤장 100대를 때렸다.

군사들에 대한 후생 복지에도 신경을 썼다. 부모상을 당한 군사들에게는 휴가 100일을 주었다. 영내에 침의(鍼醫)를 두고, 약방을 설치하여 장교 이하는 무료로 이용하도록 하였다. 군마를 치료하는 마의(馬醫)도 따로 두었다.

1787년에 설치한 이현에 있는 장용영 외영의 청사는 446칸이었다. 76칸의 직방, 99칸 반의 치소, 191칸 반의 북창 등의 부속 건물이 있었는데, 1789년에 설치한 북창은 삼청동(지금의 삼청공원) 뒤편에 있었다.

장용영의 군사 훈련

개인과 집단의 능력을 동시에

장용영의 훈련은 엄격했다. 매월 한 차례 진법을 익히고, 열 명 단위의 대(隊)가 3일마다 돌아가며 시사(試射)를 열어 활쏘기와 조총, 창검무예 시험을 보았다. 명목은 시사였지만 조총 사격과 창검무예도 함께보았다. 장관의 경우 매달 세 차례 활쏘기를 익혔으며, 지구관과 교련관은 매월 두 차례 진법을 강론하였다. 한강변 노량사장에서 훈련도감 · 금위영 · 어영청 삼군영과 연합 훈련을 실시하였다.

연합 훈련을 할 때면 장용영군은 왜군 복장을 한 가왜군(假委軍)과 모의 전투를 실시하였다. 가왜의 역할은 훈련도감 후미를 담당하는 난후초가 담당했다. 난후초는 명이 망한 뒤 조선으로 망명한 한족의 후손을 선발하여 편성한 부대였다. 스스로 '대명(大明)'으로 부르며 대단한자부심을 가지고 있던 한족이었다. 그러나 나라가 망한 뒤에는 소국이라 깔보았던 조선 군영에서 가짜 왜구 노릇을 하며 살아야 하는 망국민으로서의 비애를 톡톡히 맛보아야 했다.

조선 시대의 조총. 훈련도감 1 초의 병력이 123명이었는데, 이들 가운데 90명의 정규군이 조총을 다루는 포수였다.

장용영의 군사 훈련은 주로 외영에서, 무예 시험은 창경궁 안의 춘당대와 서총대에서 이루어졌다. 외영의 '여섯 모 높은 지붕, 한일자 긴 낭사 앞의 연무장'에서는 무예와 진법을 배우고 익혔다. 조총과 활쏘기 같은 사격술 훈련을 강화하는 동시에 체력과 담력을 기르고 육박전에 필수인 권법, 창술, 검술을 강도 높게 훈련했다. 사격술과 창검술은 개인의 능력을 높여주고, 진법 훈련은 그 능력을 결집시킬 단결심을 키워준다. 개인의 능력은 대오를 갖출 때 효과가 배가되는 법이다. 진법 훈련의 요체는 일체감과 유대감의 강화에 있었다. 이렇게 개인의 전투 기술 훈련과 진법 훈련을 번갈아 실시하여 개인과 집단의 능력을 동시에 키워 나갔다.

장용영에 새로 들어온 신참 무사는 신작대(新作隊)에 편성되어 재교육을 받았다. 서른 명 단위의 기(旗)로 나누고, 기를 3대로 나누어 대마다 담당 교관을 두어 훈련을 시켰다. 훈련의 성과는 매월 치러지는 무예 시험으로 평가하였다. 우수한 성적을 거둔 교관에게는 부상을 주고, 성적이 불량한 교관에게는 곤장을 때렸다.

무사들의 기량을 평가하는 시험인 대비교는 창경궁 안의 춘당대에서 왕이 몸소 나온 가운데 사격술과 창검연무 둘로 나누어 치러졌다. 조총과 활을 다루는 사격술은 장관으로 구성된 시관들이 과녁과 짚으

로 만든 허수아비를 맞힌 횟수를 종합하여 채점했다. 창검은 백동수처럼 창검무예를 잘 아는 장관으로 구성된 시관들이 점수를 매겼다.

규정된 시간 안에 연무를 하되 힘, 정확도, 속도 등의 채점 기준에 따라 상상(上上)부터 하하(下下)까지 9등급으로 점수를 매겼다. '상하' 이상의 점수를 얻은 자에게는 계급과 상관없이 무명·베·쌀·궁시를 부상으로 주었고, 급료를 높여주거나 진급을 시켜주기도 했다. 전체 수석은 '초등'이라 했다. 기량이 아주 탁월한 자는 초시를 치르지 않고 바로 회시나 전시에 응시할 수 있는 특전을 주었다.

사격술의 경우 채점에는 공정을 기할 수 있지만 그날의 운이 성적에 영향을 주었던 반면, 창검술은 시험관의 주관이 개입될 수 있었다. 이 때문에 특별 관헌을 따로 참석시켜 혹 발생할지 모를 부정을 감시하게 했다.

장용 외영에서는 휴식 시간이면 무사들이 어울려 제기차기를 했다.

제기차기는 다리 힘을 키우는 방법으로 권장하였는데, '백타전'이라 하여 편을 나누어 시합을 벌여 이긴 편에 돈을 주기도 했다. 이 시간이면 말들도 연무장 가장자리에서 모래를 파헤치며 한가롭게 휴식을 취했다.

이현 외영 뒤편에 방마원(放馬院, 말을 방목하여 사육하는 기관)이 있었는데, 방마원은 말을 사육하는 동시에 제주도를 비롯한 전국의 목장에서 올라온 일반 말을 군마로 훈련하는 기관이었다. 날카로운 총성과 번뜩이는 창검, 군사들의 함성에도 놀라지 않도록 말을 훈련시켰다. 외영에 마련된 사대에 올라 시위를 당기노라면 일천문 밖에 줄지어 선 느릅나무와 버드나무가 반갑게 웃고 있고, 저 멀리로는 삼각산 세 봉우리가 마주 보였다.

본영도형(1799, 한국학중앙연구원 장서각 소장).
장용영의 서울 본영을 상세히 그린 대형 그림. 1793년 수원에 장용 외영을 설치하면서 서울의 본영을 내영이라 하였다.

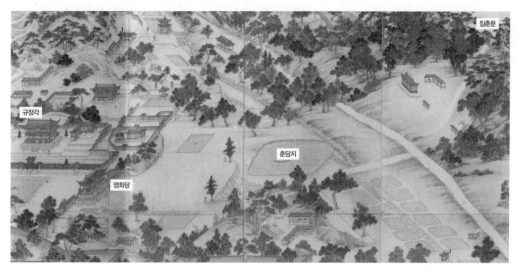

동궐도
중앙의 넓은 공터는 춘당대인데 문무과의 최종시험인 전시를 보았던 곳이며, 평소에는 임금을 호위하는 금위무사와 장용영 군사들이
무예를 훈련했던 공간이다. 오른편의 큰 길은 마상기예를 시험하고 연마했던 곳이다.

장용영 편액 탁본첩(수원박물관 소장).
장용영 청사에 걸린 이 글씨는 노론 벽파의 영수 몽오 김종수의 작품이다. 필체가 웅건하고 호쾌하여 장용영의 기상이 느껴진다.

병서의 가르침에 충실하다

십팔기군에 대한 특별한 관심

1788년부터 장용영에서는 국왕 정조의 각별한 관심 아래 특별한 사업을 펼치고 있었다. 각 초에서 창검에 재능있는 무사 서른 명을 선발하여 십팔기를 전문으로 익히게 하였던 것이다. 이전에는 창검을 전문으로 익히는 군사를 살수, 용검수 혹은 창검군으로 불렀으나, 이때부터 '십팔기군(十八技軍)'으로 불렀다. 십팔기군이란 무예 십팔기를 정립한 아버지 사도세자를 생각하며 정조가 지어 내린 이름이다. 이후 십팔기군 중에서도 사격술과 창검에 두루 능한 군사를 '능기군(能技軍)'이라 하여 특별히 우대했다.

백동수도 전례에 따라 십팔기군을 두 반으로 나누고, 반마다 담당 교관을 한 명 정해 열다섯 명씩 무예를 교습시켰다. 그는 교관들과 함께 십팔기군의 훈련에 임하는 태도와 실력의 향상 정도를 꼼꼼하게 살펴 이들 개개인의 특성과 성적을 파악하였다.

백동수는 이런 내용을 빠짐없이 상부에 보고하였다. 십팔기군에 대한 왕의 관심은 기대 이상이었다. 놀랍게도 왕은 보고서를 토대로 십팔기군의 개인 성적까지 세밀하게 파악하고 있었다.

백동수는 훈련을 지도하는 날이면 전 십팔기군을 향해 웅변을 토했다.

"무예를 연마한 뒤에야 정예롭게 되고, 정예롭게 된 뒤에야 용맹을 떨칠 수 있게 된다."

장거리 무기인 조총과 단거리 무기인 환도의 상호 관계에 대해서는 이렇게 명료하게 밝혀주었다.

"총수는 조총을 장거리 병기로 삼아 사정거리 안에 들어오는 적을 사격하고, 환도를 단거리 병기로 삼아 적이 근접해오면 총을 버리고 칼을 들어야 한다. 따라서 화포·조총·활 같은 장거리 병기가 많고 창·검 같은 단거리 병기가 적은 상태에서 적과 근접전을 벌이면 패전하며, 역으로 단거리 병기가 많지만 장거리 병기가 적은 경우에는 접전을 벌이기도 전에 병사들의 사기가 꺾이게 되는 법이다."

정조 시대 군사 훈련의 양대 교범서였던 《병학지남》과 《병학통》에 다음과 같은 규정을 두었다.

작전할 때 적병이 100보(약 131미터) 밖에 있으면 포수는 장전을 하고, 기병은 말을 탄다. 적병이 100보 안으로 들어오면 명령에 따라 일제히 활을 쏘고, 50보 내로 들어오면 조총을 쏜다.

그러나 적의 기병이 일제히 돌진해올 때는 총수가 재차 사격을 할 여유가 없게 된다. 창검수는 조총을 든 포수의 앞에서 적의 기병 돌격을 저지하는 임무를 맡았다. 살수가 없으면 포수는 무방비가 되며, 진은 뚫리게 되고, 진이 뚫리면 패배하기 마련이었다. 마찬가지로 아군이 먼저 공격을 할 경우에는 아군의 기병이 적진을 돌격하여 전열을 무너뜨리면 창검군이 달려가 적을 제압하는 전술이었다.

군사들 중에는 경기도와 평안도 지역의 농촌 출신이 많았다. 백동수는 자신이 오랫동안 농사를 지었던 사실을 들려주었다.

"이 손을 보라. 나도 얼마 전까지만 해도 여러분과 마찬가지로 농사를 짓고 가축을 기르던 사람이다. 군영을 운영하기 위해서는 백성들의 재산이 들어간다. 군포를 내려고 여러분들이 흘렸던 땀을 기억하고 있는가? 지금 이 순간에도 들판에서 땀을 흘리며 일하고 있는 농민들을 생각하라!"

백동수는 당부했다.

"병법에 '무예가 뛰어나더라도 담력이 부족하면 위급한 상황을 당할 경우 죽음을 두려워하여 손발을 제대로 놀리지 못해서 평상시의 태도를 모두 잃는다'고 하였다. 여러분들도 이 말의 뜻을 잘 알고 있을 것이다. 담력은 기예만큼이나 중한 것이다. 진정한 담력은 실전과 같은 훈련을 통해 길러지는 것이다."

광채를 발한 권법과 창검술

청년 시절 여항의 협객들과 어울리며 열심히 익혀둔 백동수의 권법과 창검술은 광채를 발했다. 그는 십팔기군의 교습을 교관들에게만 맡기지 않고 직접 창과 검을 들고 가르쳤다. 백동수가 무예를 지도할 때 경계한 것은 두 가지였다. 하나는 올바른 법[正法]을 무시하는 것이고, 하나는 가지 수를 늘이는 것이었다. 200년 전 한교는 "무예를 배우는 자가 다만 그 손만을 믿고, 무예를 시험하는 자는 다만 그 눈만을 믿는 까닭에 올바른 법은 날로 폐지되어가고 화려한 법[花法]이 만들어질 것이다"라고 경계하였다. 전쟁 중이라는 절박한 상황 속에서도 이런 문제가 나타났으니 백동수가 신중을 기하지 않을 수 없었다.

십팔기군 가운데는 성질이 거칠고 모난 병사들이 더러 있었다. 백동수는 마치 젊은 날의 자신을 보는 것 같았다. 그는 거칠고 모난 사람을 잘 다듬으면 평범한 사람보다 더 훌륭한 재목이 될 수 있다고 확신하고 있었다. 문제는 누가 어떻게 교육하느냐에 달려 있었다. 백동수는 협객 무리를 거느렸던 솜씨로 이들을 다뤘다.

백동수는 장용영의 현황을 두루 파악한 뒤 창검 초관으로서 해야 할 세부 방안을 세우고 업무를 시작했다. 우선 휘하 군사들에게 임무를 부여하였다. 선발 기준은 용모, 말씨, 행동, 하는 일. '사람의 용모는 정신이 모여 있는 것이요, 말씨는 정신이 표현되는 것이며, 행동거지는 정신이 활동하는 것이며, 하는 일은 정신의 근본이 담겨 있는 것'이라 보았던 것이다. 백동수는 병사와 장관, 장관과 장교, 다른 군영과의 긴밀한 결속과 유대가 필요하다는 것을 잘 알고 있었다. 정승에서 백정에 이르기까지 폭넓게 사귀어온 그간의 교우 관계를 십분 활용할 때였다.

정조 때 간행된 《충렬록》에 실린 그림. 방진(方陣)을 치고 후금군과 맞서고 있는 조선군의 모습(오른편)을 보면 앞줄에 조총을 메고 환도를 찬 포수(砲手)가 있고, 뒷줄에는 활을 든 사수(射手)가 서 있다. 그 뒤편에 살수가 위치했다. 갑주를 입은 대장이 오른손에 들고 있는 작은 깃발은 지휘용 수기(手旗)이다.

백동수는 '장수의 길'이란 무엇인가 다시 한 번 생각해보았다.

"훌륭한 장수는 신의가 있고 명령이 엄숙 분명하며, 예의를 다하여 선비들을 잘 대우하며, 사려를 깊게 하고 장구한 계책을 세우며, 재물을 하찮게 여기고 남에게 은혜 베풀기를 좋아하며, 남의 나쁜 점을 숨겨주고 남의 좋은 점을 찬양해주며 남을 중상 모략하는 말을 듣지 않는다."

평소 의기(意氣)를 가장 소중히 여겨온 그는 의기가 투합되지 않으면 아무런 일도 이룰 수 없다고 새삼 다짐했다.

전투에서 이기는 비결

장용영은 국왕을 호위하는 '신설 군영'이라는 명분으로 다른 군영보다 기율이 엄하고 군법도 엄격하게 적용하고 있었다. 백동수는 기강을 확립하고 기율을 엄히 세워야만 강한 군영을 육성할 수 있다는 운영 방침은 백 번 옳지만, 그 이상으로 중요한 건 병사들의 마음을 얻는 일이라고 믿었다.

20여 년 전, 백동수는 이덕무와 함께 홍의장군 곽재우의 생애를 연구한 적이 있었다. 그때 곽재우가 전투에서 승리한 비결을 이렇게 정리했다. 첫째, 상벌을 엄히 하고 기율을 분명히 하여 군법을 집행할 때에는 아무리 친한 사이라도 용서하지 않았다. 둘째, 병사들을 집안 식구들처럼 사랑하여 그들의 마음을 얻었다. 셋째, 이 모든 것에 앞서 먼저 솔선수범하는 모범을 보였다.

백동수는 책장이 닳도록 수없이 읽었던 병서를 다시 꺼내 펼쳤다. '월왕 구천은 술을 강물에 타서 군사들과 함께 마셨고, 제(齊)의 전단은 가래를 잡고 손수 성을 쌓았으며, 오기는 병사들의 등창을 빨아주었다'라는 대목이 눈에 들어왔다.

장수는 추운 겨울에도 혼자만 따뜻한 외투를 입지 않고, 무더운 여름에도 부채를 잡지 않으며, 비가 내려도 혼자만 우산을 받지 않아야 하니, 이러한 장수를 예의가 있는 장수라 한다. 장수가 이러한 예의를 몸소 실천하지 않으면 병사들의 추위와 더위를 알지 못한다.

장수가 병사들과 고락을 함께 하여 추위와 더위, 노고와 굶주림을 같이하면 병사들은 힘을 다하여 장수의 은혜에 보답하려 할 것이다. 그러므로 진격을 명하는 나팔 소리를 들으면 기뻐서 날뛰고, 후퇴를 명하는 징 소리를 들으면 분한 마음을 품어 화를 내는 것이다. 높고 견고한 적의 성을 공격할 경우에는 적의 화살과 탄환이 빗발처럼 쏟아지더라도 병사들은 용맹을 떨치고 앞을 다투어 성벽에 먼저 오르려 하며, 들판에서 적과 만나 백병전을 벌일 경우에도 병사들이 약진하여 앞을 다투어 적에게 달려들게 된다. 이처럼 모든 병사들이 싸움에 기꺼이 몸을 던지는 이유는, 그들이 죽기를 좋아하고 부상당하기를 즐거워서가 아니다. 이는 오직 주장이 병사들을 잘 보살펴 자신들의 추위와 더위, 노고와 굶주림을 알아주었기 때문에 사력을 다하여 용감하게 있는 힘을 다해 싸워 주장의 은혜에 보답하려는 것이다.

중국 최고의 지장인 척계광은 명의 군제를 개혁하기 위해 노력했지만 결국 실패하고 말았다. 그가 지은 《기효신서》와 《연병실기》는 명보다 조선에 더 큰 영향을 끼쳤다.

왜구와 수많은 전투를 치러 불패의 신화를 낳은 명나라 말의 무장이자 《기효신서》의 저자인 척계광(戚繼光, 1528~1587)은 이런 말을 남겼다.

장수는 반드시 은혜와 예의를 근본으로 삼고 위엄을 보좌로 삼아야만 성공할 수 있다. 비유하면 물건을 싣는 것은 배인데 배로 하여금 안전하게 짐을 싣고 마음대로 돌아다니게 하는 것은 키인 것과 같다. 비유하면 군에 있어서의 위엄은 배와 같고 은혜와 신의는 키와 같다고 할 것이다. 뒤에 훌륭한 장수가 나온다면 그는 반드시 나의 이 말을 옳다고 할 것이다.

모두가 살아 있는 교훈이었다. 그러나 알기만 하고 이를 현장에 적용할 자세가 되어 있지 않으면 병서를 줄줄 왼다 해도 소용없는 일이었다. 백동수가 십팔기군과 선기대에게 고된 훈련을 시키면서도 원성을 듣지 않은 것은 병서의 가르침을 충실히 실천했기 때문이다.

무예 이십사기를 정리하다

정조의 각별한 관심 아래

조선에 바야흐로 상무의 바람이 불고 있었다. 바람의 진원지는 장용영이었고, 그 한가운데 백동수가 있었다. 백동수 지휘 아래 십팔기군은 '바람으로 머리 빗고 비로 목욕하며, 찬 바람을 맞고 더위를 먹으며[櫛風沐雨, 觸寒飮暑]' 창검 수련에 몰두했다. 덕분에 십팔기군의 기예는 상당한 수준에 도달했다. 백동수를 한층 고무시킨 것은 정조가 연무장을 자주 방문하여 관심을 표하고, 그 자리에서 무예 기량을 시험한 일이었다. 백동수는 십팔기군의 기량을 평가한 뒤 보고서를 올렸다.

"지금 십팔기군의 기량은 매우 뛰어납니다. 그러나 교련관 한 명이 열 다섯 명을 맡아 지도하는 것은 무리가 있으니 인원을 대폭 보강해야 할 것입니다. 좌우열 장용위 중에서 각각 한 명씩을 선발하여 이전의 교관과 합하여 모두 세 명을 교관으로 삼도록 해주기를 요청합니다."

장용영 총지휘관인 병방 유효원은 그 보고서를 왕에게 올려 즉각 어명으로 교관을 보충해주었다. 교관 한 명이 다섯 명을 지도하게 되어 십팔기군의 훈련은 한층 강화될 수 있었다. 또 먹는 것이 부실하면 고된 훈련을 받을 수 없다 하여 3월부터 9월까지 매일 교관에게 쌀 한 되, 군병에게 쌀 다섯 홉(밥 한 끼에 드는 양)이 지급되었다. 낮이 긴 봄부터 가을까지는 훈련 중 점심을 먹었기 때문이다. 그밖에 병사 개개인의 성적을 기록할 종이와 붓 같은 물품도 넉넉히 지급되었다.

무예서 발간을 위한 준비 작업

1789년 초여름, 새로운 무예서를 간행하기 위한 준비에 들어갔다. 4월에는 이덕무가 십팔기를 한글로 풀어 쓴 '언해본'을 만들었다. 한문으로 씌어진 병서는 일반 병사들이 읽기 어려웠다. 병법과 무예를 익히는 것은 시간을 다투는 일이었으므로 누구나 쉽게 읽을 수 있는 언해본이 꼭 필요했다. 한글을 무예서에 적극 활용한 이유는 또 있었다. 한문으로 씌어진 책은 중국인이나 일본인들도 읽을 수 있었지만 한글은 조선만의 고유한 글자이기 때문에 보안 유지에 유리했던 것이다.

백동수는 언해본을 몇 부 필사하여 교관들에게 나눠주어 무예 지도에 활용토록 했다. 그는 장용영에서 창검을 다루는 실력이 가장 뛰어난 장교 두 명을 선발하여 보좌 역으로 삼았다. 그와 호흡을 맞춘 인물은 지구관 여종주(呂宗周)와 김명숙(金命淑)이었다. 여종주는 기린에 살 때 지평에서 만나 무예를 수련했던 벗이며, 김명숙은 평안도에서 불러온 장교였다. 백동수는 이들에게 가장 중요한 임무인 '간세(看勢)'를 맡겼다. 간세란 무사들이 기예를 연무할 때 무사들의 동작과 자세를 면밀하게 살펴 틀린 점을 교정해주는 직책을 말한다.

십팔기는 모든 군영에서 익히고 있었지만 군영에 따라 약간의 차이가 있었다. 이러한 문제를 해결하는 가장 좋은 방법은 군영에서 무예 지도를 담당하고 있는 교련관들을 한자리에 불러모아 기예의 차이를 찾아내어 하나로 통일시키는 것이었다. 장용영의 교련관은 훈련도감과 용호영에서 선발된 지구관·기패관 출신이었다.

백동수는 장교들과 함께 무예 기법의 차이를 점검하기 시작했다. 그결과 마상기예는 차이가 없지만, 당파·쌍수도·예도·왜검·교전·제독검·본국검·쌍검, 월도 9기에서 차이가 난다는 사실을 확인했다. 백동수가 정리한 무예는 모두 22기, 18기와 마상기예 4기였다. 정조가 《무예도보통지》 편찬 명령을 내리기 전에 이미 백동수는 무예를 정리하고 있었다.

이때 정조는 백동수에게 22기에 격구와 마상재 2기를 추가하여 모두 이십사기로 정리하라는 명을 내렸다. 격구를 제외한 마상 5기는 이미 오래 전부터 무사들이 익히고 있으니 별 문제가 없었다. 다만 기예가 단절된 격구가 문제였다. 백동수는 어명을 받는 즉시 격구를 복원하는 일을 시작했다.

고려 중엽부터 시작된 격구는 조선으로 이어져 무과의 고시 과목이 되었다. 보(步)격구는 민간에서 유행하여 아이들의 놀이가 되었을 정도였다. 그러나 무과의 고시 과목에서 빼버리자 격구를 익히는 사람은 급격히 줄어들었다. 고시 과목에 포함되느냐 그렇지 않느냐에 따라 무예의 존폐가 결정되다시피 했던 것이다. 격구는 훈련원과 훈련도감에서 명맥이 유지되다가 영조 초기에 단절되고 말았다. 격구 복원은 백동수에게도 만만찮은 일이었다.

장용영과 훈련도감에도 격구장이 있었다. 하지만 정작 격구를 할 줄 아는 무사는 없었다. 백동수는 수소문 끝에 오래 전 은퇴한 금군 출신 중에서 격구를 아는 자가 있다는 정보를 들었다. 그는 당장 은퇴한 금군의 집을 찾아갔다.

"말과 호흡이 들어맞아야 합니다. 아무리 좋은 말이라도 격구에 쓰이는 나무 공에 익숙하지 않으면 공을 보고 놀라지요. 그래서 특별한 방법이 사용되었답니다. 길게 만든 구유에 나무 공을 넣어두고 말에게 먹이를 줄 때마다 먼저 공을 굴리고 공이 멈춘 곳에 콩을 뿌려줍니다. 먹이를 줄 때마다 이렇게 하면 격구장에서 말은 먹이를 주는 줄 알고 공을 향해 달려갑니다. 혹 사람이 공의 방향을 놓쳐도 말이 알아서 공 있는 곳으로 달려가게 되는 것입니다."

다행스럽게도 격구의 기술은 구전으로나마 전해지고 있었다. 그는 방마원의 마부들에게 금군이 일러준 방식대로 말을 훈련시키도록 지시하는 한편, 구전을 토대로 선기대 소속의 장교들과 함께 격구의 복원을 시작했다.

숙종 말부터 전국의 주요한 읍과 진(鎭)에 기병부대가 꾸준히 창설되었다. 당시 함경도의 친기위, 평안도 · 황해도 · 경상도의 별무사, 동래의 별기위, 수원의 별효기사 같은 기병부대가 있었다. 용호영의 금군 700명 전원은 기병이었다. 이 용호영에 소속된 금군 100명이 장용영으로 옮겨 간 것이다. 이미 1781년에 용호영의 기병을 운용하기 위해 편찬한 진법서 《이진총방》을 활용하고 있었고, 1785년에 간행된 《병학통》에도 기병을 운용하는 진법이 수록되어 있다.

백동수는 어려움이 닥칠 때마다 스승 김광택과 《무예신보》를 편찬한 임수웅을 생각했다. 임수웅은 십팔기를 정리한 무사답게 일흔 가까운 나이에도 손에서 창검을 놓지 않았다. 그에게 임수웅은 모범이자 경쟁 상대였다. 마침내 백동수는 격구 복원을 마지막으로 스물네 가지 무예를 정리하는 일을 마무리했다.

《무예도보통지》 무예 이십사기

무예18기는 창류 5기, 도검류 10기, 권류 3기로 되어 있다. 창류는 장창·죽장창·기창·당파·낭선이며, 도검류는 쌍수도·예도·왜검·교전·제독검·본국검·쌍검·월도·협도·등패이며, 권류는 권법·곤방·편곤이다. 그리고 마상기예 6기는 기창(騎槍)·마상쌍검·마상월도·마상편곤, 격구, 마상재를 말한다.

1. 장창. 전보와 후보로 나뉘는데, 각각 12세가 있다. 후보 12세법은 한교가 복원한 것이다. 이화창이라고도 불렸다.
2. 죽장창. 기병의 돌격을 저지하는 데 좋은 무기로, '백원타도세'는 원래 서 있던 자리로 물러서는 자세이다.
3. 기창. 단창이라고도 부른 기창은 고려 시대에 임금의 수레를 호위하는 군사들이 익혔던 무예이다.
4. 당파. 삼지창으로 더 많이 알려진 당파는 창을 막기에 좋은 무기이다. 조선 시대 이전부터 쓰였으나 명장 척계광이 기법을 적극 계발했다.
5. 낭선. 대나무 가지를 살려 왜구의 긴 칼을 막는 데 사용했는데, 이 무기를 사용하는 군사는 힘이 좋아야 했다. 24반 무예 중 기법이 가장 단순한 무예에 속한다. 낭선은 조선 후기에는 거의 익히지 않았다.
6. 쌍수도. 중국 검이지만 기원은 일본 도법에 있다. 총 15세법이 있다.
7. 예도. 우리 나라 고유의 검법으로 중국과 일본에는 '조선세법'으로 알려졌다. 예도의 기법 중에는 검

11

12

13

14

15

16

17

18

을 자유자재로 운용하고 담력을 키우는
수련법의 하나로, 칼을 높이 던졌다가 받
는 '여선참사세'나 칼을 손가락에 끼워
돌리는 '양각적천세' 등 4세가 더 있다.
총 28세법이 있다.

8. 왜검. 토유류, 운광류, 천유류, 유피류의 4
류가 실려 있다. 그런데 《무예신보》에는 8
류로 기록되어 있다.

9. 교전. 김체건이 왜검을 응용하여 격검하
도록 만든 것으로, 이십사기 중 가장 늦게
완성된 검보이다.

10. 제독검. 이여송의 '제독'이라는 계급이
검보의 명칭에 붙은 것으로 보아 중국에
서 전해졌음을 알 수 있지만 조선에서
완성된 검보이다. 물론 이런 검보는 《무
예도보통지》에만 나온다. 총 14세법이
있다.

11. 본국검. 이덕무는 본국검을 신라의 화랑
황창이 창안한 검보라고 소개했다. 관무
재에서 본국검을 시험 본 기록 중 가장
오래된 것은 〈승정원일기〉 1673년 4월
11일이다.

12. 쌍검. 두 개의 검을 들고 구사하는 검법
으로, 방어와 공격이 거의 동시에 이루
어져 좁은 공간에서 위력을 발휘한다.

13. 월도. 동선이 크고 위력이 있어 왜검을 제
압하는 데 가장 좋은 무예로 꼽혔다. 월
도, 중월도, 청룡도를 따로 시험보았다.

14. 협도. 영조 시대까지 협도곤으로 불리다가
정조 시대에 협도라는 이름으로 정착했다.
협도는 조·중·일 삼국에서 전투에 널리
사용된 무기이다. 총 18세법이 있다.

15. 등패. 등나무로 만든 방패와 요도, 표창
을 사용하는 무예이다. 조선 초기의 방

패는 나무판에 쇠가죽을 둘러 만들었기
때문에 무거운 것이 흠이었다. 기병은
둥근 방패, 보병은 기다란 사각형 방패
를 사용했다. 등패는 가벼운 데다 조총
이나 화살을 막는 성능도 뛰어났다.

16. 권법. 권법은 맨손으로 익히는 무예로
검을 배우기 전에 익혔다. 손발을 단련
하여 창검을 쓸 수 없게 되었을 때에는
권법으로 적을 제압해야 한다.

17. 곤봉. 곤봉은 권법처럼 창검의 기초를
익히는 데 필요한 무예이다. 전투를 할
때 사용하는 봉은 끝에 쇠를 감아 충격
을 크게 했다.

18. 편곤. 곡물을 타작하는 도리깨를 응용한
무기이다. 연속 공격이 쉽고 타격력이
커서 전투에 유용한 무예이다.

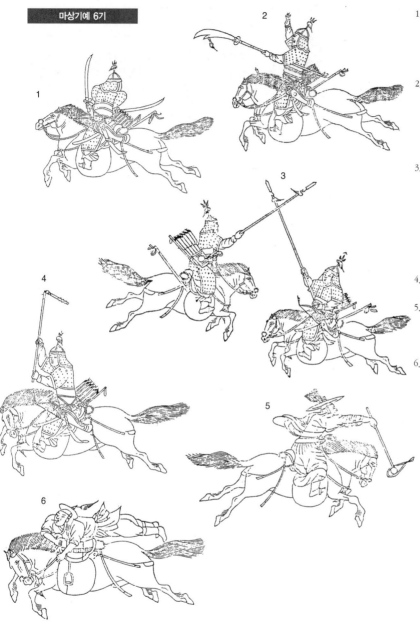

마상기예 6기

1. 마상쌍검. 항우도강세, 손책정강동세, 환고환패상세, 운장도패수세처럼 중국 무장들(항우, 손책, 유방, 관우)의 이름이 들어 있다.
2. 마상월도. 조선 기병들이 필수로 익혔던 무예이다. 군영의 운영 실태를 살필 수 있는 '등록(謄錄)'을 보면 고위 무장들도 마상월도를 시험보았던 것을 확인할 수 있다.
3. 기창. 조선 초기부터 무과 실기 과목의 하나로 자리잡았다. 교전을 할 때에는 창 끝에 천을 감고 검정[黑]과 붉은 가루를 묻혀 말을 달리며 서로 세 차례 겨루어[三合] 옷에 색이 묻은 것을 살펴 승패를 가렸다.
4. 마상편곤. 이 무예 역시 기병들이 반드시 익혔던 것이다.
5. 격구. 단재 신채호 선생은 서양의 폴로와 같다고 했다. 고려의 귀족들이 즐겼는데, 여인들도 격구를 잘하였다.
6. 마상재. 정조 시대 당시 조선의 기병들은 모두 마상재를 익혔다. 18세기 일본에 사신으로 간 박경행이 "전쟁터에서 총·칼·창이 들어오고 깃발이 휘날리며 북소리가 요란할 때, 몸을 숨긴 채 적진에 돌입하여 적의 깃발을 빼앗거나 적군의 목을 베어 올 수 있는 날랜 재주를 지닌 사람이 우리 나라에 400~500명이나 된다"고 했다. 두 마리 말 위에서 마상재를 시험했던 기록도 남아 있다.

격구 채를 말 귀 가까운 곳에 두는 자세를 비이(比耳), 채를 말의 가슴에 대는 것을 할흉(割胸), 몸을 기울여 엎드리듯이 하여 채를 말꼬리와 나란히 하는 것을 방미(防尾), 공이 있는 곳에 달려가 채로 공을 당겨 높이 드는 것을 배지(排至), 채의 바깥 편으로 공을 던지는 것을 지피(持彼) 혹은 도돌방울[挑鈴], 공을 던진 곳에 달려가 공을 끌어당기는 것을 구울방울[轉鈴], 비이를 한 후에 채를 든 손을 높이 들었다가 아래로 내려 기세 좋게 달려나가는 자세를 수양수(垂揚手)라 한다. 격구에는 '도돌방울'이나 '구울방울' 같은 순 우리말이 남아 있다.

격구를 무과의 실기 과목으로 시험보았다는 기록은 1725년 이후에는 발견되지 않는다. 무과에서 제외되면서 격구를 익히는 무사들도 사라졌다. 격구는 무예 이십사기 중 유일하게 군사들이 제대로 익히지 않은 무예이다.

상무의 기풍, 민간에 전파되다

백동수가 무예서 편찬 준비에 몰두하고 있던 1789년, 정조는 금성위 박명원의 상소에 따라 양주 배봉산 중랑천 변에 있던 사도세자의 묘 영우원을 수원 화산(花山)으로 옮겨 현륭원이라 칭했다. 묘 이장을 상소한 박명원은 영조의 사위이자 박지원의 삼종형이다.

정조는 사도세자의 묘를 이장하기 위해, 또 이장 뒤에는 참배를 위해 한 해 동안 무려 여덟 차례나 수원으로 능행을 떠났다. 능행 때 정조를 호위하는 것은 장용영의 주요 임무였다. 백동수도 창검군을 이끌고 정조를 호위했다. 정조는 궁궐을 출발할 때부터 융복을 갖춰 입고 아버지 사도세자가 검술을 익혔던 패도를 차고 나섰으며, 도성을 벗어난 뒤에는 말을 타고 이동했다. 이때는 문관에게도 군복을 입도록 했다. 정조의 모습은 흡사 전쟁터에서 군대를 지휘하는 대장군처럼 위엄이 넘쳤다. 실제로 정조는 활을 쏘면 빗나가는 경우가 없을 만큼 명궁이었다. 아버지 사도세자에게 물려받은 자질에 소리 소문 없이 무예를 연마한 정조의 노력이 빚은 결과였다.

사도세자의 묘가 수원 화산으로 이장된 것은 10월 7일이었다. 정조는 아버지의 생애를 몸소 기록한 '현륭원 행장'을 새로 옮긴 묘소 앞에 엎드려 낭독했다. 사도세자가 비명에 간 지 27년 만이었다. '행장'을 낭독하는 정조의 목소리는 복받치는 감정을 누르느라 여러 번 끊어졌다.

현륭원 이장을 마치고 서울로 돌아온 정조는 10월 15일, 창경궁 안 춘당대에서 '영가 배종 장사 관무재(靈駕陪從將士觀武才)'라는 무과를 열었다. 이름 그대로 세자의 상여를 옮기는 데 수고한 무사를 위로하기 위한 특별 시험이었다. 여기에는 정조의 정치적 의도가 숨어 있었다. 이 시험에 응시하는 무사라면 자신의 뜻에 충실히 따를 것이 분명하다고 판단했던 것이다. 정조는 급제한 무사들을 장용영에 배치했다.

1789년, 수원의 읍치를 팔달산 아래로 옮기고 장용영에서 수원부를 관할하기 시작했다. 11월 17일에는 부사를 지낸 김혁과 김백빈, 선전관을 지낸 최명건을 수원부 초관에 임명하였다. 이들은 모두 수원 출신이었다. 이튿날에는 지난해 7월에 제정된 '장용영 신정 향군 절목'에 따라 장용영 향군(鄕軍) 5초를 가설했다.

장용영은 짧은 기간에 상무의 기풍을 민간에 전파하는 기틀을 마련했다. 이것은 무엇과도 견줄 수 없는 성과였다. 군복을 입고 말을 탄

사도세자의 묘소인 현륭원의 병풍석 탁본. 정조는 아버지 사도세자의 명예를 회복하기 위해 온갖 정성을 다 쏟았다. 수원에 신도시 화성을 건설하고 장용외영을 설치한 것도 이런 노력의 일환이었다.

왕이 수원 화산으로 행차할 때 부근 주민들은 웅장하고 위풍당당한 어가 행렬을 보기 위해 몰려들었다. 특히 왕을 가장 가까이에서 호위하는 장용영 군사들의 모습은 젊은이들의 꿈틀거리는 혈기를 자극하기에 충분했다. 주·야간으로 벌어지는 군사 훈련과 무예 시험 역시 흥미진진한 구경거리였다. 정조는 야간 통행금지를 해제하라는 특명을 내려 백성들이 군사 훈련을 볼 수 있게 했다. 그럴 때면 백성들은 집집마다 오색등을 달았다. 이는 군사 훈련에 동참하는 한 방법이기도 했다. 군사 훈련을 지켜보던 평민 청년들은 너나 할 것 없이 장용영에 들어가기를 희망했다. 그들은 희망의 일터로, 입신의 장으로 장용영을 바라보았다.

장용영의 사기는 하늘을 찌를 듯했다. 왕의 지극한 배려와 관심에 고무되고, 백성들의 호응에 자부심을 느꼈다. 백성들의 호응은 장용영 운영이 참신했기 때문이다. 정조는 장용영을 창설하는 데 드는 비용을 백성들에게 전혀 부담시키지 않겠다고 공언하고, 이를 위해 왕실의 내탕금으로 둔전(屯田)을 마련하였다. 장용영 군사들이 이를 직접 경작해서 군영 경비를 조달케 했으며, 환곡을 재원으로 활용한 것이다. 백성들이 힘겨워하는 군포 부담을 줄이려는 조치였다. 새로운 군영이 창설되면 으레 그 부담은 백성들에게 돌아오기 마련이었다. 그런데 장용영은 오히려 군포 부담을 줄여주었

을묘년(1795) 정조의 화성 행차를 묘사한 '시흥환어행렬도(始興還御行列圖)'. 행차 일곱째 날인 윤 2월 15일 화성 행궁을 출발한 행렬이 시흥행궁 앞에 다다른 모습이다.

으니 백성들로서는 환영하지 않을 수 없었다.

　장용영은 짧은 시간 안에 훈련도감·어영청·금위영 같은 3군영을 능가하는 역량을 갖게 되었다. 왕의 강력한 정책에 따른 것이기도 하지만 백성들이 보내준 열렬한 지지 덕분이기도 했다. 백동수는 백성의 소리를 놓치지 않았다. 장용영에 보내는 백성들의 뜨거운 호응은 그로 하여금 더욱 의욕을 갖고 일하게 했다.

사라진 조선세법을 찾아서

나라의 운명이 걸린 책

이현의 장용 외영에 임시로 마련된 서국(書局)은 활기에 넘치고 있었다. 백동수는 이덕무, 박제가 두 벗과 서국에 모여 숙식을 함께하며 치밀한 계획을 세웠다. 그리고 서로 책임과 역할을 자세히 나누었다.

이덕무는 문헌 고증의 일인자였다. 그는 앞 시대에 간행된 병서를 모조리 검토하고 국내외 다양한 서적을 참고하면서 역사 사실과 무예 원리를 정리해나갔다. 《무예도보통지》의 참고서 명에 수록된 것만 145종이니, 사료 섭렵에 들인 그의 노력을 알 만하다.

그런데 그 많은 책들 가운데 정작 무예를 본격적으로 다룬 것은 얼마 되지 않았다. 척계광의 《기효신서》, 모원의의 《무비지》, 정종유(程宗猷, 1561~?)의 《소림권법천종》, 《내가권법》 정도를 꼽을 수 있는데, 모두 명나라 말에 편찬된 책들이다. 여기에 실려 있는 무예는 《무예신보》에 이미 수록되어 있었으니, 열여덟 가지 기예에 관한 한 달리 더 보완할 것이 없었다. 다만 곤법과 권법에서 정종유의 《소림권법천종》과 《내가권법》이 다소 참고가 되었다. 중국, 특히 명대에 간행된 병법 서적을 적절히 인용하는 것은 일종의 보호막이었다. 당시 사대부들의 정서는 명나라 것이라면 인정하고 수긍하는 분위기였기 때문이다. 외교 관계를 맺고 있긴 해도 여전히 청은 적대국가였다.

　백동수는 나라 안에서는 한교와 임수웅을 모범으로 삼고, 나라 밖에서는 척계광과 정종유를 모범으로 삼았다. 선조 때 《무예제보》를 편찬한 한교는 척계광의 《기효신서》를 그냥 옮겨 적은 것이 아니었다. 무예의 원리를 열심히 연구하고 기법을 완전하게 터득한 다음에 비로소 붓을 들었다. 그 같은 철저한 자세로 인해, 전해지는 도중 사라졌던 장창 열두 가지 자세를 복원하는 개가를 올렸다.

鋪地錦圖

琵琶圖

한교가 복원한 《무예제보》에 수록된 '장창후보'의 일부

　한교는 편찬 작업 도중 부모를 한꺼번에 잃는 아픔을 겪었다. 조선 시대에는 관리가 부모상을 당하면 관직을 벗고 3년상을 치러야 했다. 그러나 전쟁 같은 아주 특별한 경우나 중요한 임무를 맡고 있는 사람은 상중이라도 맡은 직분을 계속하게 했다. 이를 '기복(起復)'이라 한다. 한교가 상을 당하자 당시 훈련도감 도제조로 있던 유성룡은 선조에게 기복을 요청했다.

　"병서를 번역하는 일에 한교만큼 모두 알아서 잘 편찬할 수 있는 사람은 없으니, 기복시키

고 급료를 주어서 그 일을 마치게 하소서."

왜군에게 쫓겨 서울을 버리고 의주로 피난을 떠났다가 명에 원병을 요청하여 가까스로 서울을 수복한 직후의 일이었다. 국방의 중요성에 대한 경각심이 절실했을 때이니, 유성룡의 요청은 시의적절한 것이 아닐 수 없었다.

선조는 《무예제보》 간행 직전, 대신들에게 말했다.

"병가서는 문사들이 시간이 남아 하는 허망한 말처럼 한바탕 웃으며 이야기하고 마는 것이 아니라, 크게는 국가의 성패가 달려 있고 작게는 사람의 생사가 달려 있는 것이다."

서울을 버리고 의주로 피난가면서 백성들에게 돌팔매질을 당하고 찬밥을 먹어본 뒤에야 터득한 깨달음이었다. 선조의 말대로 무예서는 한 국가의 운명과 사람의 생사가 걸린 책이다.

백동수는 명말의 위대한 병법가이자 무예의 달인이었던 정종유가 무예서를 편찬하며 지켰던 자세를 본받았다. 정종유는 무예서를 편찬하기 전 자신이 알고 있는 기법에 혹 오류가 있을까 염려하여 사형 사제들을 일일이 찾아다니며 잘못을 바로잡은 후에야 집필을 시작했다. 무예서를 편찬할 때는 선배 동료들에게 자문을 구하고, 자국의 지형과 풍토 같은 특성을 살려야 한다는 것, 이것이 《무예제보》와 그 뒤를 이은 《무예신보》에 면면히 흐르고 있는 원칙이었다.

발로 뛰며 고증하다

무예서에서 중요한 것은 기예 그 자체다. 그러나 이론이 충실하지 못하면 권위가 따르지 않는다. 권위가 있어야 파급력이 커지는 법이다. '눈 하나만은 자랑할 만하다' 던 이덕무는 안경을 써야 할 만큼 나빠진 시력에도 자료를 면밀하게 살펴 무예와 관련된 기록을 찾아내어 기원을 밝히려 애를 썼다. 그러나 무예 6기의 출처는 분명하지만, 나머지 무예에 관한 기록은 간략하기 그지없었다.

창안자가 누구며, 군영에서 도입한 시기가 언제인지도 분명치 않았다. 창안자는 12기 중 왜검을 입수하고 교전을 창안한 김체건밖에 없었고, 예도와 왜검은 1744년 관무재를 볼 때 정식으로 도입한 사실을 《군문등록》에서 찾아냈을 뿐이다. 그밖의 것은 국내 서적은 물론 중국과 일본 서적을 두루 살펴보아도 기원을 명쾌하게 알 수 없었다. 답답함을 느낀 세 사람은 무기를 눈으로 직접 보고 기예와 관련 있는 사람을 만나 이야기를 들어보기로 했다. 발로 뛰면서 확인하는 방법밖에 달리 도리가 없었다. 이 일은 백동수가 적임자였다.

백동수는 각종 문헌에 기록된 기사를 종합 정리해놓은 이덕무의 글을 바탕으로 실물을 찾아나섰다. 1787년부터 장용영에 소속되어 있던 도화서 화원 허감(許鑑, 1736~?)이 늘 동행하였다. 우선 이덕무, 박제가와 함께 훈련도감의 군기고를 찾았다. 군기고에는 왜창 20여 자루가 보관되어 있었다. 백동수는 창을 들고 기둥을 향해 찔러보았다. 기둥이 흔들릴 정도로 깊이 박혔으나 날에는 아무런 이상이 없었다. 창 자루를 휘어보며 탄력을 시험했다. 그런 다음 왜창은 '부드럽고 굳센 날이 매우 견고하고 날카롭다'고 평가했다.

창을 살핀 다음 검을 살폈다. 《무예신보》 제독검 조에는 '예도처럼 허리에 차는 칼이다'라는 짤막한 기록만 있을 뿐이었다. 이에 만족할 수 없었던 이덕무는 임진왜란에 관한 수많은 문헌을 샅샅이 뒤져보았다. 하지만 제독검의 유래를 증명할 수 있는 것은 찾을 수 없었다. 백동수는 성대중을 찾아가 이런 고충을 이야기했다. 성대중은 명이 멸망한 후 조선으로 망명한 이여송의 아들 이성충의 묘비명을 지었던 적이 있어서 이여송의 후손들과 친분이 있었다. 백동수는 성대중에게서 현재 훈련도감 중군으로 있는 이원이 이성충의 증손자라는 사실을 알게 되었다. 백동수는 당장 훈련도감에 달려가 이원을 만났다.

"제독께서 조선에 계실 때 통진 금씨의 따님을 부인으로 삼았소이다. 제독이 명으로 떠날 때 금씨에게 차고 있던 칼을 풀어 증표로 주면서 '아들을 낳으면 이름을 천근(天根)으로 지으라'고 했는데, 과연 금씨는 아들을 낳아 이름을 천근이라 지었다 하외다. 거제에는 그분의 자손이 많이 살고 있소이다."

1746년 백동수의 고모부 이언상(李彦祥)이 통제사로 재직할 때 이여송의 후손이 살고 있다는 소문을 듣고 이천근의 현손 이무춘의 집을 찾아간 일이 있었다. 이때 이무춘이 집안의 가보로 내려온 '제독의 검'을 이언상에게 보여주며 검에 얽힌 사연을 들려주었다. 이언상은 자기가 보고들은 내용을 칼자루와 칼집에 기록하여 서울로 올려 보내고, 이여송의 직계 후손이 거제에 살고 있음을 영조에게 보고했다. 임진왜란 때 원군으로 조선에 온 명나라 장수들 중에는 이여송처럼 조선 여인을 취하여 후손을 남긴 예가 적지 않았다. 영조는 이런 후손들을 특별히 배려했고, 이원은 1754년 명 장수 후손들을 위한 특별 무과가 열렸을 때 급제했다.

이원의 이야기를 들은 백동수는 제독검을 보기 위해 허감과 함께 군기시로 달려갔다. 그는 한 집안의 역사가 고스란히 담긴 제독검을 찬찬히 살펴보았다. 200년의 세월이 흘렀지만 칼날은 여전히 매서웠다. 옆에서 허감이 검을 그리는 동안 무게와 길이를 재고, 특징을 기록해 두었다. 그러나 모든 내용을 종합 분석해보아도 제독검보와 이여송이 금씨에게 정표로 준 검은 아무런 관련이 없었다. 백동수의 의견을 들은 이덕무는 '비록 격자(擊刺)의 법과는 다르지만 사람들이 즐겨 제독검이라고 부른다'고 결론을 내렸다.

얼마 뒤, 백동수가 다시 이원을 만났을 때 이원은 집안 내력이 담겨 있는 검이니 되찾았으면 한다는 뜻을 내비쳤다. 그리하여 군기시에 보관되어 있던 검은 다시 이천근의 집안으로 되돌아갔다. 몇 년 후, 이원은 장용영 파총에 임명되어 백동수와 함께 일하게 된다.

군기시에는 격구에 쓰였던 가죽공과 채도 보관되어 있었다. 백동수는 저승전에 있는 효종과 사도세자가 수련한 월도와 철추를 잡아 휘둘러보았다. 김체건이 왜검과 교전의 기법을 직접 기록한 첩자(帖子)는 아예 이현 서국에 가져다놓고 현재의 기법과 차이를 살펴보기도 했다. 이 모든 것이 조선 무예의 역사를 생생하게 간직하고 있는 유물이었다. 발로 뛰는 고증 작업은 착착 진행되었다. 이 무렵 백동수·이덕무와 함께 밤 늦도록 편찬에 몰두하던 박제가의 '명을 받들어 《무예도보통지》를 편찬하며 이현(배오개) 외영에서 자면서 짓다.' 라는 시가 한 편 남아 있다.

밤비는 베갯머리 울리어 대고
가을바람 들보에서 일어나누나.
연거푸 머무는 곳 경치가 좋아
의기롭게 나는 듯 술잔 오가네.
녹봉은 수형의 하사함 있고
서책엔 중비의 향내 사랑스럽다.
성조에서 먼 계책 드리우시니
해박함 명당에 부끄러워라.

조선세법의 가치

《무비지》를 구해오라

장용영 임시 서국에서 편집 회의가 열렸다. 백동수, 이덕무, 박제가가 마주 앉았다. 열고관 깊숙이 보관되어 있는 병서까지 모조리 읽고 분석한 뒤에 마련한 자리였다. 맨 먼저 우리 나라 역대 무예서가 전해지지 못한 것에 대한 안타까움이 터져 나왔다.

"신라의 《무오병법》과 고려의 《김해병서》는 뛰어난 무예서로 알려져 있지만, 모두 잃어버려 지금은 참고할 길이 없으니 참으로 안타까운 일일세."

"기이하게도 우리 나라 무예는 그 창안자가 분명한 게 거의 없더군. 유일한 것이 김체건의 검교전에 불과한데 이는 무슨 까닭인가?"

백동수가 대답했다.

"한 사람이 아니라 여럿이 함께 다듬어왔기 때문일세. 자네도 알고 있듯이 창검술은 일반 무사들이 장수들보다 낫지 않은가. 김체건은 다행히 이름을 남겼지만 다른 이들은 그럴 형편이 못 되었던 게지."

"검보를 창안하고 전수하는 것은 물론 서로 주고받은 사람이 누구인가를 어떻게 판단해야할지 참으로 어렵네."

"지금 모든 군영에서 본국검을 익히고 있지 않은가? 그런데 《무예신보》에는 본국검의 기원에 대해 아무런 설명도 실려 있지 않아 답답하네. 《여지승람》에 신라 화랑 황창이 백제왕을 죽이려다가 죽임을 당한 뒤 이러한 사실을 슬퍼한 신라인들이 황창의 얼굴 형상으로 본을 뜬 탈을 쓰고 칼춤을 추었다는 전설과 지금도 황창무가 전해지고 있다는 글만 실려 있네. 황창은 화랑이며 뛰어난 검사로 그를 따르는 낭도 수천 명이 검술을 배웠을 것이니 신라는 검술이 발전한 나라였을 것이네. 따라서 그 기법은 이웃 나라 일본에 전해졌을 것으로 판단되네."

이덕무는 삼국 시대에 우리 문화가 일본에 전파되는 과정에서 우리나라 고유의 검술도 전해졌을 거라고 확신하고 있었다. 이를 입증할 만한 기록을 찾으려고 문헌을 섭렵했지만 끝내 찾지 못했다.

"조선세법은 언제부터 익혔는가?"

"숙종 대부터 익혔으나 선왕(영조) 대에야 관무재에 포함되었네."

"《무비지》를 살펴보니 명나라 말에는 제대로 된 검법이 사라졌던 것이 분명하네. 《삼재도회》에 나오는 음류(일본도법 원비·원회)에는 동작 설명도 없이 칼 든 원숭이 그림만 몇 장 있지 않는가? 중국은 검술뿐 아니라 검도 전하지 않고 드물게 남아 있을 뿐이네. 따라서 모원의가 검술이 전래하지 않음을 깊이 탄식하고 스스로 자료를 모아 검보를 기록하였다는 말은 믿어지지가 않네."

중국의 사정도 조선과 크게 다르지 않았다. 중국도 전해지는 무예서가 드물었다. 간단한 그림이 있는 책은 노공량의 《무경총요》와 《병기도식》 그리고 왕기의 《삼재도회》 정도였다. 무예가 등장하는 것은 척계광의 《기효신서》부터 시작되었으나, 50년도 채 지나지 않은 1620년 무렵 제대로 된 검법이 하나도 전수되지 않았다. 그래서 1621년에 간행된 《무비지》 검 항목에는 '조선세법' 만 수록될 수밖에 없었다.

백동수는 말했다.

"모원의는 '조선에서 검보를 구했다' 라고 했네. 그러니 조선이 검보를 창안한 것은 분명한 일일세."

모원의가 '조선에서 검보를 구했다' 라는 말과 관련이 있을 법한 기록이 《선조실록》에 실려 있다. 정유재란으로 명군이 다시 조선에 출병한 1598년 4월 6일, 선조가 동작동 모래밭에서 명의 진(秦) 유격(遊擊)과 함께 조·명 연합군이 펼치는 진법과 명군의 무예를 관람한 뒤 '우리 나라 칼 쓰는 법[我國用劍技]과 우리 나라 말 달리는 법[我國馳馬技]을 보여주었다' 는 기록이 있다. 검법을 관람한 후 진 유격이 선조에게 말하기를 "기법은 좋으나 다만 죽기를 무서워하지 않도록 가르친 뒤에야 쓸 수 있습니다" 하였다. 마상재는 말 위에 서기도 하고 안장 위에 거꾸로 서기도 하니, 유격이 "잘한다"고 하였다. 이때 보여준 검법이 바로 조선세법일 것으로 추정된다.

《무비지》 그림. '원비(猿飛)와 '원회(猿廻)' 라는 글과 함께 실린 그림의 일부이다. 《무비지》에 실린 왜검은 음류(陰流)인데, 음류를 창안한 일본 무장이 꿈에서 원숭이에게 검술 비법을 전수받았다는 전설이 전한다.

'조선세법'은 언제부터인가 본국인 조선에서 자취를 감추었다. 대신 예도(銳刀)란 이름의 검보가 전수되었으나, 당시와 기법상 큰 차이를 보였다.

명 말에 간행된 《무비지》는 그런 책이 있다는 소문만 있었지 실물은 볼 수 없었다. 영조는 중국 가는 사신에게 아무도 모르게 쪽지를 쥐어 주었다. 나중에 사신이 쪽지를 펴보니 '《무비지》를 구해오라'고 적혀 있었다. 이렇게 비밀리에 구하려 한 데에는 그만한 이유가 있었다. 병법서는 국가 기밀을 유지하기 위해 외국으로 반출되는 것을 엄격히 막았다. 더군다나 《무비지》는 명을 부흥시키려는 의도로 쓴 책이었으니, 청에서는 공공연하게 구할 수 없는 불온 서적이었다. 청 건륭제 때 편찬된 《사고전서》에 이 책이 실리지 못한 건 그런 이유 때문이었다.

장인 홀대하는 풍토 때문에

"어떤 장수는 창검무예는 전쟁의 승패를 가르는 데 별 도움이 되지 않는다고 말하더군. 영숙, 이것은 무슨 뜻인가?"

"나도 그런 말을 들은 적이 있네. '병법이란 지모와 모략일 따름이다. 진법도 오히려 말단에 들어가는데 하물며 창검이야 말해 무엇하겠는가? 그러므로 천 리 밖의 승리를 막사 안에서 전술로 결정한다고 하였으니, 돌고 뛰며 고함을 질러 용맹을 과시하는 것은 한 사람을 대적할 뿐이다. 고로 창검이 어찌 승패를 가르는 비법이 되겠는가?'라고 말하지 않던가?"

"그랬네."

"그런 말을 하는 사람은 병법을 제대로 모르는 사람이야. 결코 그렇지 않네. 어린아이가 날 선 칼을 쥐고 있으면 날렵한 용사라도 피하는 법이네. 이것은 칼을 두려워해서가 아닌가? 여기에다 무사가 무예를

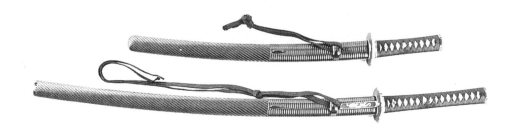

일본도. 일본은 조·중·일 삼국 가운데 가장 우수한 검을 생산한 나라였다.

연마했다고 생각해보면 사정은 더욱 달라지지 않겠는가? 다시 말해 기법을 터득하면 졸장부가 한 번 치는 것이 용맹한 장수가 백 번을 치는 것보다 나을 수가 있는 것이네. 그러므로 지모는 있지만 진법을 모르고, 진법은 알지만 병기가 없고, 병기는 있으나 기법을 모른다면 이는 모두 병법이라 할 수 없는 것일세. 왜인들은 여가가 있을 때마다 짚으로 만든 인형을 세워놓고 나무로 만든 칼을 쥐고 그것을 치면서 자세를 연습한다고 하더군. 그러니 그들의 기예가 어찌 신기하고 오묘하지 않겠는가? 그러나 이제 우리 병사들도 창검을 다루는 데 익숙하네. 《무예도보통지》를 보급하면 더 활발하게 될 것이야."

"왜인들은 경상도 진주 지방의 철을 구입해서 명검을 만들었다고 하네. 그들의 제작 기술은 매우 뛰어난 것이지. 그 까닭은 장인들을 우대하는 정책에 힘입은 것이니, 우리도 그 점은 본받아야 할 것일세."

"그 말씀은 결국 나라가 공인들을 우대하지 않는 것이 문제라는 말이 아닙니까? 우리가 늘 주장해온 것이 바로 그 점 아니었습니까? 요즘은 어떻지요?"

"병기를 만드는 공인들의 이름을 병기에 새기게 하여 자신이 만든 물건에 책임을 지우고, 대우를 잘해주니 우리 병기는 예전에 비해 매우 정교해졌네. 비록 사소한 일 같지만 결코 소홀히 할 수 없는 것이네."

조·중·일 삼국 중에서 가장 우수한 검을 생산하는 나라는 일본이었다. 그런데 가장 우수한 일본도는 경상도 진주 지방의 철을 구입하여 만든 것이라는 사실을 알게 된 것이다. 우리 나라에는 질 좋은 철이 있으며, 이미 삼국 시대에 명검을 제작했던 저력이 있었다. 검을 제작하는 기술이 떨어진 것은 장인들을 홀대하는 풍토 때문이었다. 이런 현실을 절감했던 백동수는 오래 전부터 기술자를 선비로 부르자 했고, 박제가 역시 기술자로 대우하지 말고 선비로 대우해야 한다고 기회 있을 때마다 강조했다.

규장각과 장용영에서는 이를 실천에 옮기고 있었다. 판각을 담당하는 각수와 병기를 제작하는 공인으로 하여금 자신이 만든 물건에 이름을 새기게 한 것이다. 자신이 만든 물건에 책임을 지우고 그에 상응하는 대우를 해주자, 예전에 비해 만들어낸 책의 수준이 월등 나아졌으며, 병기 성능도 한층 우수해졌다.

정감 넘치는 시와 빼어난 산문을 남긴 이옥(李鈺, 1760~1812)이 쓴 '신아전(申啞傳)'에 의하면, 당시 경상도 청도군에 신씨 성의 벙어리 검공(劍工)이 있었다. 그가 만든 칼은 날카롭고도 가벼워서 일본의 칼을 능가하였다고 한다. 이옥 자신도 그 칼을 하나 얻었는데, 그 날카로움이 머리카락을 쪼갤 정도였다고 한다.

이십사기에 대해 토론하다

조 · 중 · 일 삼국의 무기

"이제부터 이십사기에 대해 하나씩 검토하기로 합시다. 먼저 청장 공이 고증하신 것을 먼저 말씀하시고, 인재 공이 군영에서 무사를 지도하시는 경험과 견해를 밝히시는 것으로 하면 좋을 것 같습니다. 그러면 덧붙여 제 생각을 말하겠습니다."

박제가가 제안했다.

"주 · 진 이후에는 문헌상으로 검법을 고증할 길이 없었네. 다만 《사기》 '본기'에 항우와 관련하여 항장이 칼춤을 춘 사실이 있을 뿐이네. 이것은 쌍검의 마지막 자세가 '항장기무세'라는 것과 관련되어 있지. 《무편》에 쌍검의 검결(劍訣)이 실려 있었네. 여기에 대해서는 영숙이 말씀해보시게."

"청장이 고증한 것에 덧붙일 말은 없네. 다만 그 쓰임에 대한 이야기만 하지. 쌍검을 가진 왜구 한 명이 직경 18척 반경의 넓은 지역을 혼자서 감당할 수 있었다고 하네. 이처럼 쌍검은 근거리 전투에 큰 이점을 가진 기예야. 그보다 청국은 어떻던가?"

박제가가 대답했다.

"우리가 북경을 방문할 당시 만주팔기는 안일과 나태에 젖어 군대로서 제 기능을 하지 못하고 있었습니다. 오직 한족으로 구성된 녹영이 그나마 기율을 지키고 있었지요. 《무비지》에 그려진 월도가 《예기도식》에 그려진 것과 같습니다. 따라서 청은 명의 군기제도를 그대로 물려받았음이 분명합니다."

이덕무와 박제가는 1778년에 청을 방문했을 때 청 군사들의 무기를 세밀하게 관찰했었다. 우리 나라 군영에서 사용하는 쌍검과 청의 녹영에서 사용하는 쌍검을 비교해보기도 했다. 녹영은 청에 투항한 한인들로 조직된 군영이다.

"월도와 협도에 대해 이야기해보시지요."

"우리 무사들은 월도를 아주 열심히 익히고 있네. 무사들은 '왜의 검술이 뛰어나다고는 하지만 언월도를 빨리 휘두르는 것 앞에서는 당할 재간이 없다. 월도는 칼 중의 제일이다' 라고 말하고 있네."

이덕무가 백동수의 말을 받았다.

"월도는 원래 36법이 있었는데, 책을 살펴보니 모두 전하지 않네. 안타까운 일이야."

이어 백동수가 협도에 대해서 이야기를 시작했다.

"협도는 자루와 칼날이 긴 장도를 말하네. 일본 문헌에 풍신수길은 장도를 아주 좋아했다는 기록이 있네. 장도는 선봉에서 길을 여는 데 사용하는 무기일세. 군영에서는 이것을 '파도' 혹은 '선도' 라고 부르네."

"등패에 대해 이야기해봅시다."

"《무편》에 '흉노를 제압하려면 먼저 그 말을 제압하고, 동이를 제압하려면 먼저 그 배를 제압하고, 남만(월남)을 제압하려면 먼저 그 표창

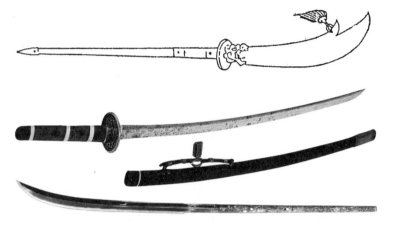

우리 나라식 월도. 제 모양을 갖춘 유물이 거의 남아 있지 않다.

옛 군복에 갖추어 차던 군도(軍刀)인 환도. 환도의 이름이 고리(環)에서 비롯되었다는 것이 정설이다. 고리는 360도 회전하기 때문에 뽑고 넣기 편리하였다.

'미첨도'로 불린 일본의 협도.

을 제압할 줄 알아야 한다'고 하여 등패가 남만에서 비롯된 것을 알게 되었다네."

"그렇다면 고려의 전선(戰船, 싸움 배)이 중국의 배보다 중국의 전선에 비해 탁월했다는 뜻 아닙니까? 우리 나라도 바닷길을 열어 무역을 시작해야 합니다."

"허허, 정유의 관심은 여전하시구먼. 그 얘긴 나중에 하도록 하고 일단 본론으로 돌아가세. 원래 국초에는 기병은 둥근 방패를, 보병은 긴 네모꼴의 방패를 사용했네. 중국의 절강 지역에서는 보병도 등나무로 만든 둥근 방패를 사용했는데 이것이 임진왜란 때 들어온 것일세. 어떤가, 등패는 쓸 만한가?"

"현재 쓰이는 등패는 앉아서 몸을 숨기는 데는 충분하지 못하니 더 크게 만들어야 할 것이네."

"권법에 대해서 말씀을 해보시지요."

"척계광은 이르기를 '권법은 큰 전투에서 기예로는 별 소용이 없다. 그러나 손발과 몸을 부지런히 단련하는 일은 무예를 처음 배우는 사람들에게 무예를 시작하는 문이 된다'라고 했네. 권법을 익히는 것은 서예의 '영자팔법(永字八法)'과 일치하는 것이지. 서예의 점과 획을 긋는 법이 여덟 가지를 넘지 않듯이 권법이나 검술도 마찬가지야. 마치 안장에 앉는 법을 안 후에야 말 타고 달리는 기술을 가르칠 수 있는 것과 같네. 권법과 곤봉은 무예의 기초이자 기본이네. 한교가 지적했듯이 중국의 창법 24세, 권법 32세는 때에 따라 여러 가지로 변하는 법일세. 따라서 예도 24세법의 중요함은 두말할 나위도 없네."

"《소림권법천종》의 '육로보(六路譜)'를 권법에 옮겨 실으면 어떨까요?"

정종유가 지은 《소림권법천종》은 민간에서는 말할 것도 없고 군영에서도 쉽게 볼 수 없는 책이었다.

"너무 번거롭지 않겠는가?"

"아닐세. 정유의 견해에 나도 찬성하네. 육로보를 싣는 이유는 대명의리를 말하는 사람들에게 거울 삼아 살피게 하려는 뜻도 있네. 명에 대한 진정한 의리는 유자들이 말하는 것처럼 청과 외교 관계를 끊는 식의 소극적인 방법이 아니라고 확신하네."

병기를 어떻게 활용할 것인가

"서애는 조선의 편전, 중국의 장창, 일본의 조총을 천하의 명기라 했습니다."

박제가는 유성룡의 말을 인용하면서 병기 활용에 대한 다양한 제안을 내놓았다.

"이제 편곤에 관해 이야기해보겠네. 병자호란 당시 고양의 큰길에서 전투가 벌어졌을 때 우리 관군이 패하고 말았네. 우리 군사가 가진 편곤이 청의 편곤보다 짧았기 때문이지. 무기의 제도와 성능은 전투의 승패를 가름하는 것일세."

"우리가 할 일은 어떻게 하면 무기를 개량하여 성능을 극대화시킬 것인가 하는 것일세."

격구에 대해서는 장시간 이야기를 나누었다.

"격구는 고려 시대에 귀족, 평민, 여인들은 물론 동네 아이들까지 즐길 만큼 유행했던 놀이였네. 단오가 되면 고려와 금나라는 격구 친선 경기를 벌였다네. 그런데 격구를 하기 위해서는 넓은 땅이 필요했네. 격구는 본래 몽고 초원을 배경으로 만들어진 것이기 때문이지. 고려의 산천은 몽고와 달리 산이 많고, 그나마 고르고 넓은 땅은 논밭이 아닌가? 귀족들은 다만 즐기기 위해 농민들의 귀중한 농토를 격구장으로 만들었던 것이라네."

이덕무는 말을 이었다.

"귀족 유부녀들이 남정네들과 어울려 격구를 즐기기도 했네. 그러다 보니 격구장에서 눈이 맞은 남녀가 많아 사회 문제로 번지기까지 했지. 게다가 귀족들은 격구장에서 자신의 부를 과시했네. 귀족이 격구용 말 안장 하나를 치장하는 데 드는 비용이 평민 열 가구의 재산과 맞먹었다고 하네."

"백성들의 원성이 높았겠군."

"물론이야. 고려 말엽에 이르러서는 귀족들의 사치와 퇴폐한 행동 때문에 폐지냐 존속이냐 늘상 도마에 올랐네."

"그래도 격구는 마상기예를 익히는 데 더 없이 좋은 기예라는 점엔 의문의 여지가 없네. 즐기면서 무예를 익힐 수 있다는 것이 얼마나 좋은 일인가?"

이덕무는 토론 내용을 정리하여 원고를 완성했다.

《무예도보통지》에 담긴 정신

'오늘'과 '쓰임'의 정신

백동수는 이덕무가 고금의 서적을 섭렵한 지식을 바탕으로 탁월한 고증과 풍부한 사례를 들어가며 무예를 정리해놓은 원고를 최종 검토했다. 편집 방향은 '오늘[今]'의 관점에서 '쓰임[用]'에 주안점을 두어 무사들이 쉽게 이해하고 활용하도록 했다. 《무예제보》와 《무예신보》, 《기효신서》와 《무비지》의 장점을 흡수하되, 지금의 무사들이 보고 익히는 데 편리하게 만드는 것이 목적이었다.

무예는 크게 찌르기[刺], 베기[砍], 치기[擊] 세 가지로 이루어져 있다. 그래서 자·감·격의 순서에 맞추어 무예를 배열했다. 총 4권 중 제1권에는 찌르기 중심의 창류 6기를 실었다. 아울러 예로부터 창 자루로 쓰인 나무를 고증한 다음 우리 나라에서 구할 수 있는 나무를 소개하였다. 다른 나라에 의지할 것 없이 우리 나라 산천에서 나는 재료만 사용해도 충분하다는 인식 때문이다.

2, 3권에는 베기 중심의 도검류 12기를 실었다. 2권에는 쌍수도, 예

도(조선세법), 왜검, 교전 4기를 실었는데, 특히 철을 다루는 법을 상세하게 기록하였다. 예도는 조선세법 24세와는 달리 검보가 하나로 연결되어 있는 점이 특징이다. 왜검 항목에서는 우리 나라 군영에 왜검을 도입한 김체건에 관한 이야기를 덧붙여 그의 업적을 기렸다. 교전은 십팔기 중에서 가장 늦게 만들어진 검보다. 이는 사도세자가 《무예신보》 간행 후 쓴 글에서 밝힌 바 있다.

3권에는 제독검, 본국검, 쌍검, 마상쌍검, 월도, 마상월도, 협도, 등패 등 8기를 실었다. 4권에는 치기 중심의 권봉류 즉 권법, 곤방, 편곤, 마상편곤과 격구, 마상재 등 6기를 실었다. 《무예신보》에는 마상기예가 들어 있지 않다. 정조가 '《무예도보통지》를 편찬한 뜻은 추가하여 기술하는 데 있다'고 했듯이, 기존의 십팔기에 마상기예 6기를 추가하여 이십사기로 조선 무예를 총정리한 것이야말로 《무예도보통지》의 주요한 특징이다.

삼국 시대부터 고려를 거쳐 조선으로 이어진 조선 무사의 전형은 말을 달리며 활을 쏘는 기병이었다. 그러나 조선의 고위 관료들은 자주 국방의 중요성을 잊고 명의 무력에 기대어 안주했다. 임진왜란이 일어나자, 조정에서 마지막 기대를 걸었던 신립이 탄금대에서 배수진을 치고 기병을 선봉으로 세워 왜군과 접전을 벌였지만 완패하고 말았다.

신립은 기병 500명으로 1만 명의 여진 군대를 물리친 탁월한 장수였다. 신립의 패배는 진법의 운용보다는 병력의 열세가 더 큰 요인이었다. 선조는 백성들에게 돌팔매를 당하며 서울을 버리고 피신하는 지경에 이르러서야 무를 소홀히 했던 것을 탄식했지만 때늦은 후회였다. 어쩔 줄 몰라하는 조선 관리들에게 원군으로 온 명나라 장수들은 비아냥거렸다.

"수, 당의 정복 노력에도 끄떡없었던 고구려의 후예인 조선이 이처럼 어이없이 무너지게 될 줄은 예상하지 못했소이다. 그 원인은 문을 숭상하고 무를 소홀히 한 데 있소이다."

그러나 조선의 문약을 질타했던 명의 사정도 별반 다르지 않았다. 왜란에 참전한 명나라 군대는 낙상지가 지휘하는 5,000명의 남병을 제외하고서는 이렇다 할 전공을 세우지 못했다.

왜적의 침략을 받은 뒤에야 준비된 군대의 절실함을 깨달은 조선 정부는 부랴부랴 군사를 육성하고 무관의 사기를 높여주었다. 조선은 기병 중심의 오위를 폐지하고 훈련도감을 창설하여 포수·사수·살수의 보병을 중심으로 군대를 편성했다. 당시 형편으로 보면 보병의 육성은 적절한 조치였다.

그러나 왜적을 내쫓는 일에 급급하여 여진의 존재를 소홀히 했다. 만주를 통일한 여진족은 뛰어난 기동력으로 명을 공략하고 있었다. 얼마 후 조선은 후금(청)의 팔기군에게 기습을 당하여 서울을 버리고 남한산성에 들어가 농성을 벌이다 항복하고 말았다. 외교의 실책이자 전략의 실패였다. 그후 효종은 북벌을 국시로 내세우며 포수와 기병을 육성하기 시작했다. 청과 일본이라는 군사 대국과 이웃하고 있는 조선은 어느 한 가지 병력에만 의존할 수 없었다.

이러한 인식을 명확히 하고 국방 전략을 세운 왕이 영조와 정조였다. 《무예도보통지》에 마상기예 6기를 추가한 것은 전일의 실패를 반복하지 않으려는 뼈아픈 다짐이자 고구려, 발해로 이어졌던 기마 민족의 활달한 기상을 되찾으려는 의지의 반영이었다. 평안도, 함경도처럼 청과 접하고 있는 북쪽 변경과 일본과 가까운 남쪽 변경인 경상도에 별무사라는 기병을 배치하였던 것도 마찬가지다.

기병에게 가장 중시되었던 실전용 마상기예는 '편추'로 불렸던 마상편곤이다. 편곤은 휴대가 쉽고 빠르게 휘둘러 적진을 격파할 수 있는

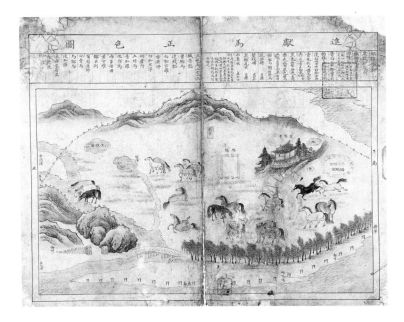

1663년 허목이 지은 한성목장지도 중 '진헌마정색도(進獻馬政色圖)'. 효종은 북벌을 추진하기 위해 전국에 목장을 설치하고 말을 기르는 데 힘썼다.

무기였다. 훈련도감이 보유한 편곤의 수는 2,774자루, 용호영은 669자루나 되었다. 기병은 보조 무기의 하나로 소형 화기인 삼혈총도 휴대했다. 적진에 다다르기 직전 기병은 삼혈총을 쏘고 즉시 편곤을 빼어들어 적을 향해 휘둘렀다.

전투에서 기병의 임무는 근거리 육박전을 통해 적진을 무너뜨리는 것이었다. 따라서 적의 사격을 무릅쓰고 적진으로 돌격하기 위해서는 투구와 갑옷이 필요하였다. 천을 누벼 만든 갑옷과 털로 만든 전립은 가볍지만 방탄 성능은 뛰어났다. 또한 적의 사격을 피하면서 적진을 향해 달려가기 위해서는 몸을 감추는 동작이 필요했다. 이러한 목적에 부합되는 무예가 마상재였다.

백동수는 마상기예를 정리하면서 희열을 느꼈다. 마상기예를 도보(圖譜)로 정리한 무예서는 아직 어디서도 간행되지 않았다. 그는 자신이 역사상 최초로 마상기예를 도보로 정리하게 된 조선 무사라는 사실에

《어영청중순등록》 갑오(1714년)
10월 1일조 "제장교마상기예"

마상기예(馬上技藝)

마상기예란 용어는 《승정원일기》을 비롯한 13종의 사료에 총 41회 등장하고 있지만 현재 널리 쓰이고 있는 '마상무예'란 용어는 전혀 찾을 수 없다. 따라서 기추(騎芻), 기창(騎槍), 마상쌍검, 마상월도, 마상편곤, 마상재, 격구 등 말을 타고 익혔던 무예를 통칭할 때는 '마상기예'로 표기하는 것이 옳다.

〈"마상기예"라는 용어가 등장하는 13종의 사료〉

	사료명	총41회
1	《조선왕조실록》	1
2	《승정원일기》	5
3	《일성록》	14
4	《내각일력》	1
5	《선전관청일기》	4
6	《어영청등록》	3
7	《어영청중순등록》	5
8	《금위영등록》	1
9	《금위영초등록》	3
10	《금위영서총대등록》	1
11	《훈국등록》	1
12	《장용영고사》	1
13	《장용영대절목》	1

자부심을 느꼈다. "우리 나라가 가난한 것은 목축을 소홀히 한 데 원인이 있다"고 개탄하며 기린에 들어가 목장을 만들었던 일을 떠올리며 백동수는 변방 부족에 불과하던 여진족이 명나라를 누르고 청을 건국할 수 있었던 힘의 원천은 바로 기동력이라는 사실을 새삼 깨달았다.

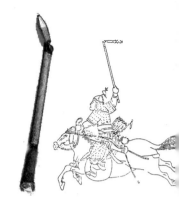

마상편곤. 자루가 긴 보편곤과 달리 말 위에서 사용했던 마상편곤은 자루가 짧다. 편추(鞭芻)라는 이름으로 시험보았던 무예와 마상편곤은 거의 닮은 꼴이다. 참고로 마상편곤은 세법의 숙련도를 시험했고, 편추는 타격의 정확도를 시험했다.

실학 정신을 담다

박제가와 이덕무는 규장각을 통해 북학을 주장하였다. 이들에게 북학은 신변의 위험을 감수하고라도 펴야 하는 신념이었다. 그러나 이것을 알고 있는 사람은 몇몇 관료와 지식층에 불과했다. 세 사람은 기회를 최대한 살려야 한다는 데 의견을 모으고, 이 신념을 《무예도보통지》에 신기로 했다. 《무예도보통지》는 어명으로 모든 군영에 배포될 것이니 전 조선의 무사들을 대상으로 북학을 전파할 수 있을 게 틀림없었다.

병서의 고전으로 꼽히는 《손자병법》은 현대에도 진가를 발휘하고 있다. 싸움하는 기술만 담은 것이 아니라 저자의 사상과 지혜가 폭넓게 반영되어 있기 때문이다. 무예서는 병서처럼 포괄적인 사상과 지혜를 담기에는 제한이 있다. 이덕무는 《무예도보통지》에 그 틈을 만들었다. '안(案)'이라는 항목을 만들어 일상생활 도구의 개선과 활용, 즉 이용후생에 대한 방법을 서술했다. 이를테면 기창에서는 "호미와 고무래도 병기가 된다"는 식이다.

그러나 여기에 만족할 수 없었다. 그리하여 세 사람이 심혈을 기울여 작성한 것이 《무예도보통지》의 앞에 붙인 '아뢰는 말씀[進說]'이다. '진설'은 국왕에게 올리는 보고서 형식을 띠고 있지만 궁극으로는 이 책을 보고 무예를 지도하고 익힐 무사를 염두에 두고서 지은 글이다. 물론 과격한 주장이나 애매한 용어는 삼가고 비유를 곁들여 이해하기 쉬운 글로 써내려갔다. 다음은 그 일부다.

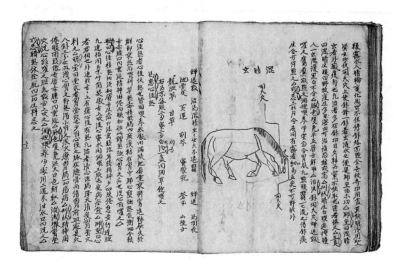

조선 인조 때 이서가 찬술한 마(馬) 의학서인 《마의방》. 말의 치료법을 담고 있다.

…… 진실로 온갖 장인을 감독하여 그 병기를 만들고, 좋은 스승을 모집하여 그 기예를 익히게 하며, 무릇 장수나 무기를 가진 무리들이 다 그림[圖]을 보고 설명[譜]을 참고하여 무예를 통달하고 그 용법을 찾을 수 있게 되면, 싸우기 전에 전승을 책정하고 큰 공을 무궁한 데 드리울 수 있습니다. 이렇게 한다면 나라에는 장차 나라의 동량이 될 인재가 풍부할 것이며, 가정에는 나라를 방위하는 무사들의 노래가 울려 퍼질 것입니다.

사자가 공을 갖고 놀 때에 이리저리 뛰며 자빠지고 엎어지면서 온종일 쉬지 않습니다. 그 사자가 코끼리를 치고 토끼를 잡을 때에 전력을 쓸 수 있는 것은 공 놀이에서 터득한 기술입니다. 왜인들이 한가한 때에는 앞에다 짚으로 베개를 만들어놓고 손에 목검을 들고 틈이 날 때마다 짚 베개를 치면서 그 자세와 기법을 익히는데 어찌 그들의 기예가 신묘하지 않겠습니까?

이 책의 지음이 어찌 병가(兵家) 한 가지만을 위한 특별한 것이겠습니까? 미루어 넓히면 논밭·방직·궁궐과 주택·배와 수레·다리·성과 보·목축·질그릇과 주물·관복·밥그릇 등 민생의 일용하는 기구들이니, 일은 반만 하고도 공은 배나 되는 것들입니다. ……

그리하여 조정은 실용 있는 정책을 강론하고, 백성들은 실용 있는 직업을 지키고, 학자들은 실용 있는 책을 찬집하고, 무사들은 실용 있는 기예를 익히고, 상인들은 실용 있는 상품을 유통시키고, 장인들은 실용 있는 기구를 만든다면, 어찌 나라 지키는 일을 염려하며 어찌 백성을 보호하는 일에 걱정이 있겠습니까?

이 책에서는 실사구시를 통해 백성들의 생활을 넉넉하게 하는 이용후생이야말로 부국강병의 초석을 놓는 것임을 거듭 강조했다. 이러한 발언은 백동수가 농사를 짓고 목축을 하면서, 또 이덕무가 고을 수령을 지내면서 실천했던 일이요, 박제가가 기회가 있을 때마다 끊임없이 주장했던 것이다.

이덕무와 박제가는 《해동읍지》의 편찬을 병행하고 있었다. 두 사람은 장용영에서 무예를 고증하고, 규장각으로 달려가 《해동읍지》를 편찬하며 정신없이 지냈다. 백동수는 벗들이 규장각에 나가면 외영에 홀로 남아서 원고를 검토해야 했다. 정말 몸이 둘이라도 감당하기 어려울 만큼 바빴다. 정조의 넘치는 의욕은 아랫사람의 피를 말렸다.

이런 형편을 알고 있던 정조는 경학(經學) 고증에 밝은 명고(明皐) 서형수(徐瀅修, 1749~1824)를 보내주었다. 승지로 재직하던 서형수는 부친 서명응이 별세하자 관직에서 물러났다가 마침 3년상을 마치고 복귀한 참이었다. 《임원경제지》의 저자 풍석 서유구는 그의 조카가 된다. 서형수는 부사직(副司直, 5위에 딸린 종5품 군직으로 보직이 없는 사람을 임명함)의 직책으로 편찬에 참여했다.

백동수는 서형수의 참여로 한숨 돌릴 수 있게 되었다. 굳이 정치적 계보를 따지자면 그와 이덕무는 노론, 박제가는 소북, 서형수는 소론이었다. 하지만 그런 것은 아무런 문제가 되지 않았다. 서형수는 십여

년 전부터 박지원을 위시한 북학파들과 경세지학을 연구했던 백동수의 동지였다. 박제가는 그의 부친 서명응에게 《북학의》 서문을 받았을 정도로 친하게 지냈다.

조선 무예의 결정판

화폭에 담은 무사들의 몸짓

1789년 겨울, 이십사기가 모두 정리되었다. 백동수는 군영마다 차이가 나는 부분을 표로 정리한 고이표를 박제가에게 넘겨주었다. 이것은 무예 복장을 그림으로 설명해놓은 관복도설과 함께 참고하기 좋도록 맨 뒤에 실을 예정이었다.

이제 본격적으로 책을 제작하는 일만 남았다. 최종 검토한 원고는 박제가에게 넘어갔다. 박제가는 힘있고 단정한 해서체로 써내린 한문본 판본과 이십사기 총보를 한글로 풀이한 언해본 판본도 완성했다. 백동수가 원고가 완료되었음을 보고하자, 즉각 도화서 화원 한종일(韓宗一), 김종회(金宗繪), 박유성(朴維城)이 장용영 서국에 파견되었다. 장용영 소속의 도화서 화원 허감은 행수가 되어 이 작업을 지휘했다. 이들 가운데 허감과 한종일은 《무예도보통지》 그림을 마친 뒤 이명기, 김홍도와 함께 정조의 초상화를 그리는 작업에 참여했다.

백동수는 화원들에게 무예의 원리와 자세를 자세히 설명해주었다.

《무예도보통지》에 수록된 고이표. 당시 각 부대별로 수련하던 내용을 비교, 차이 나는 것을 정리했다. 교전 항목 밑에 김체건 첩자라는 글이 보인다.

그런 뒤 무사들의 무예 연무를 보여주어 흐름을 파악하게 했다. 화원들이 지켜보는 가운데 지구관의 구령에 따라 십팔기군은 창과 검을 연무하고 선기대는 마상기예를 펼쳐 보였다. 기예를 연무하는 십팔기군과 선기대의 중후하고도 날렵한 몸짓은 지켜보는 이들의 손에 땀을 쥐게 하였다. 뜨거운 열기는 무사들에게만 나오는 것이 아니었다. 무사들의 몸짓을 화폭에 옮기는 화원들의 능란한 손놀림에서도 열기가 뿜어져 나왔다.

이렇게 각각의 '자세'를 나타내는 '그림[圖]'을, '동작'을 풀이하는 '글[譜]' 밑에 붙인 도보가 한 장씩 쌓여갔다. 한 가지 기예의 각 자세를 그림으로 완성한 다음 각각의 자세를 이어 그린 총도를 넣어 이것만 보아도 그 기예의 전체 흐름을 파악할 수 있게 했다. 무예서에 총도를 그려넣은 건 중국이나 일본에도 없는 새로운 방식이었다.

《무예도보통지》를 보면 낱 그림인 '도'보다 총도가 훨씬 섬세하고 단정한 느낌이 든다. 그 이유는 총도는 바둑판 모양의 판을 종이 밑에 덧대고 백리척(百里尺, 100리를 단위로 한 축척법)을 이용하여 일정한 비율로 축소한 다음, 사람의 크기와 보폭 넓이 등을 감안하여 그렸기 때문이다. 백리척은 영조 때 정상기(鄭尙驥, 1678~1752)가 '동국지도'를 그리기 위해 창안한 방법이었다. 그림 한 장에 당대의 과학 기술이 집약되었다. 《무예도보통지》의 판본은 750여 장에 달했다. 화원 네 명이 달라붙어도 많은 시간이 걸렸다.

12월, 정조는 장용영 춘첩(春帖, 입춘일 대궐 안 전각의 기둥에 써 붙이는 글씨)을 50구씩 지으라는 명을 내렸다. 이덕무가 책임을 맡아 백동수의 지인들인 원중거, 성대중, 김홍운, 유득공, 박제가, 송일휴, 이홍상, 이희경이 장용영에 나와 각각 50구씩 지었다. 이때 지은 춘첩용 글귀는 장용영 관사 수백 개 기둥에 붙여놓아 무사들이 읽을 수 있게 했다. 그러

나 지금은 거의 다 없어지고 이덕무가 지은 것만 남아 있다. 당시 이덕
무는 어명의 배가 되는 100구를 지었다고 한다. 그중 몇 구다.

무예는 열여덟 가지요
봄바람은 이십사번풍일세

이화 춤추는 곳에 창이 해를 휘두르고
버들 잎 뚫을 때에 화살은 바람을 찢네

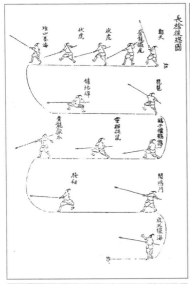

조·중·일 무예서 비교.
조선 장창후보 총도(總圖)(왼
쪽). 삼국의 무예서 가운데 '모
음 그림[총도]'이 나오는 무예서
는 《무예도보통지》가 유일하다.

중국 척계광의 《기효신서》에 나
오는 장창의 일부(오른쪽).

비전(秘典)으로 전해오는 일본
의 창술 그림.

문사들도 창칼의 내력을 알고

무인들도 문필이 능하구나

아마도 이덕무는 십팔기가 이십사기로 되는 것을 이십사번풍(二十四番風, 꽃피는 시기에 맞추어 스물네 번 부는 바람)으로 표현하고 싶었던 모양이다.

실용적이고 아름다운 책을 위해

판각 작업의 재현

어느덧 겨울이 가고 봄이 찾아왔다. 백동수는 계절을 잊고 있었다. 타고난 시인인 이덕무나 박제가도 시 한 수 읊을 겨를이 없었다. 그림이 완성된 1790년 정월부터 판각이 시작되었던 것이다. 당시 궁중에는 이미 많은 활자가 있었지만 《무예도보통지》는 활판이 아니라 목판으로 만들기로 계획하였다. 정조는 조선의 역대 왕 중 가장 많은 활자를 만든 왕이다. 활자를 이용한 활판으로 하면 편찬이 한결 쉬운데 굳이 목판을 고집한 이유는 실용적이면서도 아름다운 책을 목표로 했기 때문이다. 그림과 글씨가 완벽한 조화를 이루기 위해서는 활판보다 아무래도 목판이 나았다.

판각에 행수 박형번을 비롯한 열여섯 명의 각수(刻手)와 제각장(除刻匠) 김도원, 이필구 등 두 명의 소목장이 참여하고, 복남 등 두 명의 사환군은 판각에 필요한 나무를 공급하는 일을 거들었다. 각수는 판각에는 전문가였지만 한문은 잘 알지 못했으므로 각수를 도와줄 창준(唱準)

이 필요했다. 장용영 서리 중에서 무예 용어를 잘 알고 있던 장문엽과 김진한이 창준으로 뽑혔다. 각수 옆에서 대본을 소리내어 읽으며 오자와 탈자가 생기지 않게 하는 것이 이들의 임무였다.

장용영 서국에서 판각을 시작했다. 백동수는 박제가의 글씨와 허감을 비롯한 네 명의 화원들이 그린 그림으로 이루어진 대본을 사자관(寫字官) 방처정에게 넘겨주었다. 각수들이 대본을 목판에 뒤집어 붙인 후 종이에 콩기름을 바르니, 거꾸로 된 글씨와 그림이 선명하게 드러났다. 방처정과 서리 장운익이 각수들을 지휘하는 등 모두가 혼연일체가 되어 매달렸다.

판각은 무예를 고증하고 글씨를 쓰고 그림 그리는 것 이상으로 어렵고 힘든 작업이었다. 특히 총도는 아주 작은 그림이라 작업 공정이 몹시 까다로웠다. 단 한 글자라도 실수하면 목판 전체를 버려야 했다. 박형번을 비롯한 열여섯 명의 각수들이 들인 노력은 참으로 눈물겨웠다.

3월 하순, 판각 작업이 거의 마무리되어간다는 백동수의 보고를 받고 정조는 친필로 '어정(御定) 무예도보통지'라고 책 제목을 쓰고 직접 서문을 지었다.

우리 나라 군사 훈련제도는 3군(三軍, 훈련도감, 어영청, 금위영)은 교외에서, 위사(금위무사)는 금원에서 훈련을 받도록 되어 있다. 금원에서의 훈련은 광묘(光廟, 세조) 때부터 성행했다. 그러나 훈련은 활쏘기 한 가지였을 뿐 창과 칼을 다루는 방법 같은 것은 없었다.

선묘(宣廟, 선조)께서 왜구를 평정하고 나서 척계광이 쓴 《기효신서》를 구매하고 훈련도감의 낭관 한교를 보내 우리 나라에 온 중국 장수들을 두루 찾아다니면서 곤봉 등 여섯 가지 기예 다루는 방법을 알아오게 하여 그것을 '도보'로 만드셨다.

그후 효묘(孝廟, 효종)께서 그 일을 이어받아 자주 내열(內閱, 군사 사열)을 하시며 무슨 수 무슨 기는 그 훈련을 더욱 강화하라고 하여, 그것을 계기로 격자의 법(擊刺之法, 창검술)이 다소 발전을 보았다. 그러나 고작 6기뿐 더해진 항목은 없었다.

선왕(영조) 기사년(1749)에 와서 소조(小朝, 사도세자)께서 모든 일을 대신 처리하시면서 죽장창 등 12기를 더 보태 '도보'를 만들고, 앞의 6기와 함께 통틀어서 훈련을 하도록 하였다. 이는 《현륭원지》에 나와 있고, 십팔기라는 이름도 그때 처음 생긴 것이다.

내가 그 의식 전형(무예를 수련케 하였던 규범)을 이어받고 거기에다 또 마상기예 등 6기를 더 보태 이십사기로 만든 다음, 고증에 밝은 자 두세 명을 골라 '원도보'와 '속도보'(《무예제보》와 《무예신보》)를 한데 묶고 의례도 다시

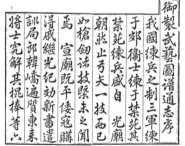

《무예도보통지》의 제목 글씨는 정조가 직접 썼으며, 이를 찰방을 지낸 장세경이 판각했다(왼쪽).

정조가 지은 《무예도보통지》 서문은 채제공이 쓴 것으로 알려지고 있다.

바로잡고, 그 원류에 해석을 붙이고, 다시 제도를 논의하여 정해서 한번 책을 폈다 하면 무예에 관한 모든 물건들 및 그것을 이용하는 기예와 묘술들을 단번에 알 수 있게 꾸미고 이름하여 《무예도보통지》라고 하였다.

이 책은 격자에 관한 법이 증보되고 더 상세히 설명되었을 뿐만 아니라, 금원에서의 훈련 방편으로는 진전(眞詮)이 되고 있어 교외 훈련의 지남(指南)이 되고 있는 5위의 진법서 《병장도설》과 함께 서로 날줄 씨줄이 될 만큼 둘 다 아름다운 특색을 지니고 있으니 그 얼마나 좋은 일인가. 그러나 '행진(行陣, 진법)이 먼저이고 기예는 다음이다' 라는 것이 병가(兵家)에서 늘 하는 말이라고 나도 알고 있는데, 그런데도 병가의 다섯 가지 가르침에서는 기예 훈련을 두 번째로 하고 행진 훈련을 세 번째로 하는 것은 무슨 까닭인가?

해와 달과 별들의 운행을 잘 알고 모양과 작동과 변수에도 능란하여 가만히 있을 때는 돌담과 같고, 움직이면 비바람 같은 것이 행진의 좋은 점이다. 그러나 안팎을 직접 공격하는 도구로서는 무엇보다도 손과 발 그리고 병기가 필수이며, 무적의 진법도 결국은 격자를 잘하느냐 못하느냐에 달려 있다면 그 순서를 정하는 데도 당연히 그래야 할 것이 아닌가?

앞으로 이 책이 나온 것을 계기로 하여 중위 재관이 날이 갈수록 용호의 진법에 익숙해지고, 비휴 같은 군사들이 저마다 강한 활을 잘 당길 수 있어 나라에서 계속 인재를 양성하려고 하는 근본 취지를 저버리지 않는다면 앞으로 억만 년을 두고 닦아가야 할 군사 교육과 분명하게 일러준 내 뜻이 잘 반영될 수 있는 길이 바로 여기에 있을 것으로 본다. 모두들 노력할지어다.

– 내가 즉위한 지 14년이 되는 맹하(孟夏, 음력 4월)

정조의 친필 '어정 무예도보통지' 와 정조가 지은 서문은 좌의정 채제공이 옮겨 쓴 것인데, 어명에 따라 백동수는 이 두 가지만은 각수에게 넘기지 않고 판각 재주가 뛰어난 벗 장세경(張世經)을 추천하였다.

백동수가 기대했던 대로 장세경은 힘차면서도 유려함이 느껴지는 필
체를 잘 살려주었다. 아울러 친필 원본은 장용영 지구관청에 넘겨 고
이 보관하도록 지시했다.

한 권의 책이 완성되는 현장

4월 28일, 모든 공정 완료

판각을 시작한 지 석 달이 넘은 4월 중순, 드디어 작업이 마무리되었다. 이제 인쇄와 제본만 남았다. 당시 나라에서 출판하는 서적의 종류가 엄청나게 많아 종이를 만들어 공급하는 조지서(造紙署)는 매일 바쁘게 돌아갔지만 필요한 수요를 다 채우지 못하고 있었다. 모든 분야가 활기를 띠고 있었던, 참으로 조선의 문화가 만개한 찬란한 시절이었다.

정조는 그동안 쉴 틈 없이 일한 편찬자들의 노고를 위로하는 잔치를 베풀었다. 4월 20일, 백동수는 이덕무, 박제가, 여종주와 김명숙, 무사, 각수들을 대동하고 창의문 밖에 있는 탕춘대로 향했다. 가는 길에 조지서에 들러 종이 생산이 어떻게 되어가는지 살펴보는 것도 잊지 않았다.

탕춘대 누각에 올라 바라보는 초여름 풍경은 과연 천하일품이었다. 누각에서 바라봐도 바닥에 깔린 조그만 돌이 선명하게 보일 만큼 물이 맑고 투명했으며, 산과 들에는 녹음이 짙었다. 그는 총점검을 하는 의미로 무사들에게 무예를 선보이라 했다. 단 하루의 휴가지만 혹시나 빠뜨린 것이 없는지 확인해보고 싶었던 것이다.

뒤이어 술자리가 베풀어졌다. 기생들이 추는 검무(劍舞)를 구경하고, 거문고 가락에 맞춰 부르는 죽지사(竹枝詞)를 들으며 술잔을 비웠다. 무예서 편찬에 몰두하다가 문득 녹음 짙은 산을 바라보고서야 비로소 봄이 가고 여름이 찾아온 것을 깨달은 자신들의 모습을 그린 노래 같았다.

책보다가 창 퉁탕 열치니 강호 둥덩실 백구 둥 떴다
하날이 높아 구진 비 오니 산과 물과는 만계로 돈다
…… 어히요 이히요 이히요 이히야 어
일심정념은 극락나무아미상이로구나 야루 너니야루나

이덕무가 성대중에게 보낸 편지에는 이날의 분위기를 짐작할 수 있는 대목이 눈에 띈다.

아우는 어제 영숙(백동수), 재선(박제가)과 함께 탕춘대에 가서 '무예도보'를 익히고, 관현악기를 울리며 술을 들고서는 헤어진 뒤에 취해서 돌아왔습니다. 24일의 뱃놀이에 참석하고 싶지 않은 것은 아니나 책을 바치기 전에는 어찌 감히 자리를 떠날 수가 있겠습니까?

이덕무와 박제가의 임무는 끝났다. 이제 모든 책임은 백동수에게 맡겨져 있었다. 하루 휴식을 마친 그는 날이 밝자마자 서국으로 달려갔다. 종이가 도착하기 무섭게 곧 인쇄에 들어갔다. 그의 독려에 장인들의 손길은 더욱 빨라졌다. 인쇄가 끝나자 제본을 하려고 기다리던 서필량을 위시한 여덟 명의 책장(冊匠)이 달려들었다. 《무예도보통지》가한 권의 책으로 완성되는 현장을 백동수는 감격스레 지켜보았다.

4월 28일, 모든 공정이 마침내 완료되었다. 백동수는 《무예도보통지》를 감인청(監印廳)으로 보내 출판 허가를 청했다. 감인은 별부료(別付料, 별부료 군관의 준말. 장용영에 속한 무관의 하나) 김종환이 맡았다. 한필량을 비롯한 일곱 명의 인출장들은 왕에게 바칠 책을 따로 골라놓고, 사고에 비치할 책과 중앙과 전국 군영에 배포할 책을 나눠놓았다.

영원히 보존하라!

1790년 음력 4월 29일, 화창한 날씨였다. 백동수는 이덕무, 박제가와 함께 어전으로 나가 4권 1책으로 된 《무예도보통지》와 이십사기를 한글로 풀이하여 만든 1권 1책의 《무예도보통지 언해본》을 정조에게 바쳤다. 이덕무의 엄밀한 고증, 박제가의 힘차고 단정한 글씨와 화원들의 섬세한 그림, 판각을 맡은 각수들의 노련한 끌질⋯⋯. 백동수가 무사들의 실기를 통해 검증하고 정리한 스물네 가지 무예가 네 권의 책 속에 고스란히 들어 있었다. 정조는 몹시 기쁜 낯이었다.

"최근에 펴낸 책은 많으나 범례나 체제부터 판각의 자획에 이르기까지 이같이 훌륭한 책은 일찍이 없었다. 본서의 판각이 정미할 뿐 아니라 글씨체가 특이하여 은은하게 비치는 것이 신완구(申宛丘) 판본과 함께 보존할 만하다. 이는 정유 박제가가 명을 받아 정성을 들여 쓴 까닭이다. 《무예도보통지》 판본에 기름을 먹여 영원히 보존하라!"

정조는 편찬에 참여한 사람들에게 상을 내렸다.

"행 부사직 서형수는 교정과 교열에 공로가 있으니 사슴 가죽 한 장을 내리고, 별제 이덕무는 편집하는 데 공로가 있으니 외4품을 제수하고, 전 찰방 박제가는 선사와 편집에 노고가 있으며, 전 찰방 장세경은 어제와 원본을 선사하는 데 노고가 있으니 이들에게도 이에 상당하는 외직을 내리라!

초관 백동수는 교정하고 밝게 가르친 노고가 있으니 근무 일수[元仕]를 채울 동안 복직하여 자리가 날 때까지 기다리게 하되, 우선 사과(司果, 정6품의 군직)를 제수하라!

아울러 기예의 각 자세를 해석하는 데 공로가 큰 지구관과 감인을 담당한 장교에게는 변장을 제수하고, 화원과 사자관, 창준, 서리, 공장(工匠) 등에게는 전례를 참고하여 등급을 나누어 시상하라!"

법전은 무과에 급제한 무관이 초관에 임명된 뒤 600일의 근무 일수를 채우면 6품관으로 승진하도록 규정하였다. 규정대로 되는 경우는 드물었지만 이를 '출육'이라 하여 큰 의미를 가지는데, 이는 6품관이 되면 수령으로 나갈 수 있었기 때문이다. 백동수는 근무 일수가 부족하여 외직에 나가지 못했다. 이덕무의 경우 외4품(군수)을 내리라는 명이 있었지만 실제로 제수받지 못했고, 박제가는 2년 뒤에야 부여 현감에 임명되었다.

《무예도보통지》의 본문 글씨는 박제가가 쓴 것이다. 박제가의 단정한 글씨는 북경에서도 비싼 값에 거래되었다고 한다. 또 그의 제자 김정희가 추사체를 형성하는 데 크게 기여했다.

《무예도보통지》 언해본. 한자에 익숙지 않은 군병들을 위해 한글로 풀어 썼다(오른쪽).

馬마上샹才ᄌᆡ譜보

처음의몸을벌제손의三삼穴혈銃통을가지고

몸을둘너며몸우희셔인ᄒᆞ야마양이가지롤안

고올흔편으로몸을뒤여념으되비마양이의다

치아니코발이ᄯᅡ히잠간ᄂᆞᆯᄂᆞ니라ᄯᅩ원편으

로몸을뒤여념으되或혹세번或혹네번ᄒᆞ야뎡

ᄒᆞ수업ᄂᆞ니라즉시倒도立립을ᄒᆞ딕졍박이롤

몸목원편의심그라급히몸을도로혀몸을뒤집

어ᄆᆞ르누어거죽죽은체ᄒᆞᄂᆞ니라右우鐙등裏

리藏장身신을ᄒᆞ딕손으로모래와高고ᄅᆞᆯ우희여

馬上才譜

六十九

반면 지구관 여종주와 김명숙, 별부료 김종환은 변장이 되었으며, 장세경은 훈련원 주부에 임명되었다. 화원 허감·한종일·김종회·박유성, 사자관 방처정, 창준 장문엽·김진한, 서리 장운익, 각수 박형번 등 열여섯 명, 제각장 김도원, 인출장 한필량 등 일곱 명, 책장 서필량 등 여덟 명, 소목장 이필구 등 두 명, 사환 호군 복남 등 두 명 등 수고한 모두에게 고루 푸짐한 상이 내려졌다.

《무예도보통지》가 완성되었다. …… 검서관 이덕무·박제가에게 명하여 장용영에 사무국을 설치하고 자세히 상고하여 편찬하게 하는 동시에, 주해를 붙이고 모든 잘잘못에 대해서도 논단을 붙이게 했다. 이어 장용영 초관 백동수에게 명하여 기예를 살펴 시험해본 뒤에 간행하는 일을 감독하게 하였다. …… 이때에 이르러 장용영에서 인쇄하여 올리고 각 군영에 반포한 다음 또 1건은 서원군 한교의 봉사손에게 보냈다. (《정조실록》 4월 29일자)

백동수도 이덕무, 박제가와 함께 《무예도보통지》 한 질씩을 하사받았다. 기록에는 없지만 상을 논하는 자리에 장용영 군관으로 있던 임수웅의 아들 임복기도 참여했을 것으로 보인다. 1796년 3월 정조는 "《무예도보통지》를 편찬할 때 전 만호 임수웅의 은혜를 입었던 것이 지금도 자주 기억난다"며 당시 장용영 별무사로 재직하고 있는 그의 아들 임복기를 특별히 종6품의 참상부장으로 직위를 높여주고 첨사의 자리가 나는 대로 임명하도록 지시하였다.

조선의 문화가 만개하던 때 간행된 《무예도보통지》에는 당대의 실학 정신과 과학 기술이 유감없이 반영되어 있으며, 조·중·일 삼국의 병법과 무예의 정수가 고스란히 담겨 있었다. 《무예도보통지》는 새로운 무예를 발굴하는 견인차 역할을 했다. 이후 군영에서는 격검이 더욱 활성화되었다.

백동수는 《무예도보통지》로 조선 무예를 총정리했으니, 다음에는 시대 변화에 부응하는 새로운 병서를 편찬해야겠다고 다짐했다. 이 또한 이덕무, 박제가와 함께 해야 할 일이었다.

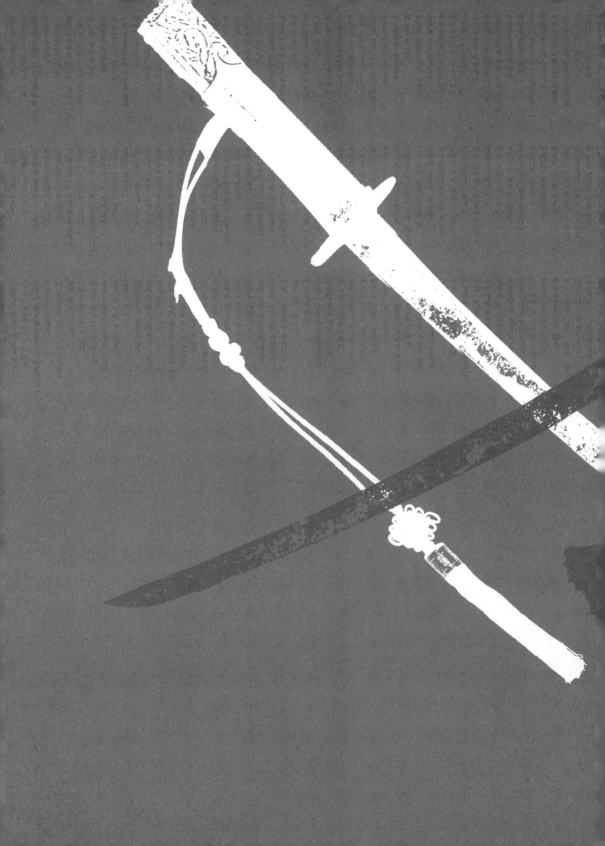

제4장

다시 못 볼 기남자

이상을 실현할 무대, 비인

아내를 묻다

지난 4월 29일, 《무예도보통지》 편찬에 수고한 사람을 논상할 때 백동수에게 정6품 군직인 사과(司果)를 제수했는데 하루가 지난 30일에는 종5품 군직인 부사직(副司直)을 제수했다. 부사직은 실직이 없는 무관에게 임시로 주는 관직이니 실직을 받을 때까지 잠시 쉬라는 의미였다. 어쨌거나 쉴 수 있고, 품계가 올랐으니 좋은 일이었다.

근 1년 만에 겨우 집안을 둘러볼 겨를을 얻었다. 그동안 눈코 뜰 새가 없어 통 집안을 돌보지 못했다. 여유가 생기자 미뤄둔 여러 가지 일들이 떠올랐다. 역시 가장 시급한 일은 며느릿감을 찾는 일이었다. 어느새 아들 심진이 열여덟 살이 되었으니 서둘러야 할 일이었다. 건강하고 복스러운 며느리를 맞아하여 얼른 손자를 안아보고 싶었다. 백동수는 주위 지인들에게 중매를 부탁해 두었다.

한 달이 지난 6월 3일, 백동수는 훈련원 주부에 제수되었다. 부사직이 명예 군직인데 반해 훈련원 주부는 종6품의 실직이었다. 백동수는 훈련원에서 일하게 된 것을 다행스럽게 여겼다. 모든 군영의 장교와 장관들에게 표준화된 창검무예를 지도하고 싶은 바람을 이루었기 때문이다.

그런데 집안에 예기치 않은 우환이 생겼다. 아내 유씨가 시름시름 앓기 시작했던 것이다. 시간이 갈수록 유씨의 병은 더욱 깊어갔다. 백동수는 용하다고 소문난 의원들을 수시로 집안에 불러들였다. 업무를 마치면 병에 좋다는 약을 찾아 백방으로 뛰어다녔다. 그렇게 갖은 노력을 다 기울였으나 아내의 병은 아무런 차도가 없었다. 대신 빚만 눈덩이처럼 크게 늘어났다.

그해 11월 10일, 유씨가 끝내 숨을 거두고 말았다. 향년 53세. 어려운 살림에 연로한 시부모를 모시고 다섯 남매를 건강하게 키운 아내였다. 백동수는 유씨를 묻고 나서야 비로소 아내의 빈자리가 얼마나 큰지를 새삼 깨달았다. 장가를 들고 나서 집에 붙어 있기보다 바깥에서 보낸 날이 더 많았다. 어려움에 처한 벗과 이웃을 돕는다며 가진 농토를 다 팔아먹고, 목축을 많이 해야 나라가 부강해진다며 첩첩산중 기린골에 들어가 말할 수 없는 고생을 시킨 무정한 지아비였다. 나이 마흔이 넘어서야 겨우 생활에 안정을 찾았으니 아내와 보낸 단란한 시간은 너무 짧았다.

이제 아내에게 해 줄 수 있는 일이라고는 정성을 들여 장례를 치르는 일밖에 없었다. 장지를 포천군 소흘면 물안골로 잡았는데 훗날 백동수 자신과 아들손자들도 이곳에 묻혔다. 유씨의 장례를 치르는 데 적지 않은 돈이 들었다. 장례 물품은 평소 절친하게 지내는 종로 상인에게 외상으로 구입했다.

그런데 한 달이 지난 12월 24일, 백동수는 장례와 관련된 일로 곤욕을 치러야 했다. 비변사의 명을 받은 호조의 서리들이 불시에 종로에 나가 시장상인들에게 외상 장부를 거둬 외상 여부를 조사했는데 장부에서 백동수의 이름이 발견되었던 것이다. 외상이야 할 수 있는 것이지만 문제는 외상을 하고는 일부러 돈을 갚지 않는 궁방(宮房)과 관리들이 있었기 때문이다. 이때 거금 500냥을 외상한 전 현감 김중행, 72냥을 외상한 전 수사 이철운을 비롯해 16명의 전현직 관리가 적발되었다. 당시 비변사에서 작성한 보고서를 보면 "훈련원 주부 외상 백동수 35냥"이라고 기록되어 있다. 35냥이라면 서민들의 집 한 채에 해당하는 거금이다. 비변사에서는 해당 관리들의 노복을 잡아 옥에 가두고 사흘 동안 기한을 주어 그 안에 외상을 갚도록 했다. 백동수는 돈을 빌려 상인에게 외상을 갚고, 갚았다는 증서를 받아 비변사에 제출하고 자기 대신 옥에 갇힌 종을 데려왔다. 비변사가 개입하여 시전 상인들의 거래 장부를 불시에 거둬들여 조사를 벌였던 이 일은 이듬해인 1791년에 금난전권(禁難廛權)을 폐지하는 '신해통공'과 어떤 관련이 있을 것으로 보인다.

백동수는 깊은 고민에 빠졌다. 칠순의 부모를 봉양하는 일이 가장 큰 일이었다. 아내가 없으니 불편한 일이 한둘이 아니었다. 다시 장가를 들 수도 없는 형편이라 첩을 얻든지 며느리를 맞이하든지 양단간에 서둘러 결정을 내려야 할 상황이었다. 그러나 이것조차 일이 밀려들어 결정이 자꾸 미뤄지게 되었다. 백동수는 1791년 2월에 훈련원 판관(判官, 종5품)으로 승진했다.

장용위의 용맹

백동수가 아내를 잃은 슬픔에 잠겨 있는 동안, 장용영은 정예의 군영으로 변신에 변신을 거듭하고 있었다. 1790년 11월 22일자 《정조실록》에 실린 정조의 전교를 보자.

이번에 행차가 읍청루로 향할 때 얼음이 깔린 도랑과 밭두둑이 이따금씩 칼 등처럼 좁은 곳이 있었는데 앞을 다투어 달려가기를 마치 평지 밟듯 하였 다. 길가에서 행차를 바라보던 선비와 백성들이 모두 입을 모으고 감탄하기 를 "사람과 말이 나는 것 같아 신병(神兵)과 다름이 없다"고 하였다. 듣기에 매우 가상하였다. …… 강 건너편에서 진을 치고 명령을 내릴 때 행차 앞뒤 에 있는 각 군영의 기병들은 나루 길의 절반쯤 얼어붙은 곳을 꺼려 행여 죽 을까봐 전진하지 못하였으나, 장용위의 한 부대는 뛰는 말에 채찍을 가하면 서 순식간에 강 한복판에 날아드니, 언덕 위에 가득히 구경하던 사람들이 누구나 눈이 휘둥그레지고 입이 딱 벌어져 하는 말이 "오늘에야 더욱 장용 위의 용맹을 믿겠다"고 하였다. …… 더구나 분주히 공무를 수행하는 여가 에 오늘 말을 타고 달리면서 목표물을 쏘는 중일(中日) 시험에서 또 다섯 번 을 명중시킨 자가 나왔고, 적게 맞혀도 서너 번을 밑돌지 않았으며, 한두 번 맞힌 자는 아예 없었다. 그중에 다섯 번 맞힌 자는 전례대로 자급을 더해주 고 그 나머지 행차를 따른 자는 호조를 시켜 각각 무명과 베 한 필씩을 주게 하라.

군대가 출동하여 백성들의 찬사를 받는 일은 극히 드물어, 원성을 사지 않는 것만도 다행이었다. 그러나 엄격한 규율과 강도 높은 훈련 으로 단련된 장용영 군사들은 백성들의 성원을 받으며 착실하게 내실 을 다지고 있었다.

1791년, 능행을 위해 노량진에서 수원까지 신작로를 닦았다. 신작로 는 능행할 때 보군은 열두 명, 선기대는 여섯 명이 말을 타고 횡으로 늘 어서서 지나갈 수 있는 너비였다. 능행을 명분으로 건설한 신작로였지 만, 장차 서울과 수원을 잇는 상업로가 될 길이기도 했다. 앞날을 내다 보는 정책은 백성의 원성을 사지 않는 첩경이었다.

장용대장 조심태의 글씨. 화성 건설 책임을 맡은 조심태는 정조가 가장 신임했던 무장으로 삼도 통제사와 장용대장을 역임하며 정조의 군제 개혁에 적극 참여했다.

한편 백동수가 훈련원에 있는 동안 굵직한 개혁 조치가 잇따랐다. 1791년 4월, 한성 5부의 수령 자리에 서얼을 등용하고, 서얼 적자 가림 없이 나이 순서대로 앉게 하는 '서치'를 단행했으며, 6월에는 서얼과 중인도 기사장이 될 수 있는 법령을 선포했다.

이에 앞서 5월에는 장용사라 부르던 장용영 병방의 호칭을 다른 중앙 군영처럼 대장으로 바꾸었다. 또한 비변사를 통해 대장을 임명하던 관례를 깨고 왕이 직접 모든 군영의 대장을 선임하는 것을 공식화했다. 이로써 군권은 정조에게 완전히 귀일되었다.

이때 장용대장으로 임명된 사람은 조심태(趙心泰, 1740~1799)였다. 훗날 화성을 축조할 때 실무 책임을 맡기도 했던 조심태는 '위엄은 맹호와 같고 앉으면 태산 같다'는 평을 들은 탁월한 무장이다. 정조는 정파의 이해관계와 거리를 두고 있는 무관 출신을 장용대장으로 삼은 것이다.

한편 4월부터 이덕무, 유득공, 박제가는 어명으로 《국조병사(國朝兵事)》를 편찬하기 시작했다. 연말에 백동수는 이덕무가 보내준 《국조병사》를 받아 보았다. 조선 군영의 연혁과 군사제도, 군사의 총 숫자, 양곡 수량 등이 상세하게 실려 있었다. 정조도 '군사와 관계된 것은 실려 있지 않은 것이 없다'며 극찬했다.

충청도 비인현감에 제수되다

1791년 9월 17일, 정조는 백동수를 충청도 비인현감에 제수했다. 정조가 《무예도보통지》를 편찬한 뒤에 한 말을 지킨 것이다. 백동수는 부임 날짜를 기다리는 동안 《여지승람》과 《읍지》를 펼쳐놓고 비인의 현황을 파악하고 고을을 다스릴 계획을 세웠다.

정조는 360여 개 고을 수령에 문관과 무관을 번갈아 임명했다. 따라서 백동수의 전임 수령은 문관이었다. 임지로 떠나기 전 이덕무, 윤가기, 이희경 같은 벗들과 장용영 동료들이 축하 겸 석별의 자리를 마련해주었다. 아쉽게도 안의현감으로 있던 박지원과 새로운 임무를 띠고 다시 북경에 가 있던 박제가는 참석하지 못했다.

이날 백동수는 수차례 수령을 지낸, 경험 많은 선배 성대중에게서 '인(靭)을 말하며 비인수령으로 가는 백영숙에게 주다'라는 당부의 글을 받았다. "재주가 해박하여 어떤 일에도 쓰일 수 있게 되었다!"는 성대중의 표현대로 백동수는 이십 대 후반부터 학문에 진력하여 당대의 명사들과 어깨를 나란히 할 수준에 도달했다. 정조에게 고문(古文)의 일인자로 인정을 받았던 성대중이 자신의 글에 대한 비평을 백동수에게 여러 차례 맡길 정도였다.

백동수는 자신의 불 같은 성격과 과격한 행동을 고치려고 무던히 애를 썼다. 그래도 성대중은 과격한 성격이 여전히 남아 있다고 걱정했다. 사실 백동수는 '인재'로 호를 지은 뒤부터 몹시 화가 나는 일이 있어도 밖으로 분노를 드러내는 일이 드물었다. 그런 그가 4년 전 성대중 앞에서 큰 실수를 했다.

수년 전, 이덕무의 부친 생신날에 성대중, 이한진, 이광섭 같은 벗들과 자리를 같이했을 때였다. 술이 취해 있던 그가 단원 김홍도가 그린 신선도를 화법에 어긋난다며 찢어버리는 객기를 부렸다. 여러 벗들의 책망을 피할 수 없었고, 그 자신도 깊이 근신하였다. 그리하여 장용영에 들어간 뒤로는 만취할 정도로 마시는 경우는 없었다고 한다.

성대중은 군영의 군사를 지휘하는 것과 고을 백성을 다스리는 일은 다르다고 되풀이하여 강조했다. 성대중은 황석공의 《삼략》에 나오는 '유능제강(柔能制剛)'이라는 구절을 들었다. 부드러움이 강함을 눌러 이긴다는 뜻이다.

"부드럽게 대하면 서리와 백성들이 잘 따르지 않을 것일세. 그래도 포기하지 말고 끝까지 부드러운 정사를 펼치시라!"

백동수의 굳세고 곧은 성품은 무인으로서 장점이지 단점은 아니었다. 장용영에서 무예를 지도할 때는 확실히 장점이었다. 그러나 군영을 벗어나면 사정은 전혀 달랐다. 신속한 동작과 간결한 말 대신에 침착한 걸음과 화려한 수사를 중시했다.

"비인에도 여느 고을과 마찬가지로 토호들의 비협조와 서리들의 농간이 있을 것이네. 자네 성미로야 당장 뜯어고치고 싶겠지만 횡포나 폐단은 하루아침에 근절되지 않네. 강하게 추궁하면 궁지에 몰린 그들이 오히려 자네의 약점을 찾아 공격하려들 것이네. 그러니 서둘지 말고 차분하게 일을 처리하기를 당부하는 것이네."

때로는 부드럽게, 때로는 강하게

백동수는 대궐 앞에 나가 왕에게 하직 인사를 올린 뒤 비인으로 향했다. 비인은 충청도 서해안에 있는 고을로, 삼국 시대에는 비물현이라 불렸다. 지금은 충남 서천군에 속해 있다. 서울과의 거리는 496리, 바로 옆에는 질 좋은 모시 생산으로 유명한 한산과 백제의 고도 부여가 있다. 해산물이 풍부하고 화살로 사용되는 전죽(箭竹)이 나며, '비인 팔경'이 경관을 자랑하는 곳이다. 월명산에는 훈일사, 보현사, 성불사를 비롯한 고찰이 있고, 해안을 따라 울창하게 늘어선 동백나무 숲 속에 동백정이라는 누각이 서 있다. 왜구의 침략을 방어하기 위해 높이 12척의 돌로 쌓은 읍성의 둘레는 3,505척이나 되었다. 읍성에서 해안까지는 160보, 백동수가 철전을 쏘아도 닿을 거리였다.

백동수는 아산과 기린에서 농사짓고 목축을 했던 지난날을 떠올리며 비인 들판을 바라보았다. 기린에서 서울로 돌아와 성문 밖에 셋집을 얻어 지내던 시절, 친구들에게 입버릇처럼 했던 말이 떠올랐다.

"나라에서 벼슬을 내리지 않으면 스스로 관리가 되면 되지 않은가! 그렇게 해서라도 어려운 백성들을 보살펴야 하네."

나라에서 벼슬을 받은 지금, 비인은 품고 있는 이상을 실현할 무대였다. 백동수는 오래 전부터 구상해오던 멋진 정사를 이곳에서 펼쳐보고 싶었다. 백동수는 장연현감을 지내며 황해도 최고의 관리로 고을 백성들의 칭송을 받았던 할아버지를 떠올렸다. 자형 이덕무도 적성현감으로 있는 동안 경기도 내에서 가장 탁월한 수령으로 꼽혔다. 정조가 이덕무를 내직으로 발령을 내자 적성 백성들이 호소하여 다시 유임시켰을 정도였다.

수령은 왕을 대신하여 백성들의 고통을 덜어주는 임무를 수행하는 대리인이다. 백동수는 부임 즉시 고을을 둘러보며 민생에 무엇이 필요한지를 파악했다. 백성들의 생활을 개선하는 방법을 가르치고, 군적에 헛 이름이 올라 있는 것은 모두 빼버렸다. 행정의 비리에는 반드시 서리가 개입되어 있었다. 서리들이 수령 몰래 공문서를 위조하여 식량이 불법으로 유출하는 일이 허다했던 것이다.

작은 고을이었지만 백동수가 해야 할 일은 산적해 있었다. 양곡을 수매하고 방출하는 일, 농토에 조세를 매기는 일, 하천의 제방 공사, 치안에 이르기까지 수령은 백성과 고락을 함께해야 한다. 그는 생활비를 아껴 어려운 벗과 이웃을 돕는 일도 잊지 않았다. 이런 일이 오히려 모함에 빠질 빌미가 될 수도 있었기에 구휼하는 일에도 신중을 기했다. 《무예도보통지》 편찬을 끝내갈 무렵인 1790년 2월 13일, 조정에서 벌어진 논란을 그는 기억하고 있었다.

당시 거창현감으로 있던 벗 원택진(元宅鎭)이 '욕심 많고 잔혹하니 삶아 죽이는 법을 시행하여야 한다' 는 무시무시한 탄핵을 받았다. 원택진의 혐의는 환곡을 내다 팔아먹고 부당하게 백성들의 돈을 거두어 착복했다는 것이었다. 사안이 중대했기 때문에 정조는 영남관찰사에게 재조사를 지시했다. 조사 결과 거두어 들이는 돈은 군사들에게 음식을 베푸는 데 사용했으며, 환곡을 내다 판 돈은 고을 재정으로 들어간 것으로 밝혀졌다. 정조는 사정을 제대로 모르고 비방한 말이니 죄삼을 만한 것이 없다는 비답을 내렸다. 오히려 재조사 과정에서 토지를 고쳐 측량한 일을 밝혀내고 원택진을 유능한 관리라고 칭찬까지 했다. 죄를 들추려다 선정을 밝혀낸 것이다. 원택진은 백동수처럼 서얼이요 무관이었다. 서얼로 수령에 임명된 무관들은 이처럼 공격의 표적이 되기 십상이었다.

조선 팔도 360곳에 이르는 군현의 수령 중에는 자신의 봉록을 나누어 구휼에 힘쓴 의로운 사람이 없지 않았다. 그러나 재직하는 몇 년 동안 평생 쓰고 남을 재산을 모으는 부패한 자가 더 많았다. 정조는 이러한 폐단을 고치기 위해 수시로 선전관을 파견하여 사실을 탐문하고, 암행어사를 보내 부패한 관리를 처벌했다. 정조는 조선 시대를 통틀어 암행어사를 가장 많이 파견한 왕이었다. 지방관의 부정부패를 척결하려는 왕의 의지가 어느 때보다 높았던 이 시기에도 굳어진 폐단은 쉬 고쳐지지 않았다.

백동수는 열과 성을 다해 민정을 보살폈다. 덕분에 고을은 이내 평온해져, 휴일이면 아들 심진을 데리고 동백정에 올라 술잔을 기울일 여유도 생겼다.

백동수가 비인으로 떠난 지 석달이 지난 1791년 12월 하순 연암 박지원이 경상도 안의현감에 임명되고, 단원 김홍도가 연풍현감에 임명되었다. 백동수의 벗들도 앞서거니 뒤서거니 하나 둘 외직에 나가기 시작했다.

평생의 벗 이덕무의 죽음

파직과 부친 백사굉의 별세

1792년 윤 4월 28일, 백동수는 경상 좌조창 소속 곡물과 면포를 실은 세곡선 아홉 척이 비인 앞바다에서 침몰했다는 급보를 받았다. 예상치 않는 재난이었다. 최선을 다해 일을 수습했지만, 사안이 워낙 중대하여 파직을 면할 수 없었다. 수령에 부임한 지 채 1년도 못되어 자신의 의지와 상관없이 벼슬을 벗어야 했다. 선정을 베풀고 여가에 무예를 연마하고 병학연구를 하려던 바람은 물거품이 되고 말았다.

불운은 여기서 그치지 않았다. 노환으로 누워 있던 아버지가 위독하다는 전갈이 들이닥쳤다. 혹 임종을 지키지 못하는 불효를 저지르지 않을까 염려하며 달리는 말에 박차를 가했다.

6월 20일, 백사굉은 일흔두 살을 일기로 두 아들 동수와 동간이 지켜보는 가운데 영영 눈을 감았다. 유언대로 무덤은 영평에 마련했다. 백사굉은 무인의 길을 버리고 문인으로 살면서 죽는 날까지 처사로 일관한 선비였다. 《수원백씨대동보》에 의하면 그는 1786년에 종2품 가선

대부 동지중추부사를 제수받은 것으로 되어 있는데, 이는 명예직이다. 그밖에 백사굉의 행적을 알게 해주는 기록은 남아 있는 것이 거의 없다. 백동수는 아우 동간과 함께 아버지의 무덤 곁에 움막을 치고 시묘살이를 시작했다. 아들과 조카에게 공부를 가르치고, 이따금 두 해 전 영평으로 이사 온 벗 이한진을 만나 회포를 푸는 것으로 소일했다.

백동수가 상복을 입고 있는 동안 벗들에겐 많은 변화가 있었다. 특히 박제가는 왼쪽 시력이 나빠져 안경을 써도 잔글씨를 읽지 못해 애를 태우다가 검서관을 사직하였다. 그러면서도 어명을 받들어 '성시전도(城市全圖)'라는 시를 지어 서울의 활기찬 모습을 활달한 필치로 묘사하고, '금강 일만이천봉'의 아름다움을 노래하는 여유를 보였다.

어느 여름날, 박제가가 백동수를 찾아왔다. 당시 박제가는 '재산을 많이 모아 넉넉하게 살고 있다'는 비난을 받고 있었다. 백동수는 시력을 잃어 상심한 데다 터무니없는 비방까지 받아 힘들어하는 박제가를 진심으로 위로했다. 그러나 정조는 박제가를 놓아주지 않았다. 박제가는 그해 가을, 부여현감을 제수받아 내려갔지만 달포가 채 안 된 9월 20일, 아내 덕수 이씨를 잃었다.

박제가의 소식은 우울했으나, 이덕무에게선 반가운 소식이 왔다. 이덕무의 막내동생 언무가 무과에 급제한 것이다. 정조는 검서청에서 숙직 중인 이덕무를 불러 동생과 마주 서 춤을 추게 한 다음, 집에 돌아가 동생과 놀라고 했다고 한다. 돈과 쌀을 주어 잔치를 벌이게 하고, 장용영 취타수를 보내 음악을 연주하라 한 것에서 이덕무에 대한 정조의 깊은 사랑을 느낄 수 있다. 이언무는 장용영 지구관에 임명되었다.

연말에는 성대중이 평안도 북청도호부사에 임명되었다. 서얼 출신으로 3품관에 오른 것이다. 달려가 축하 인사를 전할 처지도 아닌 백동수는 삿갓을 눌러 쓰고 말을 몰아 금수정(金水亭)으로 향했다. 참으로 희비가 엇갈리는 것이 인생살이였다.

청장관 이덕무의 죽음

포천에 머문 지 6개월이 지난 1793년 1월 25일, 뜻하지 않은 부고가 날아왔다. 이덕무가 세상을 뜬 것이다. 하늘이 순식간에 먹구름으로 뒤덮이는 듯했다. 이덕무는 그에게 매형이기에 앞서 학문의 길로 이끌어준 스승이요 둘도 없는 벗이었다. 그때 이덕무의 나이 쉰셋. 백동수는 땅을 쳤다. 모난 구석이 없어 때로는 답답하기도 했지만 좌우를 두루 포용할 줄 아는 가슴 넓은 이덕무를 이젠 지상에서 다시는 만날 수 없게 된 것이다.

이덕무는 죽기 전날까지도 정조가 명한 자송문(自訟文, 반성문)을 썼다 했다. 자송문이라니, 사연인즉 이러하다. 박지원, 이덕무, 박제가 등은 대화체 형식의 새로운 문체를 조선 문단에 퍼뜨렸다. 《북학의》와 《열하일기》로 대변되는 문체로, 이 두 책은 문단에 커다란 반향을 불러일으켰다. 《열하일기》는 명나라 연호를 쓰지 않고 청나라 연호를 썼다 해서 '되놈의 연호를 쓴 글[虜號之稿]'이라며 비방하는 목소리가 높았다. 그러나 서민들은 물론 일부 사대부들까지 그 참신함에 매료된 것이 사실이었다. 바로 그것이 문제였다. 정치권 일각에서는 '비속하다'며 처벌해야 한다는 주장이 일었다. 사간 이동직이 비속한 글을 쓰는 자들을 처벌하라고 상소를 올렸다.

박지원의 문체를 본받은 이서구, 남공철, 이상황, 김조순도 연루되었다. 정조는 문체는 풍속을 변화시키는 것이니 고문(古文)을 모범으로 삼아야 한다면서 비속한 문체를 쓴 것을 반성하는 자송문을 써내라고 하교했다. 이른바 문체반정(文體反正)이다. 문체를 구실로 노론에게 일정한 압박을 가해 수세에 몰린 남인을 보호하려는 정조의 용의주도한 의도가 깔려 있었던 것이다.

정조의 의도를 알고 있던 이덕무는 부여현감 박제가에게 부랴부랴 편지를 띄웠다. 박제가가 고집을 꺾지 않고 자송문을 짓지 않거나 소홀히 할까 염려되었기 때문이다.

지난번 옥당(玉堂, 홍문관의 부제학 이하의 관원)에게 내린 비답 중에 성상의 염려가 우리들에게까지 미쳤소. 이에 감격하고 황송하여 몸둘 바를 몰랐소. 형은 모름지기 십분 자세히 살펴 곧 허물을 뉘우치고 바른 길로 나가겠다는 것과 성은에 감사하고 죄를 뉘우치는 뜻으로 한 편의 글을 지으시오. 그 내용을 순수하고 우아하게 하고, 혹시라도 부화(浮華)한 말을 쓰지 말 것이며, 부디 세속에서 말하는 소설이나 명말·청초에 사용하던 가벼운 말은 쓰지 마시오. 남공철·이상황 두 학사는 이미 사도(邪道)와 이단을 배척하는 내용의 글과 시를 지어 올렸다고 합디다. 형도 다 지었거든 적어서 급히 내각에 올려보내 성상께서 깨우쳐 이끄시는 큰 뜻을 저버리지 말기 바라오.

이덕무의 편지를 받은 박제가는 '비옥희음송인(比屋希音頌引)'이라는 제목의 글을 지어 올렸다. 역시 박제가다웠다. 그는 왕이 지으라는 '순정한 시문'이란 개성 없는 글이라고 비판하면서 강경한 태도로 자기 주장을 피력했다.

남들은 저의 잘못을 두 가지로 말합니다. 그중에서 학식이 높지 못하다는 것은 신의 잘못이 분명합니다. 그러나 남과 본성이 다른 것은 신의 잘못이 아닙니다. 이를 음식에 비유해보겠습니다. 제사 상의 자리를 놓고 말하면 기장과 좁쌀이 앞자리에 놓이고, 국과 포가 뒷자리에 놓입니다. 맛의 경우에는 젓갈에서 짠맛을 얻고 매실에서 신맛을 얻으며 겨자의 매운 맛을 취하고 찻잎의 쓴맛을 선호합니다. 지금 소금이 짜지 않고, 매실이 시지 않고, 겨자가 맵지 않고, 찻잎이 쓰지 않음을 책망한다면 그것은 정당합니다. 그런데 만약 소금과 매실, 겨자와 찻잎을 책망하여 "너희들은 왜 기장이나 좁쌀과 같지 않느냐"고 한다든지, 국과 포를 꾸짖어 "너희는 왜 제사 상의 앞에 가지 않느냐"고 한다면 그들이 뒤집어쓴 죄는 실정을 모르는 것이니 그로 인해 천하에 맛있는 음식이 없어질 것입니다.

순정한 문체를 따르라는 것은 개성과 본성을 무시하는 부당한 요구라고 항변한 것이다. 이 대열에 이서구도 합세했다. 그러나 정조의 의도를 간파하고 유연하게 대처한 이덕무, 심상규, 남공철, 이상황, 김조순 등은 왕의 요구에 맞는 글을 지어 올렸으며, 그 같은 분위기에 덮여 박제가와 이서구의 글도 별다른 문제 없이 넘어갈 수 있었다.

성대중이 서얼이면서도 북청부사에 임명되었던 것은 그가 정조가 모범으로 삼았던 고문의 일인자였기 때문이다. 성대중은 고문, 박지원 등은 패관문학의 대가로 문장관이 전혀 달랐지만 서로를 존중하고 인정해주었다. 성대중이 임지로 떠나기 전, 남공철이 전별연을 열었을 때 이덕무, 이서구, 유득공이 참석하여 축하해주었던 것도 진심에서 우러나온 행동이었다.

이덕무의 유고집 《청장관전서》

죽기 전날까지 자송문을 쓰고 타계한 이덕무는 2월 21일 광주 낙생면 판교 언덕에 묻혔다. 정조는 이덕무를 잊지 않았다. 이듬해 4월, 정조는 거상을 마친 이덕무의 아들 광규를 규장각 검서관에 특차하고 500냥을 내어 이덕무의 문집 《청장관전서》를 간행케 했다.

《차오산집》(차천로의 문집)도 조정에서 간행해주었는데 하물며 이덕무의 글과 그의 공로임에랴? 그들의 집안 형편으로 어떻게 그 유고를 간행할 수 있겠는가? 책을 간행하는 것을 계기로 유치전 500냥을 특별히 내리라. 요즈음 세속이 비록 남에게 베푸는 일에 인색하나 풍속을 바르게 하는 이때를 당하여 마땅히 이러한 일부터 일으키리라!

훈련대장 이경무가 100냥, 전라감사 이서구가 300냥, 그밖에 여러 고관들이 부조하여 총 2,000냥이라는 거금을 만들었다. 정조는 《청장관전서》 간행을 윤행임에게 주관케 하고, 쓰고 남은 돈은 유족들의 생활비에 보태 쓰도록 했다. 다음은 문집에 실린 지인들의 추모사다.

예로부터 가난한 선비가 문장으로 이름을 날린 사람이 많지만 임금의 알아줌을 누구인들 무관 만한 사람이 있었으랴? (성대중)

무관의 풍류와 문장의 아름다움은 다시 접촉할 수 없으나, 그 평생의 행적을 보건대 청백한 선비로 유림전에 오를 것은 의심이 없다. (박지원)

무관이 가니 나는 이 세상에 벗이 없어졌다. 참으로 벗이 없는 것이 아니라, 우리 문관처럼 청렴 개결하고 박식 단아한 선비를 얻어 벗하고자 하되 그와 같은 사람이 없다는 말이다. (이서구)

그 얼굴은 비록 여자처럼 얌전하나 말을 할 때에는 눈빛이 번개처럼 빛나 이를 보는 사람은 두려워 떨었다. …… 나는 늘 무관의 문장은 시만 못하고, 시는 사람만 못하다고 하였는데 아, 오늘날에 이르러 무관 만한 문장도 많이 볼 수 없으니, 그 시는 진실로 풍속의 모범이 될 것이요, 그 사람의 어짊도 따라서 알 수 있는 것이다. (윤행임)

박제가와 백동수는 《청장관전서》에 글을 싣지 못했다. 유득공, 윤가

이덕무 사후에 정조가 내탕금(內帑金)을 내려 간행해준 시문집 《청장관전서》. 이 책에 백동수와 관련한 일화가 몇 가지 실려 있다.

기, 이희경도 마찬가지였다. 직위와 나이에 밀린 탓이었다.

죽어서도 임금의 총애를 듬뿍 받은 이덕무였지만 실은 불행한 사람이었다. 그는 밖으로 드러내지 않았으나 서얼이라는 신분의 장벽을 넘어서려고 부단히 애를 썼다. 《청장관전서》에 실리지 않은 그의 유고 '좌해장고(左海掌故)'는 이를 입증하고 있다. 남인 학자인 이재채는 자신의 문집에 "가을날 술을 마시며 여러 친구들과 '좌해장고'를 소리내어 읽자 비분강개하여 자리에서 일어나지 않은 사람이 없었다"는 감상을 적어놓았다. '좌해장고'는 서얼들이 당한 수난의 역사와 권리를 찾아가는 투쟁의 역사를 세밀하게 기록한 글이다.

백동수가 이덕무의 죽음으로 슬픔에 잠겨 있을 때, 또 안타까운 소식이 들려왔다. 박제가가 부여현감에서 파직되어 서울로 돌아왔다는 것이다. 충청도 암행어사 이조원이 박제가를 근무 태만으로 탄핵했다. 박제가가 근무를 태만히 할 사람이 아니라는 것은 백동수가 누구보다 잘 알고 있었다. 박제가에겐 힘겨운 시간들이었다. 이 무렵 경상도 안의현감으로 있던 박지원이 지인에게 보낸 편지를 보면, 박제가의 심중을 조금이나마 짐작할 수 있다.

재선은 이미 관직을 그만두었다고 하던데 돌아온 후 몇 번이나 만났는가? 그가 진작 조강지처를 잃은 데다 또 무관 같은 훌륭한 친구를 여의어 아득한 이 세상에 아주 외롭고 쓸쓸하게 되었을 것이니, 그의 얼굴과 말을 보고 듣지 않더라도 상상이 되네. 정말 이 우주 사이에 불쌍한 사람이라 할 만하네. 아! 마음이 아픈 일일세. ……

화성 건설과 무장들의 전기 간행

군제 개혁의 열기 속에서

1793년, 수원에 새 성을 건설한다는 소식이 들려왔다. 정조는 성 건설과 함께 서울 외곽을 방어하는 총융청과 수어청의 군사를 장용영 소속으로 이전하고, 장용 외영을 수원에 설치한다고 선언했다. 이는 장용영의 병력을 늘여 오군영보다 비중이 큰 군영으로 확고히 자리잡게 하는 것을 의미했다. 곧 장용영을 군영의 중심에 세우려는 정조의 의지를 천명한 것이다.

정조는 수원에 장용 외영을 설치한 다음, 9월에 그 운영에 관한 시행규칙인 '장용 외영의 친군위 절목'을, 10월에는 '장용 외영의 군제에 관한 절목'을 선포했다. 선포된 절목은 인쇄하여 각 군영과 다섯 곳의 사고에 간수하고 신하들에게 나누어주었다. 전직 장용영 초관 백동수에게도 절목이 전달되었다.

'절목'은 정예병 육성과 병력 강화에 초점이 맞춰져 있었다. 그 목적을 이루는 데 《무예도보통지》가 적극 활용되었다. 창검술은 정예병 육첫째, 재정을 강화하는 방법이다. 군량과 장비는 둔전을 운영하여 군영에서 스스로 조달하되 군복은 전투모[戰巾]와 홑동달이[單挾袖], 더그레[號衣]로 통일하여 갖추도록 하고, 조총과 환도를 비롯한 모든 군수 물품은 군기소에 있는 것을 지급하여 비용을 줄이도록 한다.

둘째, 개인의 기예를 강화하는 방법이다. 유방(留防, 변경에 머물면서 외적을 방어하는 일)을 할 때는 날마다 무예를 연마하여 반드시 성취하게 하고, 날마다 자체 훈련을 실시한다. 첫날과 마지막 날은 연무장에서 하는 규정과 똑같이 연습하고, 중간 날에는 십팔기를 《무예도보통지》에 의거하여 가르치고 시험을 보며, 활·조총 쏘기와 화포 쏘기를 평가하고 우수한 성적을 얻은 군사들에게 시상한다. 훈련과 무예를 시험할 때는 각 초마다 진법 교사와 기예 교사를 각각 한 명씩 선정하여 전일(專一)하게 가르치도록 한다.

셋째, 합동 군사 훈련을 강화하는 방법이다. 합동 훈련은 군영의 수준을 높이는 최선의 방법이므로 번(番)을 교체할 때마다 반드시 합동 훈련을 실시하여 사(司, 5초)의 단위로 훈련하는 법을 모든 군사들이 터득하도록 한다.

성에 반드시 필요한 요소였기 때문이다.

군제 개혁의 열기는 높았다. 이런 분위기 속에서 병조참판 임제원이 장관과 군졸의 군복을 하나로 통일할 것을 주장했다. 직위를 구별하기 위해 모자 위에 도금·순은 등으로 직급을 표시하고, 새의 깃과 상모로 문관과 무관을 구별하자는 방안을 제시했다. 비변사는 여기에 철릭의 소매와 깃의 폭을 줄여 활동하기에 편리하도록 하자는 내용을 첨가하여 정조에게 올렸다. 일찍이 백동수와 박지원은 "무관들이 입는 복장을 철릭이라 하여 군복으로 삼는데, 세상에 무슨 놈의 군복 소매가 중의 장삼처럼 생겼단 말인가"라며 개혁을 촉구했었다. 소매를 펄럭이며 활을 쏘거나 창을 휘두를 수는 없는 일이었다. 그래서 팔찌를 껴 소매를 여미는 미봉책을 써오지 않았는가. 정조의 비답은 명쾌했다.

"비록 옛날에 없던 일이라도 참으로 유익함이 있으면 단연코 시행하여야 할 것이다."

화성 건설

1794년 정월 14일, 정조는 수원 팔달산에 올라 신하들과 성을 쌓을 방략을 논의했다. 정조는 이 자리에서 새 성의 이름을 '화성'으로 정했다.

실무를 맡은 책임자들은 완공까지 10년을 예상하고 장기 계획을 세웠다. 유성룡이 제시한 치성(雉城)·옹성(甕城) 등의 성곽 축조에 대해 연구하고, 숙종 시대 이후 쌓은 서울의 성곽과 전국의 산성을 살폈으며, 조선 전래의 축성술에 청과 서양으로부터 들어온 신기술을 결합하였다. 화성 성역의 시공 총책임자는 채제공, 현장 총책은 조심태, 공사 진행의 담당자로 이유경, 김로성, 정동협, 홍원섭이 선임되었다. 수원부 판관 홍원섭은 백동수의 절친한 벗이었다. 그밖에 정민시, 서유린, 정약용 등도 이 사업에 실무로 참여하였다.

토목 공사를 벌이면 죽어나는 것은 힘없는 백성들이었다. 무상으로 부역을 해야 했기 때문이다. 그러나 화성 건설은 백성들에게 원성은커녕 큰 호응을 얻었다. 까닭은 무엇보다 공사에 참여한 모든 사람들에게 임금을 지불했기 때문이다. 반나절 품삯이라도 한치의 어김도 없이 지급되었다.

작업 능률을 올리기 위한 방안도 다양하게 마련되었다. 박제가의 주장대로 벽돌을 구워 사용하고 석재나 목재도 표준화하여 대량으로 생산하였다. 정약용이 설계한 거중기로 무거운 석재를 쉽게 옮길 수 있었다. 표준화와 신식 기계는 노동력을 절감시켰다. 각 건물마다 목수와 석수, 미장이의 이름을 새겨 책임을 지우는 한편 자긍심을 높여주었다. 공사를 감독하는 관리들은 공사에 들어간 돌이 몇 개인지도 파악하고 있었다.

조선 시대 무관들이 입었던 군복인 철릭. 백동수와 박지원은 철릭의 소매가 너무 넓어 거추장스러우니 고치자고 제안했다.

화성은 평상시의 기능과 비상시의 기능을 갖추도록 설계되었을 뿐 아니라, 인공 시설물이 주위 자연과 조화를 이루도록 배려했다. 아울러 수원의 신도시를 운영하는 재정을 스스로 마련하는 능력을 갖도록 하였다.

화성 주변에 둔전을 마련하여 장용영에서 직영하게 한 것이다. 둔전 경영에는 새로운 영농 기술이 이용되었다. 수차(水車)를 설치하여 실험하고, 만석거 저수지에 수문(水門)과 수갑(水閘)을 설치했다. 농사에서 물을 어떻게 다루는가보다 절실한 문제는 없었다. 장용영은 선진 영농 기술을 보급하는 전진 기지이기도 했다.

1796년 9월, 마침내 화성이 완공되었다. 10년을 예정한 대공사였으나 관민이 단합하여 2년 7개월 만에 완공하는 개가를 올렸다. 백동수는 올바른 정책과 민심이 만났을 때 얼마나 위대한 힘을 발휘할 수 있는지를 실감했다.

화성은 성벽 둘레가 4,600보(5,743미터)에 달하는 장대하고 견고하며, 아름다운 성이다. 남북에는 팔달문, 장안문이 웅장하게 서고, 팔달산 정상에는 군사를 지휘하는 서장대를 세우고 창룡문 옆에 연무대(동장대)를 만들어 무예를 연마하도록 했다. 팔달산 기슭에 있던 행궁(行宮)도 전보다 크게 확장하였다.

화성의 서문인 화서문(보물 403호)과 서북공심돈의 모습. 세계 문화유산으로 지정된 화성은 본래 공사 기간을 10년으로 잡았으나 민·관·군이 한마음으로 협력하여 불과 2년 7개월 만에 완공을 보았다.

대공사를 하면서도 화성 주변에 있는 산에는 소나무가 울창했다. 이는 왕의 명령으로 소나무를 베지 않은 것은 물론 식목초관을 두어 사방 30리에 소나무를 심고 가꾸었기 때문이다.

화성 건설은 치밀한 준비 끝에 시행된 사업이었다. 정조는 1789년에 수원부 초관을 임명하였는데, 이때 선발된 초관들은 모두 정4품 이상의 부사, 군수를 역임한 고위 관료였다. 이는 수원에 장용 외영을 설치하고, 화성을 건설할 계획을 가지고 있었음을 짐작하게 하는 대목이다. 같은 해 비변사에서 향군 모집과 운영에 관한 시행령인 '신정향군절목(新定鄕軍節目)'을 마련하고, 그에 따라 수원 주변의 용인, 안산, 진위, 시흥, 과천의 다섯 읍에 소속된 군대 1만 3,000명을 외영에 소속시켰다.

장용 외영은 기존의 훈련도감 체제 대신 오위법에 따라 새롭게 편제되었다. 정조는 전 군영의 대장들을 불러 "화성의 군대 편제는 다른 곳보다 먼저 옛날의 부·위제도를 채택했는데, 이것도 의리와 관계 있는 것이다"라는 교시를 내렸다. 화성 주위의 다섯 개 읍을 장용 외영에 소

서장대와 함께 화성 동쪽의 주요 군사 지휘소이자 군사 훈련장인 동장대. 동장대는 장용영 외영군이 이십사기를 익힌 현장이기도 하다.

속시켜 '뭇 별들이 북극성을 향하듯, 수레바퀴 살이 바퀴 통에 모여들 듯' 화성을 에워싸게 한 것이었다. 이에 따라 외영은 오위법에 의해 부대 단위를 나타내는 사와 초를 위(衛)와 부(部)로 고쳐 5위 25부로 편성 되었다. 당시 화성의 외영에 소속된 병력은 장락(長樂) 전위 2,583명, 장락 좌위 2,271명, 장락 중위 1,016명, 장락 우위 2,393명, 장락 후위 2,463명이었다.

처음이자 마지막, 무장들의 전기 간행

화성 건설과 함께 의미 깊은 일이 또 한 가지 진행되고 있었다. 역대 무장들의 전기를 간행하는 일이었다. 조선 개국 후 400여 년이 흐르기까지 문신이나 학자들의 전기는 여러 종류가 있었으나, 무장들의 전기는 단 한 권도 없었다. 화성 건설을 시작한 1794년을 전후하여 조선 역사를 통틀어 처음이자 마지막으로 무장들의 전기가 간행된 것은 범상한 일이 아니다. 외침이나 내란이 일어날 징조가 있었던 것도 아니었다. 오히려 조·중·일 삼국은 큰 갈등 없이 평화를 유지하고 있었다. 이러한 때 무장들의 전기가 쏟아져 나온 까닭은 무엇일까?

정조는 김희에게 《임경업실기》를, 윤행임에게 《임충민공실기》를, 서용보에게 《김덕령유사》를 편찬하게 했다. 충민공 임경업은 평생 반청의 기치를 내걸었던 북벌의 상징이다. 비록 친청파인 김자점 일당의 모함으로 비명에 죽었지만, 백성들의 존경을 한 몸에 받았던 장군이다.

임경업 초상.
임경업 장군은 북벌을 상징하는 인물이다. 정조는 그의 후손인 임태원을 장용영 파총으로 임명했다.

그해에 이계 홍양호(洪良浩, 1724~1802)가 삼국 시대부터 조선 시대에 이르기까지 80여 명의 명장들의 활약상과 생애를 열전 형식으로 엮은 《해동명장전》을 펴냈다. 홍양호는 북경으로 가는 길에 안시성 근처에 이르자, 성을 답사하고 스스로 고구려인의 후예임을 자랑스럽게 여겼던 사람이다. 그는 《해동명장전》을 지은 이유를 이렇게 밝혔다.

신라와 고려 시대에는 무력으로 나라를 보전했지만, 조선에 이르러 병력과 전공이 전 시대에 미치지 못하여 임진왜란과 병자호란을 만나 적에게 국토가 유린되고 항복했다. 이는 실로 문치(文治)에만 힘쓰고 무력(武力)에는 힘을 기울이지 않은 까닭이다. 그런데도 난리 후에는 아무런 일도 없었던 듯이 편안히 지내는 것을 두렵게 여겨, 무력에도 힘써 나라의 원대한 계획을 도모해야 한다는 경각심을 불러일으키기 위해서 명장들의 전기를 쓴다.

홍양호는 문에 치우쳐 무를 소홀히 하는 관료들을 질타했다. 그가 말한 '원대한 계획'이란 바로 고구려와 발해의 영토였던 요동을 되찾는 일, 즉 북벌을 뜻한다. 그는 1792년 8월 평안도 관찰사로 재직할 때 평양의 무열사를 중수하고 참장 낙상지를 위해 제사를 지내기도 했다. 힘이 천하장사여서 '천근'이라는 별명을 가지고 있었던 낙상지는 평양성 탈환 전투에서 용맹성을 발휘했으며, 유성룡에게 창검무예를 익히도록 권유하고 《무예제보》의 간행에 적극 도움을 주었던 무장이다.

이어 1795년에는 왕명으로 윤행임이 책임을 맡아 《이충무공전서》를 편찬하였다. 편찬에는 유득공이 참여했다. 총 여덟 권으로 이루어진 이 책 중에서 5권부터 8권까지는 이순신이 전쟁 중에 기록한 일기다. 당시 편찬자들이 이를 '난중일기'라 이름하였다.

《이충무공전서》 편찬이 완료되자 정조는 문무 관료들에게 나누어주었다. 그리고 이순신의 고향 아산에 신도비를 세우고, 이순신을 의정부 영의정으로 추증하였다. 정조는 손수 지은 비명에서 '우리 열조로 하여금 중흥의 공을 이룰 수 있게 뒷받침한 것은 오직 충무공 한 사람의 힘'이라 칭송했다. 그밖에 고경명, 곽재우, 김면, 조헌같이 왜란 때 활약한 의병장들의 신도비를 세워 그들의 충의를 되새겼다.

왕이 나서서 무장들의 생애를 다룬 전기를 펴내고 신도비를 세운 이

정조의 명으로 충무공의 유고를 모아 1795년(정조 19)에 규장각에서 편찬한 《이충무공전서》. 윤행임과 유득공이 편찬에 참여했다.

유는 분명했다. 평화로울 때 환난을 잊지 않고 힘을 길러 유사시를 대비하려는 유비무환의 정신이었다. 백성들도 영웅을 갈망하고 있었다. 정조가 무장들의 전기를 편찬한 것은 백성들의 열망을 국가 차원으로 끌어올린 일이기도 했다.

　백동수의 지인들은 이런 날이 올 줄 예견이라도 한듯 훨씬 전부터 무장의 전기를 지어놓았다. 원중거는 '충무공전'과 '안용복전'을, 박지원은 '이충무공전'을, 이덕무는 '홍의장군전'을, 박제가는 '나덕헌, 이확전'을 지었다.

다시 장용영으로

인화 단결의 책무를 띠고

1794년 여름, 백동수는 상복을 벗었다. 하늘의 뜻을 안다는 쉰을 넘긴 나이였다. 새로 장용대장에 임명된 김지묵(金持默, 1724~1799, 정조의 장인 김시묵의 아우)은 백동수에게 복귀하라는 명을 내렸다. 그동안 장용영은 최고의 군영으로 성장해 있었다. 장용영에 소속된 병력은 1793년 1월 현재 기병과 보병을 합하여 총 5, 152명에 달했다.

백동수는 이현에 새 집을 구했다. 1792년 겨울부터 선인문 아래서 이현 동구까지 길 양쪽에 늘어선 집들에 장용영 장교와 병사들이 속속 입주하고 있었다. 사람이 살고 있는 집은 다른 집으로 바꾸어주거나 매입하여 집 없는 장용영 병사들에게 제공한 것이다. 효종 대에도 훈련도감 포수들을 창경궁 동쪽에 살게 하여 궁성을 호위케 한 적이 있으므로, 아주 생소한 일은 아니었다.

선인문부터 장용영 대문까지를 연화방계라 하고, 이현 위쪽의 동편을 장용영 좌계, 오른편을 우계라 불렀다. 이곳에 거주하는 장용영 군사들은 엄격한 규칙을 지켜야 했다. 질병을 예방하기 위해 오물을 버리는 것이 금지되었고, 초상이 나면 3일 뒤에 출상해야 했다. 싸움과 노름, 술 취해 떠드는 것도 금지되었다. 겨울에는 눈을 치우고 여름에는 도랑을 쳐야 했으며, 화재가 나면 불 끄는 일도 맡아 했다.

백동수가 장용영에 복귀하자, 동료 장관들은 물론 지구관으로 재직하고 있던 사돈 이언무를 비롯하여 여종주와 김명숙 같은 장교들이 반갑게 맞아주었다. 장용대장 김지묵은 백동수에게 큰 기대를 걸고 있었다. 당연한 일이지만 《무예도보통지》가 편찬되어 전 군영에 배포된 뒤 그의 얼굴은 몰라도 이름을 모르는 무관은 단 한 사람도 없었다. 무예 실력은 물론 청년 시절 장안을 휩쓴 협객이었다는 전력까지 벌써 퍼져 있었다.

그동안 장용영은 훈련도감과 용호영을 비롯한 중앙 군영의 우수한 장관과 장교, 그리고 평안도 출신의 탁월한 무사를 선발하여 인원을 보강했다. 모두 최고의 실력을 가진 무관들로서 자부심이 대단했다. 이 때문에 장관과 장교들 사이에는 작은 마찰이 일어나기도 했다. 군대의 힘은 인화 단결에서 비롯되는데, 군영 내부에서 생기는 미묘한 갈등은 해소시키기가 쉽지 않았다. 백동수를 서둘러 복귀시킨 데는 장용영의 인화 단결에 그가 중요한 역할을 하리라는 기대가 숨어 있었다.

군이 사냥에 나선 까닭

백동수가 소속된 내영 후사는 꿩과 멧돼지를 사냥하여 궁중에 들여보내는 임무를 맡고 있었다. 장용영군이 사냥에 나선 데는 까닭이 있었다. 그동안 궁중에 바칠 꿩과 멧돼지를 사냥하는 일은 경기 지역의 2대 민폐로 지적될 만큼 백성들의 원성을 샀다. 납품 임무를 맡은 공인(貢人)들의 농간 때문이었다. 원래 조정에서는 백성들의 생업에 피해를 주지 않도록 농한기에만 사냥을 하도록 법으로 규정하고 있었다. 그러나 규정은 제대로 지켜지지 않았다. 공인들은 여름에 바칠 꿩을 미리 확보하기 위해 농번기인 봄에 오랫동안 백성들을 동원하여 농사에 막대한 피해를 입혔다. 겨울에는 멧돼지 사냥을 한다고 지역 주민을 마음대로 동원했을 뿐 아니라 이를 빌미로 백성들의 집에 들어가 토색질을 일삼고, 억지로 금품을 요구했다. 경기 지역의 백성들 중에는 공인들의 탐학을 피해 다른 지방으로 도망가는 이들도 적지 않았다.

정조는 7년 전인 1787년부터 공인들이 납품하는 제도를 완전히 폐지하고 장용영에서 사냥을 전담하게 해왔다. 수렵 지역에 살고 있는 향군도 사냥에 참여했다. 또한 그동안의 민폐를 보상하고 새롭게 발생할지도 모르는 폐단을 막기 위해 국영 농장인 둔전을 만들어 직접 경작하게 하였다. 물론 이러한 조치는 지역 민들의 열렬한 환영을 받았다.

사냥은 장용영이 경기 지역 백성들과 긴밀한 유대 관계를 맺는 고리였다. 고양과 양주의 무사 일흔네 명에게 무과 전시에 응시할 자격을 주었던 것도 이러한 조치의 일환이었다. 지역 출신의 향군에게 사냥을 맡긴 것은 말 그대로 '누이 좋고 매부 좋은' 일이었다. 꿩과 멧돼지 사냥은 이렇게 해결되었다.

예로부터 봄·가을철 사냥은 무사가 무예 기량을 갈고 닦는 데 가장 널리 사용된 방법이다. 이동하는 표적을 맞추는 것인 만큼 사냥은 군사들의 사격술을 기대 이상으로 향상시켰다. 장용영군에게 물품을 조달하게 한 것은 사냥을 통해 무예를 수련케 하려는 목적이 포함되어 있었다.

백동수는 고양군의 축령산과 양근군의 용문산 일대를 둘러보았다. 그는 이곳의 지형을 손바닥처럼 훤히 알고 있었다. 서울 살 때는 물론 기린에서 목축을 하던 시절에도 수차례 드나들었던 곳이다.

조선 시대의 호랑이 사냥 모습을 추측해볼 수 있는 이인문(1745~1821)의 '호렵도(胡獵圖)'. 정조 집권 당시 장용영의 착호군이 호랑이를 사냥할 때에는 조총을 주무기로 사용했다.

전염병과 가뭄, 홍수만큼이나 백성들이 두려워한 것은 호랑이었다. 호랑이에게 물려 죽은 아버지의 원수를 갚으려고 출상을 미룬 채 호랑이를 추격하여 살을 잘라 제를 올린 오태붕이라는 사람이 있긴 했지만, 이는 아주 특별한 경우였다. 보통 사람은 호랑이의 포효만 들어도 겁에 질려버리기 마련이었다. 장용영에서는 호랑이 피해를 줄이기 위해 적극 노력했다. 호랑이의 출몰은 병란을 상징하는 것으로 여겼기에 조정에서도 호랑이 사냥에 각별한 관심을 기울여왔다.

호랑이 사냥은 민심을 안정시키는 효과가 있었다. 호랑이 사냥을 담당하는 군사를 '착호군(捉虎軍)'이라 했다. 민가에 호랑이가 출몰했다는 보고가 들어오면 착호군이 즉각 출동했다. 담력이 크고 사격술에 뛰어난 장교(주로 지구관)와 병사들로 구성된 착호군은 호랑이의 습성을 잘 파악하고 있어 호랑이가 숨어 있을 만한 장소와 다니는 길목을 대번에 알아내었다. 조총과 활 그리고 만약의 사태를 대비하여 창검으로 무장하고 길목에 미리 잠복하고 있다가 호랑이가 나타나면 조총으로 사살했다. 호랑이를 먼저 발견하고 사격하여 명중시키는 것을 '선

살'이라 했는데, 재살·삼살하여 완전히 죽였다.

착호군들이 호랑이를 잡아 진상하면 품계를 높여주거나 무명과 베를 부상으로 지급했다. 다섯 마리 이상 잡는 자에게는 자급을 높여주고, 네 마리 이하를 잡은 자에게는 무명과 삼베로 포상했다. 1794년 12월 15일 지평에서 대호 한 마리를 잡아 진상한 백동원은 무명 다섯 필과 베 세 필을 받았다. 화성 외영의 향무사로 있으면서 호랑이 사냥 전문가로 손꼽혔던 백동원은 수원에 사는 백동수의 사촌 아우였다.

장용영에서만 착호군을 운영했던 것은 아니다. 훈련도감, 어영청, 금위영은 물론 지방의 병영에도 착호군을 운영했으며, 필요에 따라서는 두세 군영이 합동으로 출동하기도 했다.

이 기간 동안 그에게 맡겨진 또 하나의 중요한 임무는 내영과 외영을 잇는 다리 역할이었다. 한동안 그는 드러나지 않게 자신의 임무에 충실했다.

쉴 틈이 없었으나 백동수는 행복했다. 더욱이 해가 가기 전에 그의 어깨를 짓누르던 무거운 짐 하나를 벗을 수 있었다. 아내와 아버지의 죽음으로 자꾸 미뤄지던 아들 심진의 혼사를 치를 수 있었던 것이다.

화성 가는 길을 호위하다

국왕을 호위하여 화성 가다

을묘년(1795) 새해가 밝았다. 을묘년은 정조의 어머니 혜경궁 홍씨와 아버지 장헌세자가 회갑을 맞는 해이자, 정조가 즉위한 지 20주년이 되는 해였다. 정조는 이를 기념하기 위해 수원 화성에서 윤 2월 9일부터 16일까지 8일 동안 큰 잔치를 벌였다.

백동수는 내영 좌사 후초관으로 부대원 109명을 이끌고 서울과 화성을 오가는 이틀과 화성에서 머물렀던 엿새, 도합 여드레 동안 정조를 호위했다. 좌사 후초는 행렬의 맨 뒷부분을 맡았다.

화성 서장대에서는 밤낮으로 군사 훈련이 벌어졌다. 군사 훈련을 참관할 때는 문관들도 군복을 입고 무기를 휴대하였다. 정조의 지시에 따라 취타수의 북과 나팔 소리가 울려 퍼지는 것을 신호로 포성이 울리며 주간 훈련[晝操]이 시작되었다. 이때는 장용 외영에 소속된 군사들만 참가했기 때문에 백동수는 훈련을 참관하였다. 군사의 우렁찬 함성과 포성이 하늘을 진동시키는 가운데 3,700여 명에 이르는 외영 군사들이 각각 편을 나누어 실전처럼 맹렬한 공방전을 전개했다. 이때 사용된 무기는 불랑기, 조총, 신포, 삼안총 등 화기가 주축이었다.

야간 훈련[夜操]은 주간 훈련보다 더 장관을 이루었다. 정조의 명을 받은 선전관의 호령에 따라 사방에서 일제히 횃불을 올리고 내리며 군호를 점검하는 훈련[演炬]을 실시했다.

낙남헌에서는 문무과 별시가 열렸다. 화성 인근 지역인 광주, 과천, 시흥 지역의 선비들과 무사들을 등용하여 사기를 높여주려는 왕의 배려였다. 무과에서는 쉰여섯 명이 선발되었는데, 급제자 중에는 양인 출신도 있었다. 신분에 매이지 않고 실력을 위주로 무사를 선발하려는 왕의 강한 의지가 반영된 결과였다.

실전을 방불케 하는 군사 훈련과 문무과 별시, 그리고 왕이 참석한 자리에서 화성 주민들에게 쌀을 나누어주는 행사를 지켜보며 백동수는 큰 감동을 받았다. 행사 전에 치밀한 조사를 거쳐 쌀을 배급받을 대상자를 선정했는데, 과부와 고아 그리고 빈민들이 우선 대상이었다. 노인들을 위한 경로 잔치도 열렸다.

1795년 2월 16일, 백동수는 어가를 호위하며 한강에 놓인 배다리를 건너 한양성에 입성했다. 그리고 닷새 후, 부하들을 이끌고 창경궁 안에 있는 춘당대로 향했다. 화성에 다녀온 군병을 위로하는 잔치가 열릴 예정이었다. 잔치에는 총 3,846명이 참석했다. 이날도 정조는 금실로 용을 수놓은 융복에 패도를 차고 말을 타고 춘당대에 도착했다. 참석자들을 격려하는 정조의 목소리는 어느 때보다도 자신감에 차 있었다.

"이번의 경례는 천 년 만에 처음 있는 일로써, 장사와 교졸들이 여드레 동안 호종하면서 공로가 매우 컸도다. 오늘의 호궤(犒饋, 군사들에게 베푸는 위로 잔치)는 비단 수고에 대한 보답일 뿐 아니라, 경사를 장식한다는 뜻도 있다. 모두 실컷 마시고, 자궁(혜경궁)의 은덕을 느껴주기 바

'반차도'에 나오는 장용대장 서유대의 모습. 서유대는 마음이 넉넉하여 군사들의 존경을 받아 복장(福將)이라는 평을 들었다. 참고로 장수의 등급은 용장, 맹장, 지장, 덕장, 복장의 순서로 매긴다.

정조의 화성 행차 때 백동수는 내영의 좌사 후초관으로 정조를 호
위했다. 부관 왕한복은 백동수를 보좌하고 유사시에 그를 대신해
서 지휘를 맡을 사람이다. 임일동 등 두 명의 기고수(旗鼓手)는 전
진과 정지 같은 군령을 깃발과 북으로 군사들에게 전달하는 임무
를 맡았으며, 신영 등 두 명의 서기는 문서 작성의 책임을 맡았다.
1초는 3기로, 3기는 9대로 구성되었다. 기총은 임익명 등 세 명,
대장(隊長)은 김인득 등 아홉 명이 맡았다. 기총과 대장은 초의
중추를 이루는 초급 지휘관이다. 부대원의 대부분은 조총수로
모두 일흔여덟 명.

총수는 오른편 어깨에는 조총을 메고 왼편 허리에는 환도와 남
날개(南飛箇, 화약과 탄환, 화승(火繩)을 담는 통)를 찼다. 이들
은 백동수가 매일 사격과 검술을 연습시킨 정예군이다. 그리고
식사를 담당하는 화병(火兵)이 각 대에 한 명씩 따랐다. 이 밖에
도 눈·비가 오면 사용되는 우구(雨具)의 보관과 운반 책임을 맡
은 우구지기가 세 명, 야간 행군과 훈련에 사용되는 등불의 보관
과 운반 책임을 맡은 철롱지기가 두 명이 있었다.

《원행을묘정리의궤(園幸乙卯整理儀軌)》는 1795년 정조의 화성 행차
를 생생하게 보여주는 문헌 자료이다. 이 가운데 왕의 행차 모습을
담은 '반차도(班次圖)'는 행렬에 참가한 사람들의 모습을 세세하게
묘사해놓았다. 당시 백동수는 좌사 후초의 초관으로 행렬의 맨 뒤편
에서 호위를 담당했다.

라노라!"

   왕의 교시가 끝나자 참석자들에게는 술과 음식이 골고루 나눠졌다.
백동수는 술 한 잔으로 가볍게 목을 축인 다음 자리에서 일어섰다. 곧
벌어질 대비교(大比較, 2년마다 3월과 9월에 실시한 과거 별시)의 준비 상
황을 챙겨보아야 했기 때문이다. 그것은 창검무예의 최고 권위자만이
누릴 수 있는 권한이자 임무였다. 그는 무예의 평가 기준을 다시 한 번
확인하고 병장기의 배치를 비롯한 여러 가지 준비 현황을 점검했다.

국왕이 직접 무예를 시험해

춘당대의 넓은 연무장에서는 장용영 무사들의 총검이 햇빛을 받아 번쩍이고, 각 사와 초, 기창에 달린 수백 개 깃발이 바람에 펄럭였다. 춘당대 북쪽 가장자리의 중앙에 마련된 높은 단상에는 천막이 설치되어 있었다. 잠시 후 융복을 입고 깃을 꽂은 정조가 입장하자 취타대가 음악을 연주하기 시작했다. 정조는 천막 아래 놓인 단상에 앉았다. 좌우에는 장용대장 서유대를 비롯한 고위 문무관들이 자리잡았다.

시험 과목은 초관 이상 장관들은 사격술인 조총과 활·기추·편추 같은 마상기예, 장교와 병사들은 조총·유엽전·편전·편추·기추 등의 사격술과 창검무예 십팔기와 마상재였다. 그리고 시험관 앞에서 《병학지남》과 《화포식(火砲式)》을 풀이하는 이론 시험이 선정되었다.

참석자들은 왕을 향해 네 번 절했다. 이윽고 왕의 명을 받은 선전관의 신호에 따라 천아성(天鵝聲, 길게 부는 나팔 소리)이 울리고, 포 소리가 울려 퍼지는 것을 신호로 대비교가 시작되었다. 먼저 사격술 시험이었다. 훈련원에서 '둥둥둥' 북을 세 번 치면 무사들은 차례로 들어와 과녁을 향해 조총과 활을 쏘았다. 이날 장교 조명재는 무게가 여섯 냥 나가는 철전을 200보(약 260미터) 쏘아 관서 지방에서 제일 좋은 진의 변장에 특차되었다. 조명재의 기록은 당대 최고였다.

다음은 마상기예와 창검무예 차례였다. 말 탄 무사들이 시험장에 들어서고 한편에서는 창검을 든 무사들이 순서대로 입장하여 줄을 맞춰 섰다. 북이 울리자 열다섯 명씩 늘어선 무사들이 지구관의 지시에 따라 창검을 번뜩이며 연무를 시작했다. 무사들의 몸짓에 백동수의 시선이 꽂혔다. 이 많은 무사들이 《무예도보통지》를 교본으로 삼아 무예를 익혔다는 사실이 그의 가슴을 벅차게 했다.

3월 13일, 모화관에서 훈련도감, 용호영, 어영청, 금위영, 수어청, 총융청, 경기감영에 소속된 군사들의 무예 기량을 평가하는 '중순(中旬)'이 열렸다. 중순은 군사들의 사기를 고취시키기 위해 마련된 시험인 만큼 푸짐한 부상이 내려졌다. 물론 이날도 장용영 대비교처럼 장관을 비롯한 지휘관부터 일반 병사에 이르기까지 예선에서 뽑힌 무사들이 출전했다.

3월 중순이라 기예를 펼치기에 아주 좋은 날씨였다. 연무장에는 각 군영의 깃발 아래 수천 명의 군사들이 질서정연하게 도열해 있었다. 군영의 명예와 개인의 영광을 위해 출전한 군사들의 표정은 사뭇 진지했다. 중순은 중앙 군영의 자존심을 건 한판 전투와도 같았다. 이때는 모검(牟劍), 중월도, 청룡도 등 《무예도보통지》에 수록되지 않은 무예도 시험 과목에 포함되었다.

각 영의 입상자는 1,000명이 넘었다. 사격술 시험에서 만점을 얻은 무사도 여러 명 나왔다. 거의 모든 종목에서 입상자가 나왔다. 그러나 총포가 중심인 시대로 변화함에 따라 휴대가 불편한 장창, 죽장창, 낭선, 당파 등에 입상한 무사는 그리 많지 않았다. 반면 총과 검을 늘 휴

대해야 했던 보병은 특히 제독검, 예도, 쌍검, 교전, 월도, 기창, 권법을 많이 익혔다.

시험 시간과 연무하는 공간이 많이 필요한 마상기예인지라 이때는 마상월도 한 종목만 평가했다. 그러나 금위영 기사 홍봉선 한 명만이 상하의 점수를 얻어 입상하는 데 그쳤다. 그러나 마상기예 6기에는 포함되지 않지만 말을 달리며 화살을 쏘아 짚 인형을 맞추는 기추와 말을 달리며 쇠도리깨를 휘둘러 짚 인형을 치는 편추에서는 상당수의 무사가 만점을 얻었다.

정조는 장용영을 집중 육성했지만 다른 군영에 대한 배려도 결코 소홀하지 않았다. 이처럼 국왕이 직접 참가한 자리에서 무사들의 무예를 시험하는 일이 잦자 군영에서는 상무의 풍토가 정착되었다. 모든 장관들은 자신이 지휘하는 무사들이 다른 군영의 무사들보다 더 좋은 성적을 거두기를 기대했다. 그것은 지휘관으로서 국왕과 상관에게 역량을 인정받는 가장 확실한 방법이었다. 무사들은 누가 시키지 않아도 저마다 좋은 성적을 거두어 진급하기 위해 경쟁하듯이 무예를 익혔다.

《무경칠서》를 편찬하라

훈련원 첨정

1795년 가을, 백동수는 훈련원 첨정(僉正, 종4품)에 제수되었다. 주부와 판관을 거쳐 이제 첨정에 임명된 것이다. 정조는 수원에 장용영 외영을 설치하고 화성 건설을 시작하면서 훈련원의 위상과 역할을 확대하는 정책을 펴기 시작했다. 그 하나로 훈련원의 관원을 늘이는 것이었다. 이때 첨정, 판관, 주부 자리를 1자리씩 더 늘렸는데 신설한 자리 중 가장 고위직인 첨정에 백동수를 제수한 것이다. 벗들도 제 일인 마냥 승진을 축하해 주었다.

백동수가 훈련원 첨정으로 부임했을 때 마침 훈련원 청사와 담장을 수리하는 대공사가 진행되고 있었다. 훈련원은 1765년에 크게 보수한 뒤로 30년 동안 손을 대지 않았다. 정조가 훈련원을 방문했다가 관청이 낡은 것을 보고 "훈련원은 크고 작은 무과 시험장이자 군사를 조련하는 교장이니 웅장하고 아름답게 수리도록 하라"는 특명을 내렸다. 이때부터 2년 동안 공사를 진행하여 1797년 12월에 완료되었다.

1900년대의 훈련원 전경.
훈련원은 1392년 조선 건국부터
1907년 일제에 의하여 강제 해
산 되기까지 500년 동안 존속한
조선 최고의 군사교육기관이다.

훈련원은 조선이 개국한 1392년에 설치되어 400년의 역사를 지닌 군사기관이다. 중앙 오군영과 팔도의 병영과 수영에서 활동하는 대다수의 장수들이 훈련원에서 주관하는 무과를 거쳐 선발되었다. 이들 가운데 상당수는 훈련원에서 봉사, 주부, 판관 같은 벼슬을 역임한 경력이 있다. 훈련원은 연산군을 몰아낸 중종반정과 광해군을 몰아낸 인조반정에도 깊숙이 개입했다. 또한 임란왜란이 일어났을 때는 훈련원을 기반으로 삼수군(三手軍: 포수, 사수, 살수)을 육성하는 훈련도감이 창설되었다. 영조 대에는 장수들을 재교육하는 능마아청의 업무까지 훈련원으로 흡수시켰다.

그런데 정조가 장용영을 창설하면서 훈련원의 역할은 축소되기 시작했다. 훈련원에서 주관했던 고유한 업무도 장용영으로 옮겨간 것이 적지 않았다. 그러나 장용영이 핵심 군영으로 자리를 잡아가자 이제는 훈련원의 역할을 강화하는 정책을 펴기 시작했던 것이다.

백동수는 국왕이 훈련원에 깊은 관심을 쏟고 있다는 사실을 주목했다. 정조는 "옛날에 무학(武學)이 있었고, 주자(朱子)가 무학 교수가 되었다. 무학을 폐지하면서 훈련원으로 고쳤으니 훈련원에 무성묘를 다시 세우면 무학이 크게 갖추어질 것"이라며 훈련원 강화의 방안을 역설했다. 지난 10여 년 동안은 장용영을 창설하고 수원에 화성을 건설하는 데 집중되었다. 그런데 이제 국왕의 관심이 훈련원으로 확대된 것이다.

〈춘당대〉

시관: 윤시동, 조심태, 홍선양, 전 파총 임태원, 전 선기장 임성열, 전 초관 이광익·서준보

대상: 장관, 지구관, 장용위의 기예

〈단풍정〉

시관: 장용대장 김지묵, 전 파총 이격, 전 선기장 조윤정, 전 초관 백동수

대상: 교련관, 별무사, 부료무사, 무예청, 선대, 대장소 배기수, 등롱군, 아병의 기예

〈의춘문〉

시관: 전 대장 이한풍, 전 파총 서유동·이해우, 전 초관 윤이동

대상: 순령수, 취고수, 대기수, 등롱군의 기예

〈동전〉

시관: 파총 신홍주, 전 초관 이관성·이억·위광진

대상: 보군 3초, 중사 취수 3초, 능기군의 기예

〈석거문〉

시관: 파총 정학경, 전 파총 이원·서영보, 전 초관 이장욱·이해청

대상: 뢰자, 당보수, 장막군, 선기장 표하군, 무예청의 기예

〈불로문〉

시관: 전 선기장 이진수, 전 초관 이항림·정주성

대상: 아병, 도제조 배기수, 향색제조 배기수, 종사관 배기수, 별장 좌우사 취수, 배후군의 기예

〈서총대〉

시관: 파총 오의상, 전초관 박응호

대상: 무예청의 기예

여름철 활쏘기 시관

1796년 3월이 다 갈 무렵, 백동수에게 장용영과 무예청의 '여름철 활쏘기 시험[夏等試射]'의 시관으로 참석하라는 명이 내려졌다.

장용영 시사는 계절이 바뀔 때마다(이를 춘등·하등·추등·동등 시사라 한다) 국왕이 참석한 춘당대에서 열렸다. 이름은 활쏘기 대회지만 조총 사격과 창검무예도 함께 시험을 보았다. 이때 정조는 규장각 초계 문신들도 참석하게 하여 무신들과 함께 활쏘기를 하거나 같은 자리에서 과강(課講, 글을 읽고 그 뜻을 풀이하는 시험)을 보게 했다. 춘당대는 규장각 초계 문신과 장용영 무사들이 만나는 자리이기도 했다.

4월 4일 이른 아침, 백동수는 군장을 차려 입고 장용영으로 출근했다. 그리고 동료 장관들과 함께 창경궁 안에 있는 춘당대에서 왕이 도착하기를 기다렸다. 춘당대 소개문 앞에는 취타수가 도열해 있었다. 이윽고 소개문이 열리고 융복을 갖춰 입은 왕이 들어서자 군악이 연주되기 시작했다. 왕의 뒤에는 대장의 인솔 아래 장용위 마보군이 뒤따

라 들어왔다. 마보군이 분열하여 남쪽에 마련된 단 아래 벌려 시립하자 정조는 말에서 내려 천천히 단상으로 올라갔다. 시관으로 참석한 전 도제조 윤시동, 외사 조심태, 전 대장 이한풍, 전 종사관 홍선양이 단의 오른쪽에 서고 왕이 자리에 앉자 군악이 그쳤다.

이날 왕이 지정한 시험 종목은 사격술의 경우 유엽전과 철전이었고, 특별 기예로 마상기예는 마상재와 편추, 창검기예는 협도와 교전과 곤봉이었다. 이날도 응시자가 많아 춘당대 한곳에서 시험을 치를 수가 없어 여러 곳에 분소를 마련했다. 백동수는 장용대장 김지묵과 함께 단풍정에 마련된 제1분소를 맡았다.

시사는 오후가 되서야 모두 끝났다. 분소에 흩어져 시험을 보았던 무사들은 춘당대 연무장에 다시 모여 대열을 정렬했다. 시상에 앞서 장용위 기병들이 진법과 열무 시범을 펼쳤다. 포성이 울리자 장용위가 좌·우열 두 개의 깃발과 다섯 개의 고초기를 앞세우고 왕이 앉은 단 아래로 나가 좌우로 벌려 정렬했다. 군악이 연주되는 가운데 선기대가 봉둔진(蜂屯陣)을 펼치고 장용위 보군이 방진(方陣)을 펼쳤다. 다시 장용위가 마상기예를 세 차례 펼친 후 진을 파하고 원래 자리로 되돌아가 왕의 단상 앞에 시립하자 비로소 시상식이 열렸다.

《무경칠서》를 편찬하라

1795년 12월 하순, 백동수는 장흥고(長興庫) 주부(主簿)에 제수되었다. 장흥고는 궁궐과 관청에서 쓰이는 돗자리, 종이, 기름종이, 차일 같은 여러 가지 물품을 매달 공급하는 임무를 가진 호조에 속한 관청이었다. 원래 남부 장흥방에 창고가 있어 장흥고라 불리게 되었는데, 서부 인달방으로 옮겨진 뒤에도 이름은 그대로 불렸다. 주부는 다달이 궁궐과 각 관청에 물품을 차질 없이 공급하는 일을 총괄 감독하는 자리였다. 그러나 백동수는 수시로 훈련원과 장용영을 드나들어야 했다. 1796년 늦봄에는 장용영과 무예청의 '여름철 활쏘기 시험[夏等試射]'에 시관으로 참석하기도 했다.

1796년 12월 13일에 훈련원사 이경무가 백동수를 찾아 장흥고를 방문했다. 이경무의 아들 이광섭은 백동수의 절친한 벗이자 1771년 식년 무과 동기였다. 이경무가 백동수를 찾아 온 까닭을 밝혔다.

훈련원으로 추정되는 곳에서 촬영한 무인들의 단체사진.

"전하께서 《무경칠서》 가운데 읽을 만한 본이 없는 것은 무(武)를 숭상하는 정사에 어긋난다며 나에게 《무경칠서(武經七書)》 주해를 달아 편찬하도록 명을 내리셨네. 전하께서 '반드시 이들 책을 잘 익힌 자를 찾아서 편집하도록 해야 할 것이다'라고 하셨네. 또 '《손무자(孫武子)》와 《사마법(司馬法)》과 같은 책들은 모두 먼 옛날에 쓰인 것이므로 문체가 매우 좋아서 팔대가(八大家)보다 나으니, 무를 갖추는 책으로만 보아서는 안 될 것이다'라고 말씀하시며 전문가에게 맡길 것을 당부하셨네. 주위에 의견을 물었더니 모두 자네를 추천하더군. 내 생각도 마찬가지야. 이번 일은 자네가 맡아주게."

거절할 수 없는 부탁이었다. 백동수가 수락하자 이경무는 백동수에게 함께 임무를 수행할 사람을 추천하라고 했다. 이경무의 말을 들으며 맨 먼저 떠오른 얼굴은 이덕무였다. 그러나 이덕무는 함께할 수 없는 몸이 되었으니 안타까웠다. 다음으로 떠오른 얼굴은 박제가와 유득공이었다. 그러나 박제가는 외직에 있으니 부를 수 없었다. 지난 1791

년 말에 유득공은 이덕무, 박제가와 함께 《국조병사(國朝兵事)》를 편찬한 적이 있고, 최근에 윤행임과 《이충무공전서》를 편찬하여 오위장이라는 무관 벼슬까지 받았다. 백동수가 유득공을 추천하자 이경무도 흔쾌히 동의했다.

닷새가 지난 12월 18일, 정조가 어명으로 《무경칠서》에 주해를 달아 정본을 편찬할 책임자를 임명했다. 편집총리대신은 지훈련원사 이경무, 편집당상은 형조참판 이형원, 도청은 전 경흥부사 김양화, 감동[감독]은 오위장 유득공과 백동수였다.

백동수는 고민에 빠졌다. 장흥고의 일이 적지 않았기 때문이다. 이때 사정을 잘 알고 있던 우부승지 이해우가 나서서 백동수의 어려움을 해결해 주었다. 이해우는 정조에게 "감동을 맡은 사람 중에 실직을 맡은 이[백동수]가 있는데, 일을 끝마칠 때까지 본임에서 빼 줄 것"을 요청하여 허락을 받아냈다. 덕분에 백동수는 잡무에서 해방되어 주해와 편집에 집중할 수 있었다. 우의정 윤시동이 훈련원을 자주 방문하여 교정 상황을 지켜보고 격려해 주었다. 윤시동은 대신들 중에서 군국기무에 정통하여 정조시대에 펴낸 병서의 편찬을 대부분 주관하였다. 백동수는 유득공과 함께 기존에 국내외에서 펴낸 책들을 모으고 판본을 비교하는 일부터 시작했다.

《무경칠서》는 제나라 출신의 손무가 쓴 《손자》(1권), 전국시대 오기의 《오자》(1권), 제나라 사마양저의 《사마법》(1권), 주나라 위료의 《위료자》(5권), 당나라 이정의 《이위공문대》(3권), 한나라 황석공의 《삼략》(3권), 주나라 여망의 《육도》(6권)를 아울러 일컫는 말로, 송나라 원풍(元豊) 연간에 이들 병서를 무학(武學)으로 지정하면서 '칠서(七書)'라고 호칭한 데서 유래된 이름이다.

이 책의 순서를 정하는 것도 의견이 분분했다. 중국의 하수법(何守法)

과 주용(朱墉)과 정홍장(丁洪章)은 모두 《손자》·《오자》·《사마법》·《이위공문대》·《위료자》·《삼략》·《육도》 순으로 편집했다. 그러나 《무비지》를 편찬한 모원의는 《손자》·《오자》·《사마법》·《삼략》·《육도》·《위료자》·《이위공문대》 순으로 정리했다.

연구서들도 많이 편찬되었는데 송나라 증공량(曾公亮)이 왕명으로 편찬한 《무경총요》(40권)을 비롯하여 금나라 시자미가 엮은 《칠서강의》(12권), 명나라 유인의 《칠서직해》(12권), 황헌신의 《무경개종》(14권) 등 여러 종류가 있었다. 백동수는 이러한 책의 대부분을 《무예도보통지》를 편찬할 때 살펴보았던 책이기 때문에 전체 내용을 꿰고 있었다.

백동수가 주목했던 것은 세조가 수양대군으로 있을 때 펴낸 《무경칠서주해》(10권 5책)이다. 세조가 주해를 달고, 후일 최항이 다시 교정한 다음, 발문을 지어 올리도록 한 책이다. 《무경칠서》 중에서 《손자》는 열한 명의 대가의 주해가 있었으나 잘못된 점이 많았고, 그 밖의 《무경》에는 주해가 없었기에 세조가 처음으로 주해를 단 것이다. 이처럼 《무경칠서》는 조선 초부터 무과의 고시 과목으로 채택했기 때문에 많은 사람들이 연구했으나 유감스럽게도 세조가 펴낸 《무경칠서주해》말고는 출판된 것을 찾을 수 없었다.

훈련원사 이경무는 한성부 판윤을 겸임하고 있었다. 그런데 1797년 1월부터 훈련대장까지 맡게 되어 이경무는 교정에 거의 참여하지 못했다. 2월에는 교정당상을 맡고 있던 형조참판 이형원이 경상도 관찰사에 임명되어 임지로 떠났다.

이형원 대신에 행호군 이서구가 교정당상으로 참여하면서 작업에 활기를 띠게 되었다. 백동수, 유득공, 이서구 세 사람이 작업에 박차를 가하여 1797년 5월 초순에는 교정을 끝낼 수 있었다. 그런데 이서구도 맡은 일이 너무 많았다. 그는 《좌전》을 교정하면서 《전운옥편》을 편집

윤시동(尹蓍東, 1729~1797)의 초상. 윤시동은 젊었을 때부터 나라의 고사(古事)를 잘 알았고 군국(軍國)의 기무(機務)에 정통하였다.

하는 일을 동시에 진행하고 있었다. 이서구는 《전운옥편》 교정의 책임자로 이덕무의 아우 이공무와 아들 이광규를 추천했다. 이 무렵 《규장전운(奎章全韻)》을 주해가 마무리되었다. 일에 몰린 이서구가 더 이상 참여하기 어렵다는 뜻을 밝혔다.

편집당상 이서구를 대신하여 5월 22일부터 학산 서호수(徐浩修, 1736~1799)가 합류했다. 그의 부친은 서명응, 아우는 서형수, 아들은 서유구인데 삼대가 모두 학문의 최고봉을 이루었다. 천문학과 수학의 대가였던 그는 중인 과학자 김영(金泳)과 더불어 《국조역상고》를 편찬하여 천문역산 개혁의 성과를 정리했다. 백동수는 지난날에 그의 아우 서형수와 함께 《무예도보통지》를 편찬했었다. 기이한 것을 좋아하는 백동수는 두 형제와의 기이한 인연을 즐거워했다. 천문역산과 관련해서 가장 뛰어난 학자였던 서호수는 《해동농서》를 저술하기도 했다. 1790년에 그가 진하 겸 사은부사로 청나라에 사행할 때 유득공과 박제가 두 벗이 동행했으니 유득공과도 호흡을 잘 맞추었다.

서호수의 합류로 작업 속도가 한층 빨라졌다. 백동수는 유득공과 주석을 다는 데 최선을 다했다. 세 사람이 호흡을 맞추자 끝이 보이지 않던 작업을 마침내 마무리할 수 있었다. 그러나 백동수와 당대 최고의 학자들이 참여하여 편찬한 《무경칠서주해》의 존재가 현재 확인되지 않고 있어 유감이다.

벗들의 수난

벽파 심환지의 공격

화성 건설을 기점으로 시파와 벽파로 나눠진 정치권의 대립은 날이 갈수록 격화되고 있었다. 이때 이런 분위기를 더욱 악화시키는 사건이 발생했다. 1797년 1월 13일, 백동수가 큰 기대를 걸었던 후배 이명연 (李明淵, 1758~1803)이 화성 건설을 포함한 정조의 개혁 정책을 강도 높게 비판하는 상소를 올렸다. 백동수가 이명연을 처음 만났을 때 이명연은 갓 스물의 초계 문신이었다. 박지원도 이명연의 기상과 재주를 몹시 아껴 경상도 안의현감으로 있을 때 백우선(새의 흰 깃으로 만든 부채)을 선물로 보내주기도 했었다.

백동수는 이서구에 이어 벽파로 입장을 정리한 이명연을 보며 기분이 몹시 우울했다. 백동수가 이명연의 주장에 공감한 부분이 있다면 외척의 정치 참여를 억제하라는 것이었다. 그 역시 장용영이 외척의 손에 좌우되는 것을 결코 바라지 않았다.

그런데 그때까지 참고 있던 백동수의 분노가 폭발하는 일이 벌어졌

심환지는 청렴한 관리였으나 서얼의 정계 진출을 막고, 천주교도를 박해했으며 장용영을 혁파하는 데 앞장섰던 까닭에 비난을 받았다.

다. 심환지가 영평현령으로 재직하고 있던 박제가를 탄핵한 것이다. 발단은 지난 1월 수원 화성에서 열린 행사에서 박제가가 고관들이 앉는 호상(胡床, 당상관 이상의 고관이 앉는 의자)에 앉은 일이었다. 심환지, 이병모 같은 벽파 대신들은 서얼 출신인 박제가가 자기들과 동등한 자리에 앉아 있는 것을 보고 몹시 흥분했다. 심환지는 곧 하인을 박제가에게 보내 왜 호상에 앉아 있는지 물었다. 박제가는 벌컥 화를 냈다.

"이 의자는 본래 우리 집에 있는 것으로, 내가 하인을 시켜 직접 가져온 것이다. 내 의자에 내가 앉는데 무슨 상관이란 말이냐? 너는 영감께 가서 쓸데없는 간섭은 하지 마시라 하더라고 전해라."

심환지는 서출이 감히 자신에게 대들었다며 2월 25일, 연석 회의가 열렸을 때 정조에게 박제가의 파직을 요청했다. 정조는 별일이 아니라는 듯이 처리하려 했다.

"뭐 크게 나무랄 것이 있겠는가. 다음부터는 전부터 있던 규칙을 밝혀서 이런 잘못이 없도록 하라."

그러자 이조판서 이병정이 심환지를 거들고 나섰다. 하지만 정조는 박제가의 파직을 허락하지 않았다. 그런데 그해 여름, 진해현감으로 있던 윤가기가 근무 태만으로 탄핵을 받고 파직되었다. 정조가 윤가기를 경상도 진해현감에 임명했을 때 심환지는 명을 철회할 것을 거듭 요청했었다.

"출신이 미미한 자에게 분수에 넘치는 관직을 내리는 것은 옳지 않습니다."

정조가 듣지 않자 심환지는 윤가기를 찾아가 위협했다.

"어찌 외람되이 관직을 받을 수 있는가? 당장 사직소를 올리도록 하라."

심환지는 윤가기를 추천한 사람이 시파 윤행임이라는 사실에 불만을 가지고 있었다. 그렇지만 박제가만큼 배포가 컸던 윤가기는 심환지의 위협을 무시하고 진해로 내려갔다. 윤가기에 이어 9월, 백동수의 둘째 사돈 한사진이 탄핵을 받고 흥양현으로 유배를 떠났다. 그 역시 서얼로 무관 출신이며 전라도 광양현감을 지냈다.

서얼 출신 수령들에 대한 벽파의 전방위 공격이 시작된 것이었다. 정치 개혁과 군영 개혁에 앞장서고 있는 서얼들은 벽파 심환지에게 일차 표적이 되었다. 그런데 이 무렵 왕은 외척의 손에 의지하려는 뜻을 더 분명하게 드러내고 있었다. 이것이 백동수를 적이 실망시켰다.

천연두를 예방하는 의술, 종두법

1798년, 백동수 집안에 경사가 있었다. 우울하고 어두운 소식만이 들려오던 그때 아내가 탈 없이 아들을 낳았던 것이다. 이때 얻은 아들 성진(性鎭)은 성장하여 무가의 전통을 이어갔다. 그러나 그의 아들, 손자, 증손자 모두 무과에 급제하였으나 선달로 지내야 했다.

한편 연말부터 중국에서 시작된 전염병이 조선에까지 번지기 시작했다. 중국에서도 청의 문화를 최고의 수준으로 끌어올렸던 건륭제를 비롯하여 수많은 사람이 죽었다. 전염병은 이듬해 봄까지 조선 전역을 휩쓸었다. 이때 사망한 사람의 수를 《실록》은 12만 8,000여 명으로 기록하고 있다. 1799년 정초에 열흘 사이로 시파 계열의 채제공과 벽파 계열의 김종수가 희생되고, 홍낙성·서호수·박윤원같이 조선의 정계를 움직이던 많은 대신들이 운명을 달리했다. 이때 장용대장 조심태도 희생되었다. 백동수를 가장 안타깝게 했던 일은 경외하는 벗이자 든든한 동지였던 서호수의 죽음이었다.

이로 인해 정치권에는 지각 변동이 일어났다. 채제공의 죽음은 남인들에게 큰 타격을 주었고, 노론 벽파를 이끌던 김종수의 죽음으로 강

남인의 영수였던 채제공. 정조의 각별한 신뢰를 받았던 그의 죽음은 정조의 개혁 정치에 악재로 작용했다.

김종수는 노론 청명당 계열의 핵심 인물로 노론 벽파를 이끌었으나, 1799년 전국을 휩쓴 전염병에 희생되었다.

경파 심환지와 시파에서 벽파로 전향한 이병모가 그 자리를 대신했다. 전염병이라는 천재가 개혁 정치에 악재로 작용한 것이다.

1800년 봄, 박제가는 조선 최초로 천연두를 예방할 수 있는 종두법 개발에 성공했다. 의원을 선비라 부르며 존중했던 백동수에게 벗이 천연두를 예방할 의술을 터득했다는 소식은 낭보가 아닐 수 없었다.

의학에 대한 관심은 백동수도 박제가 못지 않았다. 청년 시절 이덕무는 종종 그에게 《동의보감》의 유용함을 말하며 기회가 닿으면 의학 서적을 편찬하자고 제안했다. 이덕무는 건강을 위해, 백동수는 무예의 상승을 위해 의학에 관심을 쏟았다. 무예와 양생, 병학과 의학은 밀접한 관련이 있다.

전염병 예방법을 알아내기 위해 박제가는 규장각에 있는 의학 서적을 모조리 읽었고, 세 차례 북경을 여행하며 의학 서적을 구해두었다. 정약용 또한 박제가가 종두법을 연구하고 있는 것을 알고는 서로 정보를 교환하며 연구를 시작했다.

그러나 박제가는 종두법을 완전히 터득하고도 시술에 필요한 두종(痘種, 마마 딱지)을 구하지 못해 한동안 애를 태웠다. 일부 벽파들은 종두법도 서학과 관련이 있다고 문제를 삼았기 때문에 공개리에 구할 수가 없었다. 사정을 알게 된 영평관아의 이방이 그에게 두종을 구해주며 자기 아들에게 접종시킬 것을 제안했다. 박제가는 이방의 아들에게 시술하여 성공을 거둔 뒤 이어 자신의 조카와 종의 아들에게도 시술하여 모두 성공을 거두었다. 고을 수령의 신분으로 종두법을 널리 전파하는 데는 한계가 있었다. 박제가는 평소 친하게 지내던 의원 이씨를 불러 시술 방법을 알려주고 두종을 주며 서울로 가라고 권유했다. 그의 말대로 의원 이씨는 서울에 들어가 종두를 접종하여 수많은 어린 생명을 구했다.

정조, 서거하다

갈 길은 먼데 해는 저물어

경신년 새해가 시작될 무렵 나라에 좋은 징조가 있었다. 의금부 마당에 있는 버드나무에 까치가 둥지를 튼 것이다. 범상치 않은 일이라 판단한 금부도사는 이 사실을 정조에게 보고했다.

1800년은 정조가 즉위한 지 24주년이 되는 해이다. 정조는 규장각과 장용영을 건설하고 이곳을 통해 신진 세력을 육성하여 개혁의 동반자로 삼았다. 그 대열에 백동수도 기꺼이 합류했다. 지난 24년은 결코 짧은 세월이 아니었다. 개혁을 반대하는 세력을 제압하지 못할 만큼 왕권이 약했던 것도 아니었다. 오히려 왕권이 너무 강한 것이 문제라면 문제였다.

개혁은 고비를 맞고 있었다. 주요한 개혁 사업은 정치제도의 개혁, 상업의 개편, 토지제도의 개혁, 노비제 혁파 같은 민감한 사안이었다. 정조가 가장 역점을 둔 것은 정치제도와 신분제도의 개혁이었다. 서얼도 억울하지만 이들보다 훨씬 인간 대접을 받지 못하는 존재가 노비였다. 백성이 억울한 일을 당하는 일이 없도록 하는 것을 자신의 임무로 생각했던 정조는 "예로부터 시행해오던 제도라 할지라도 노비제도는 용납할 수 없다"고 단언하였다. 이러한 정조의 구상은 《어정홍익정공주고(御定洪翼靖公奏藁)》의 '노비 항목'에 들어 있다. '익정공'은 정조의 외조부인 홍봉한의 시호이다. 이 글은 1800년 당시 윤행임이 정리하였고, 편찬의 임무도 맡았다.

정조는 그동안 의정부 대신들에게 노비제 폐지에 대해 세 차례나 의논하도록 하였다. 그러나 찬반이 팽팽하게 엇갈려 단안을 내리지 못했다. 정조는 "그동안 한두 명의 신하와 함께 검토하여 마침내 이와 같은 결정을 보기에 이르렀다"고 밝혔다. 한두 명의 신하는 윤행임을 가리킨다. 한편 '변어인'이라는 항목에서 정조는 이런 말도 했다.

옛날에 동래 수군 안용복이라는 자가 단신으로 왜정에 들어가서 울릉도를 놓고 왜놈 추장을 상대로 조금도 꺾이는 기색 없이 대놓고 시비곡직을 따져 그후부터는 왜놈들이 다시 울릉도를 넘보지 못했다고 한다. 만약 그러한 인물이 변방을 지킨다면 아마 한고제(유방)의 용맹한 군사가 되고도 남을 것이다.

노비들은 신분 해방의 유일한 방법으로 도망을 선택하였다. 끊임없이 도망치는 노비들로 인해, 노비제도는 더 이상 유지되기 힘든 상태였다. 그렇다고 해도 국왕이 노비제도를 전면 혁파하려는 계획을 세운 것은 조선 역사상 처음 있는 일이며, 수군 출신 안용복의 이름을 부르며 울릉도를 지킨 일을 찬양한 것도 처음 있는 일이었다.

정조 재위 24년 동안 조선의 국력은 신장되었고, 국방이 강화되었으며, 이를 바탕으로 문화의 꽃이 만개하고 있었다. 정조의 개혁 정책을 가장 열렬히 환영했던 지역은 오랫동안 정치권에서 소외되었던 경상도와 평안도였다. 그리고 이러한 개혁 정책에 고무된 사람은 정치적으로 약자였던 서얼과 중인들이었다.

1800년 5월 30일 밤, 정조가 경연에서 내린 교지는 정치권을 뒤흔들어놓았다. 오월 그믐에 내린 교지라 하여 '오회연교(五晦筵敎)'라 부르는 교지의 간추린 내용은 이러하다.

임오의리가 밝아지지 못해 세손(정조 자신)의 대리청정 반대(1775)와 즉위 반대(1776), 자객 침입 사건(1777, 1778)이 나오게 되었다. 8년을 주기로 정승을 번갈아 임명하였던 것은 한쪽을 버리려는 것이 아니라 신망을 기르게 하고자 함이었다. 을묘년(1795) 이후 '겉으로 치닫는 별종의 무리'의 못된 버릇을 바로잡고자 '교속(矯俗)'을 전면에 내걸어 세도를 바로잡고자 하였다. 교속의 대상자는 임오의리를 위배한 자, 대리청정과 즉위를 방해한 노론 벽파이다. 지금이라도 생각을 바꾸어 나의 국정 운영 구도에 참여한다면 배제하지 않을 것이지만 끝내 동참하지 않으면 결코 용서하지 않겠다.

정조가 교속의 대상자들로 지목한 벽파 인사들은 침묵으로 일관했다. 다만 이서구 홀로 입장을 밝혔다. 위기를 느끼며 출구를 모색하던 벽파들이 은밀하게 반격을 준비하고 있다는 소문만 무성했다. 정조는 최후의 결단을 내리기로 작정했다. 그런데 공교롭게도 몸에 돋은 종기가 가라앉지 않았다. 6월 16일, 정조는 내의원의 제신과 대신 및 규장각 각신을 불렀다. 정조는 이 자리에서 안부를 묻는 신하들에게 이렇게 교시를 내렸다.

"그들이 나를 나약하다고 생각하고 감히 이렇게 하고 있으나 조만간 결국 결판이 날 것이다. 비유하자면 '종기가 고름이 잡히는 것'과 마찬가지이니 나는 반드시 그것이 스스로 터지기를 기다리고 싶으나 그들이 끝내 고칠 줄 모른다면 나도 어쩔 수가 없다."

종기 속의 고름을 칼을 대어 짜내겠다는 선언이었다. 그러나 그날 이후 정조의 병세는 더욱 악화되어갔다. 급박하게 돌아가는 정국 상황에 모두들 촉각을 곤두세우고 있었다. 예고된 대변혁은 정조의 지병으로 인해 하루하루 늦춰지고 있었다.

축출되는 무장들

6월 28일 묘시(卯時, 오전 5~7시 사이) 정조는 마흔아홉의 나이로 창경궁 영춘헌에서 눈을 감았다. 백동수에게 왕이 승하했다는 소식은 마른 하늘에 날벼락 같은 것이었다. 백동수는 여러 날 대궐을 바라보며 소리내어 울었다. 갈 길은 먼데 해는 기울어 어찌할까 머뭇거리는 나그네 같은 처지가 되었다.

백동수도 한동안 혼돈에 빠졌다. 영평현령으로 있던 박제가는 이미 사퇴서를 작성해놓고 있었다. 예기치 않은 일에 박제가처럼 사리판단이 분명한 벗들도 몹시 흔들리고 있었다. 그 사이 왕릉을 장헌세자 묘소가 있는 현륭원 안 강무당(講武堂) 옛터로 정했으며, 국상일은 11월 6일로 결정했다는 소식이 들렸다.

한편, 8월에는 충청도 면천군수로 재직하고 있던 박지원이 강원도 양양부사로 승진했다. 박지원이 부임하기 전 잠시 동안 서울에 머물고 있을 때, 백동수는 오랜만에 박지원의 집을 찾았다. 박지원도 정조의 승하에 큰 충격을 받았지만 크게 동요하지 않았다. 백동수는 벗도 자신의 생각과 다르지 않다는 것을 확인했다. 사퇴를 결심했던 박제가도 마음을 바꾸어 자리를 지키겠다는 의사를 밝혔다.

백동수의 후배들 가운데 이서구와 남공철, 윤행임 같은 이들은 권력의 핵심에 진입해 있었다. 그러나 이들도 시벽으로 갈라져 대립하고 있었다. 다만 외척의 정치 개입을 반대하고 사학(천주교)에 유연하게 대처하자는 데는 의견이 일치했다. 이때 정조가 병석에 있으면서 여러 차례 뒷일을 부탁했을 정도로 깊은 신임을 얻었던 윤행임이 장용영 제조를 맡고 있었다.

벽파는 대리청정을 하는 정순왕후의 후원을 받으며 요직을 차지해 결속을 다지고 있었다. 대세는 벽파로 기우는 중이었다. 성대중, 박지원, 유득공 같은 백동수의 벗들은 시벽의 대립 구도에 말려들지 않고 중도의 입장을 굳게 지켰다. 다만 박제가는 윤행임을 지원하여 개혁을

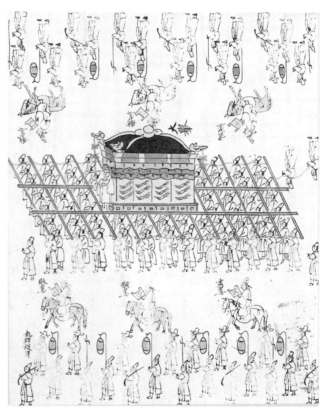

《정조국장도감의궤》에 그려진 정조를 모신 상여. 정조의 갑작스런 죽음으로 개혁은 위기를 맞고, 조선은 미래를 기약할 수 없는 상황에 빠졌다.

실현하는 쪽으로 방향을 바꾸었다. 그러나 10월에 윤행임이 중앙 정계에서 밀려났다. 이때 윤행임을 지지하던 장용대장 신대현을 비롯한 이득제, 이광익, 장현택 같은 무장들도 함께 축출되었다.

11월 3일, 정조의 시신이 담긴 상여가 궁궐을 떠나 상복 입은 백성들의 오열 속에 화성으로 향했다. 그리고 사흘이 지난 6일 자시(子時, 밤 11시~새벽 1시 사이)에 건릉에 모셔졌다.

정조의 뒤를 이어 열한 살의 세자가 즉위하였다. 제23대 국왕 순조다. 순조가 어린 까닭에

정순왕후 김씨가 대왕대비로서 수렴청정을 시작했다. 대비 김씨는 친정 6촌 오빠 김관주를 이조참판에 앉히는 것을 시작으로 노론 벽파들을 대거 요직에 임명하며 자신의 위치를 다져나갔다. 심환지, 이병모 같은 벽파들은 이러한 절호의 기회를 놓치지 않았다.

1800년 12월 17일, 최필공의 체포를 시작으로 서울과 양근, 충주 등지에서 천주교도들이 속속 체포되었다. 연말에는 좌우 두 개의 포도청이 만원이 될 정도였다. 이듬해 신유년 1월 11일, 대비 김씨는 사학을 금압하는 교지를 내렸다. 벽파는 남인을 제거할 확실한 명분을 얻었다. 이때부터 천주교도를 체포하기 위한 수색이 전면 시작되었다.

정월 28일, 영평현령으로 있던 박제가와 풍천부사를 사임하고 서울에 올라와 있던 유득공에게 "사은사 일행을 따라 북경에 가서 《주자전서》를 구입해오라"는 어명이 규장각을 통해 전달되었다.

백동수는 두 벗을 만나 나라의 앞날을 걱정했다. 이런 때일수록 각자의 본분에 충실하며 의연하게 처신하자는 것이 세 사람의 일치된 생각이었다.

개혁파와 서얼, 그 못다 핀 꽃

신유박해의 본질

1801년 벽두부터 이가환, 정약용 같은 남인 인사들이 천주교도로 몰려 사형을 당하거나 변방과 절도로 귀양을 떠났다. 이해에 벌어진 천주교도에 대한 대탄압을 '신유박해'라 부른다. 당시 300여 명에 이르는 천주교인들이 순교했다. 순교한 이들을 보면 양반들은 얼마 되지 않았고, 부녀자가 3분의 2, 천민이 3분의 1을 차지했다. 신분과 성의 차별에 시달리던 사람들이었다.

일찍이 이덕무가 "글로 이루어진 모든 것에 대해 모르는 것이 없다"고 했을 정도로 박식했던 이가환은 채제공이 죽은 후 남인 중에서 정승감으로 가장 먼저 주목을 받았다. 이런 까닭에 이가환은 노론 벽파들에게 극도의 시기와 미움의 대상이었다.

천주교에 연루되면 누구도 살아남지 못했다. 노론 명가의 자손인 김건순과 김백순, 정조의 이복동생 은언군 인과 그의 가족, 노론 시파 홍낙임 같은 이들도 서학에 연루되어 죽임을 당했다. 백동수의 벗 이희

이가환의 글씨가 새겨진 '홍차기효자비문'. 이가환이 충주목사로 있을 때 쓴 비석 글씨이다. 채제공 이후 남인의 차세대 지도자감으로 꼽히던 이가환은 정조 사후 천주교를 믿었다는 죄목으로 죽임을 당했다.

경의 막내 아우 이희영도 천주교 교리를 익히고 예수의 초상을 그려 황사영에게 건네준 혐의를 받아 서소문 밖에서 참수되었다. 그는 사형당한 정약종의 사위이기도 했다.

신유박해는 남인의 몰락에서 그치지 않았다. 종두법을 전파하여 어린 생명을 구하려 했던 이들의 숭고한 이상도 앗아가버렸다. 박제가와 종두법을 연구한 정약용이 유배되고, 박제가의 권유로 서울에서 종두를 시술하던 의원 이씨도 천주교도로 몰려 모진 고문을 당해 폐인이 되었다. 수구 세력은 종두술을 전파하는 의원조차 서학과 관련시켜 처단했다.

전라도 강진에 유배된 다산 정약용이 지은 '부역쾌재(不亦快哉)'라는 시에 이런 대목이 있다.

검은 바탕 번쩍이는 비늘의 악한 짐승이
고개를 쳐들고 어린 까치의 보금자리로 들어간다.
놀라고 성나고, 그러나 어쩔 줄 모르는 어미 까치는
짹짹거리며 이 가지 저 가지로 뛰날고만 있다.
어디서 긴 목에 긴 소리를 빼고 오는 모진 새가
세찬 발톱으로 그 짐승의 대가리를 움켜잡고
날카로운 부리로 그놈의 뇌수를 쪼아먹으면
이 아니 통쾌할쏘냐! 이 아니 통쾌할쏘냐!

다산은 어린 까치를 잡아먹으려는 사악한 뱀의 대가리를 세찬 발톱으로 움켜잡고 날카로운 부리로 쪼아 죽일 '모진 새'의 출현을 애타게 기다리고 있었다. 어쩌면 그는 장용영의 무력에 마지막 기대를 걸었는지도 모른다. 사실 당시 벽파의 광란을 막을 수 있는 힘은 장용영밖에 없었다.

벽파도 차마 장용영을 해체할 수는 없었다. 시파든 벽파든 왕실의 권위를 배경으로 하지 않으면 권력을 장악하기 어려웠다. 선왕 정조가 가장 심혈을 기울였던 장용영을 혁파하는 것은 왕실의 권위를 무너뜨리는 일이었다.

서얼에 대한 탄압

8월 하순, 한성의 동남성문에 대비 김씨와 김관주, 심환지를 비방하는 벽보가 나붙었다. 포도청에서 수사를 벌인 결과 범인은 천안 출신의 서얼 임시발로 밝혀졌다. 윤가기의 집에 숨어 있던 그는 곧 체포되어 모진 고문을 받고 자백했다. 그를 숨겨준 윤가기도 아우 윤필기와 함께 체포되었다.

국청이 열렸다. 윤가기의 종 갑금이 협박과 고문에 못 이겨 "윤가기가 흉악한 말을 할 때 그의 친사돈인 전 오위장 박제가와 서로 같이 수작하였다"라고 허위로 진술했다. 박제가는 당장 의금부에 압송되었다. 갑금이 증언한 '흉악한 말' 이란 대왕대비가 마음대로 정치를 하고 있다, 벼슬이 이현(진고개)의 김 판서에게서 나오고 있다, 심 정승의 시절이다, 윤행임이 우리 같은 서얼을 위하여 상소한 것에 감격했다, 따위였다. 이현의 김 판서는 대비의 오빠 김귀주, 심 정승은 심환지를 가리킨다. 윤행임의 상소란 순조에게 서얼허통을 건의한 것을 말한다.

우리 나라에서는 서얼을 구별하여 대대로 차별하였는데, 이는 옛날에도 없었던 법입니다. …… 영조 임진년(1772)에 이르러서는 특별히 큰 은택을 내리셔서 문신은 양사(兩司, 사헌부와 사간원)에 허통하고 무신은 선전관에 추천하게 하셨습니다. 선대왕께서는 등극하신 이후 융통성 없는 습속을 개탄하시고, 인재의 침륜(沈淪)을 애석하게 여기신 나머지 즉위 원년인 정유년 (1777)에 참작하여 절목을 만드신 다음 이를 《대전통편》에 싣고, 재능이 뛰어난 자는 구애받지 말고 거두어 임용하도록 허락하셨습니다.

벽파들은 이번 기회에 선왕의 유지를 받들어 개혁을 추진해야 한다고 역설하던 윤행임과 이에 적극 참여한 서얼들을 제거하기로 작정했다. 윤행임은 사약을 받았고, 임시발과 윤가기는 능지처참되었다. 머리, 양팔, 양다리, 몸뚱이 여섯으로 찢긴 두 사람의 몸은 팔도로 보내져 집권 세력에 항거하는 자의 최후를 알려주는 전시물이 되었다. 박제가와 윤필기는 함경북도 경흥과 종성으로 유배되었다.

박제가를 죽일 작정을 했던 자들에게 유배형은 너무 가벼웠다. 그들은 대비 김씨에게 유배형을 철회하고 국청을 계속할 것을 거듭 요청했지만 받아들여지지 않았다.

백동수는 벗이 죽고 유배를 떠나는 참담한 현실을 그냥 지켜보아야만 했다.

이덕무가 잠들어 있는 광주군 낙생을 찾은 백동수는 벗의 무덤 앞에 술잔을 놓고 생각에 잠겼다.

"무관은 행복한 사람이외다. 이런 꼴을 보지 않고 희망에 부풀었던 시기에 눈을 감을 수 있었으니……."

백동수는 서둘러 벗들의 집을 방문했다. 가장 먼저 찾은 곳은 어의동에 있는 박제가의 집이었다. 그곳은 역적의 집이라는 낙인이 찍혀 관헌의 감시를 받고 있었다. 세 아들 장임, 장름, 장복이 반갑게 그를 맞이했다. 장임은 얼마 전에 받았다면서 편지 한 통을 내놓았다.

너희들의 마음에 몹시 두려움이 있을 것이다. 또한 이 기회를 틈타 함부로 대하는 무리들이 있을 것이니 어찌 두렵지 않겠느냐. 하나 천지의 공론이 내가 억울하게 죄를 받은 것임을 위관(委官, 죄인을 추국할 때 의정부 대신 가운데서 임시로 뽑아서 임명하는 재판장) 아래는 모두 알고 있다. 그러나 이것이 천명이라면 순순히 따라야지 어쩌겠느냐? 너희들은 결코 자포자기하지 말고, 선한 일을 생각하는 것으로써 재난을 씻는 법을 삼도록 하거라.

내가 어의동에 살던 유년 시절, 어머님이 사주를 보고 돌아와 내게 "이름은 천하에 가득하나, 몸에는 큰 흉터가 있겠다"라고 말씀하셨는데, 아마도 이 흉터를 말하는 듯 싶다. 이보다 더 큰 액땜이 다시 있겠느냐? 지금 이후부터, 이 일을 겪으면서 운명을 말하는 사람들이 신을 믿는 까닭을 짐작했다. 내 호를 이르는 '뇌옹(了翁, 흉터 있는 늙은이)'에는 이런 사연이 숨어 있단다.

박제가가 종성에 당도했을 때는 1801년 10월 하순이었다. 나라의 운명이나 벗들을 잃은 슬픔보다 통증과 추위를 막아줄 갖옷이 더 간절한 변방의 겨울이 시작되고 있었다. 유배처는 외딴 마을에 있는 농부의 집이었다. "편지는 한 해에 두 번으로 한하되 반드시 평안하다라는 말을 쓰고, 이곳에 지내는 동안 외부인의 방문은 물론 서책의 반입을 일절 불허한다"고 의금부는 명했다.

백동수는 박제가가 쉬 풀려날 가망이 없음을 직감했다. 박제가의 집을 나서며 그는 벗이 '정유송'이라 부르며 아끼던 소나무를 어루만졌다.

아, 장용영

박천군수에 임명되다

1802년 1월 9일, 백동수는 실로 뜻밖의 기별을 받았다. 장용영의 관할인 박천군수에 제수되었다는 놀라운 소식이었다. 당시 장용대장은 박준원(朴準源, 1739~1807)으로 국왕 순조의 외할아버지였다.

심환지, 서용보, 이병모 같은 노론 벽파의 핵심 세력들이 서얼의 외직진출을 집요하게 저지하던 시절이다. 이런한 시기에 백동수가 박천군수로 임명될 수 있었던 것은 특별한 일이 아닐 수 없다. 박천군수는 이조나 병조의 추천이 아니라 장용대장이 직접 임명하였으며, 군수가 군사를 지휘하는 파총의 직책을 동시에 부여하는 특별한 자리였다. 군수와 파총을 겸임하는 것을 '겸파총(兼把摠)'이라 한다. 이 제도는 1689년(숙종 15) 금위영과 어영청에서 군사상 중요한 고을을 골라 파총을 군수로 임명하여 군사 지휘와 수령의 임무를 함께 맡게 한 데서 비롯되었다.

장용영에서 박천에 겸파총을 파견하는 제도는 1793년 1월 왕의 재가를 받아 시행되었다. 1792년 12월, 당시 장용영 제조로 재직하고 있던 정민시가 정조에게 이런 건의를 올렸다.

박천군에는 본 군영에 딸린 아병(牙兵)이 있고, 또 둔토(屯土)가 있으므로 그곳의 수령을 본 군영에서 관할한 다음에야 소루한 폐단이 없을 것입니다. 금위영과 어영청 두 군영처럼 향군이 있는 고을에는 겸파총을 임명하는 법에 따라 박천군수를 본 군영의 겸파총 자리로 만들어서 본 군영에서 임명하도록 하여주소서.

아병은 무재를 시험하여 선발한 대장 직속의 정규군을 말한다. 정민시의 말처럼 당시 평안도의 허리에 해당하는 가산, 정주, 안주, 박천 네 곳에 장용영에서 운영하는 둔전이 있었다.

1월 11일 정오, 백동수는 창덕궁 희정당에서 열한 살의 나이에 즉위한 순조와 첫 대면을 하게 되었다. 국왕이 이번에 벼슬을 제수받은 수령, 변장, 찰방들과 친히 만나보는 자리였다. 왕은 어리지만 의젓하고 총명해 보였다. 어좌 옆 길게 쳐진 발 뒤로 영조의 계비 정순왕후가 앉아 있었다. 나이가 들 때까지 왕후의 허락을 받고 정책을 결정하는 수렴청정이 시작되고 있었던 것이다. 나라의 운명이 열한 살의 어린 왕과 30년을 과부로 지내온 왕후에게 달려 있다고 생각 하니 선왕의 때 이른 죽음이 더욱 가슴 저렸다.

선왕 정조의 유지를 거역하는 벽파들이 주도하는 정국은 여전히 살얼음판이었다. 이미 지난해에는 정적인 시파 남인들을 천주교에 연루시켜 숙청했다. 미관말직의 벼슬자리 하나 겨우 차지한 서얼 출신들에게는 이런저런 이유를 씌워 옷을 벗겼다.

백동수는 노모를 모시고 박천으로 출발했다. 부임지로 가는 도중에 장용영이 해체될 지도 모른다는 놀라운 소문과 신임 장용대장에 제수된 신응주를 금군별장으로 전보되었다는 소문이 들렸다. 신응주는 선전관과 장용영 동료 장관인 신홍주의 형이다. 무슨 일인가 신경이 곤두서지 않을 수 없었다.

설마 했던 일이 벌어지고야 말았다. 1월 20일, 장용영이 해체되었다는 날벼락같은 소식을 듣게 된 것이다. 박천군수에 제수된 지 겨우 열흘 만에 장용영 직할에서 이조로 소속까지 바뀌게 되었다.

장용영이 사라지다

정조가 서거한 후 노론은 병권, 특히 가장 강력한 군영인 장용영을 장악하기 위해 많은 노력을 기울였다. 그러나 장용영의 병권은 외척인 김조순과 박종경이 장악하고 있었다. 벽파는 장용영을 유명무실하게 하는 방법, 즉 재정을 축소시키는 차선의 방법을 선택했다. 호조의 재정 부족분과 1801년 1월의 내노비와 시노비 혁파에 따른 재정 감축액을 장용영에서 부담토록 한 것이다.

그러나 재정 부담을 장용영에 떠넘기려던 계획은 장용영 실무자들의 저항에 부딪쳐 좌절되었다. 그러자 벽파는 위험 부담을 안고서라도 장용영을 혁파하는 쪽으로 방향을 수정했다. 벽파는 병권을 잡고 있던 안동 김씨와 반남 박씨의 두 척리 세력을 꺾기 위한 수단으로 장용영 폐지라는 무리수를 쓰게 된 것이다.

장용영 혁파를 주도했던 인물은 다름 아닌 심환지와 이서구였다. 백동수 역시 장용영이 외척의 손에 휘둘리는 것은 결코 바라지 않았다. 그렇지만 심환지와 손을 잡고 장용영을 혁파하려는 이서구의 주장에는 결코 찬성할 수 없었다.

1802년 1월 20일, 장용영을 혁파하기 위한 의정부 회의가 열렸다.

이날 회의에는 순조와 대비 김씨를 비롯하여 영부사 이병모, 영의정 심환지, 좌의정 이시수, 우의정 서용보, 개성유수 김문순, 상호군 이만수, 대호군 서유대, 형조판서 황승원, 광주유수 이경일, 호조판서 이서구, 행호군 남공철, 훈련대장 이한풍, 총융사 신대겸이 참석했다. 장용대장 박준원은 이 논의에 참여하지 않았다. 영의정 심환지가 먼저 나섰다.

"장용영을 창설한 것은 깊은 뜻이 담겨져 있는 것입니다. 농민을 시끄럽게 하지 않고도 재물과 비용이 저절로 넘치게 하였고, 평민을 들볶지 않고도 군영의 제도가 엄연히 성립되었습니다. …… 화성 행궁의 '미로한정'이라는 현판을 놓고 볼 때 성상의 의도가 담겨져 있다는 것을 그 누가 모르겠습니까? 그런데 내영과 외영이라고 하지 않고 외영과 내영이라고 한 것과 영과 사라 하지 않고 위와 부라 한 것은 모두 말 밖의 뜻을 펼쳐 보이기 위한 것으로써 나라 사람들이 거의 인정하고 있습니다. 그런데 불행하게 하늘이 오래 살도록 하여 주지 않아 마침내 천 년 만에 한 번 있을 광대한 계책을 시행하지 못하였습니다. 매번 이것을 생각하게 되면 저도 모르게 가슴이 끊어지고 쪼개지는 듯이 아픕니다.

예전의 기억을 더듬어보면 한가로이 계실 때 간절하게 하교하기를 '나의 이 조치는 부득이한 것이다. 지금 좌우에서 나를 가까이 호위하게 하는 것은 모두가 한때의 방편에서 나온 것이니 후세에는 이것으로서 법을 삼을 수 없다'고 하였습니다. 접견 좌석에 있던 신하들이 머리를 조아리면서 이 지시를 들었는데 지금까지도 그 말씀이 귀에 들려오고 있습니다. …… 의리가 시대에 따라 달라지고 제도는 변통하는 것이 합당하오니 '한때의 방편으로 한 것이니 법으로 삼을 수 없다'는 하교를 바로 오늘날에 마땅히 우러러 본받아야 할 것입니다. 어떤 사람은 3년 동안 고치지 않는다는 의리로써 우선 내년을 기다리는 것이 좋겠다'라는 말을 하지만 이것은 잘 알지 못하는 논의입니다. …… 설사 지금 당장 시행하여도 괜찮을 것입니다.

신은 장용영의 돈, 양곡, 베, 무명을 처리할 대책과 군교, 서리들을 귀속시킬 방도에 대하여 여러모로 타산하여보고 풀 수 있는 실마리를 어느 정도 얻었습니다. …… 이것이 실로 선왕의 뜻을 밝히고 선왕의 덕을 천명하는 방도이기 때문에 감히 이렇게 말씀드리는 것입니다."

심환지의 긴 말이 끝나자 영부사 이병모, 좌의정 이시수, 우의정 서용보가 '영의정이 아뢴 바는 진실로 밝은 의리에서 나온 것'이라며 한목소리를 내었다. 대신들이 아뢴 대로 처리하라는 대비 김씨의 지시를 받은 순조는 무겁게 입을 열었다.

"경들이 아뢴 바가 이와 같고 또 대왕대비의 지시도 받았으니 아뢴 대로 하도록 하라."

뒤이어 대비 김씨가 말했다.

"아뢰는 말을 들으니, 먼저 임금께서 '이것으로 법을 삼을 수 없다'라고 하교하여 그 말씀을 들은 신하가 많이 있다고 하니 어찌 그 사이에 다른 의견이 있을 수 있겠는가? 전후를 통해서 볼 때 굳이 아껴서 지속시킬 필요가 없으니 대신의 아뢴 바에 따라 거행하라."

심환지는 정조가 "한때의 방편이니 이것으로 법을 삼을 수 없다"고 언급한 적이 있으니 혁파의 명분은 충분하다고 주장했다. 정조가 한 말은 장용영을 건설한 초기에 불필요한 입씨름을 하지 않으려는 의도를 담고 있었다. 하지만 도리어 이 말이 혁파의 근거가 된 셈이다.

장용영 해체 수순

장용영 해체를 결정했다는 소식이 전해지면 소속 무사들이 반발할 것은 뻔한 일이었다. 이를 예상한 심환지는 미리 대안을 마련해두었다. 대비 김씨가 내린 다음과 같은 전교가 그것이다.

전일에는 장용영의 군교의 무리들이 이로 인해 발신(發身, 출세)할 길이 있었는데 지금은 이런 길이 영원히 단절되어 그 무리들 가운데 반드시 쓸쓸하게 여길 자가 많을 것이다. 국출신(局出身, 훈련도감의 하급 장교)의 자리를 종전과 같이 그대로 두어서 원성을 듣는 일이 없도록 하며, 이 밖에 다른 영문으로 이송하거나 또는 오래되고 부지런하여 자리를 옮기는 무리들은 반드시 모름지기 유념하여 구휼하는 것이 좋을 것이다.

혁파 결정이 나자 후속 조치가 신속하게 진행되었다. 장용영의 중추를 이루고 있던 파총 세 명과 선기장 두 명, 별장 두 명이 해직되었다. 장용영에서 파견했던 고성첨사는 병조로, 노량별장은 금위영으로, 임진별장은 총융청으로, 한강별장은 훈련도감으로 되돌려 보냈다. 장용영에서 임명하는 겸파총 한 명, 즉 평안도 박천군수 자리도 없애버렸다. 장교와 군사들도 이전에 소속해 있던 군영으로 복귀시키거나 대기 발령시켰다. 그리고 장용영의 재산과 물자는 각 관청과 군영에 나누어 주어 군영을 복원할 가능성을 철저히 막았다.

이로써 장용영을 통해 강군을 육성하려던 야심찬 계획도, 둔전을 운영하여 신식 농기구와 새로운 농법을 보급하고 정전법을 확대하려던 토지 계획도 물거품이 되어버렸다.

군사 요충지, 박천

조선의 군사 요충지는 서북(황해도와 평안도, 함경도)과 서남 해안에 집중되어 있었다. 서북은 여진의 침략 통로였으며, 서남 해안에는 왜

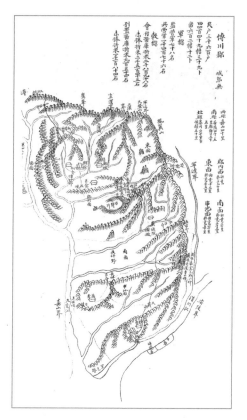

백동수가 4년간 군수로 재직했던 박천군 지도. 대령강과 청천강을 끼고 있는 박천은 평안도에서도 상업이 가장 발달한 고장이었다.

구의 침략이 잦았기 때문이다. 해안을 따라 방어시설로 쌓은 읍성이 길게 연결되어 있었고, 요소마다 진이 설치되어 있었다. 한편 내륙 지방에는 1차 방어선이 뚫리는 경우를 상정하여 침략 통로로 예상되는 지역, 즉 서울로 연결되는 길목에 위치한 고을과 주변 산성에 군사력을 집중시켜 2차 방어선을 구축했다. 일찍이 유성룡은 군사적으로 박천의 중요함을 이렇게 정리한 바 있다.

평안도의 3대 도로에서 오직 박천 한 길이 가장 중요하다. 이 길에 강변에 있는 여러 진들의 안위가 달려 있기 때문이다. …… 그러므로 지금 적을 막는 데는 박천의 길이 제일 중요하고, 정주의 길이 그 다음이고, 회천의 길이 그 다음이다.

서울에서 박천까지는 꼭 800리로, 파발을 띄워도 사흘이 걸려야 소식이 닿을 수 있는 거리였다. 1759년에 실시한 호구 조사에 따르면 박천군에는 다섯 개 면에 호수 4,790호, 인구 1만 6,570명이었다. 18세기 말부터 박천을 끼고 흐르는 대령강 유역에 사금광이 여러 곳 발견되었다. 일확천금을 노리는 투기업자와 품팔이 노동자 그리고 건달들까지 금광으로 몰려들었다. 이런 사정을 감안하면 백동수가 부임했던 1802년에는 호구 수가 좀더 늘었을 것으로 짐작된다.

박천은 풍족한 고을이었다. 곡물이 쏟아져 나오는 박천평야에서 사는 이곳 사람들은 박천이 나라의 곡향이라는 자부심을 가지고 있었다. 대령강에는 황포 돛대를 단 상선이 바쁘게 드나들었다. 이덕무의 기행문인 '입연기'에 "대령강은 박천과 가산의 경계 조수가 왕래하므로 배들이 모여들었고, 사람들의 생활이 부유했다"는 대목이 있다. 박천은 풍광이 아름다운 고장이기도 했다. 비인에 동백정이 있다면, 박천에는 영파정이 있었다. 대령강 어귀에 서 있는 영파정은 시인 묵객들이 즐겨 찾는 곳으로 유명했다.

박천에서의 4년

전임 군수였던 최치간으로부터 병부를 인수 받았다. 최치간은 백동수가 장용영 초관에 임명되었을 당시 장용영의 살림을 책임지는 호방으로 있었다. 1800년 8월에 박천군수로 부임했던 그는 고작 1년 만에 도목정사의 고과에서 낮은 점수를 받아 파직되고 말았다.

1790년대 말, 평안도는 식년 문과에서 가장 많은 급제자를 배출했다. 유향이라 불리는 경상도와 명문 사대부가 득실거리는 서울과 경기도를 제치고 평안도가 일등을 차지한 것은 놀랄 만한 일이었다. 조정은 긴장했다. 평안도를 상무의 고장으로 돌리기 위한 여러 가지 방책을 강구하기 시작했다. 대안으로 마련한 것이 평안도 한가운데 자리잡고 있는 박천을 상무의 진원지로 만들자는 계획이었다. 그동안 장용영 장관을 박천군수로 임명하였던 것은 이런 이유에서였다.

장용영이 혁파되었지만 박천의 중요성이 덜해진 것은 아니었다. 박천에 마련된 둔전에서 수확한 곡물은 주로 군기를 마련하거나 군내 장교들의 봉급을 지불하는 데 사용되었다.

백동수는 주민들의 생업인 농사에 온 신경을 쏟았다. 둔전에서 새로운 농법과 농기구를 실험하여 성공하면 지역민에게 널리 전파했다. 농한기가 되면 휘하의 향군을 중앙 군영의 수준 이상으로 끌어올리려는 목표를 가지고 맹훈련을 시켰다. 향군은 중앙 군영과 마찬가지로 포수, 사수, 용검군으로 편제되어 있었다. 지난날 장용영에서 하던 대로 보병에게 사격술과 십팔기를, 기병에게는 활쏘기와 마상기예를 가르쳤다. 철전 170, 180보를 쏠 수 있고, 모래 열다섯 말을 들 수 있는 강건한 무사를 선발하여 병조에 보고하는 일도 그의 임무 가운데 하나였다. 이들을 서울에 올려 보내면 병조에서는 두 차례 시험을 거쳐 합격자는 별무사로 임명하였다.

별무사는 기병으로 구성된 특수 병종으로 대우가 좋았다. 황해도에도 별무사가 있었으며, 함경도에는 친기위, 수원에는 별효기사, 동래에는 별기위라는 기병부대가 있었다. 지금은 변경을 방어하는 임무를 띠고 있지만, 때가 되어 출정을 알리는 나팔이 울리면 선봉에 서게 될 정예 군사들이었다.

1804년 6월 이서구가 평안감사로 부임했다. 평안도는 허리를 가로질러 흐르는 청천강을 경계로 남도와 북도로 나뉘어 있었다. 박천은 북도에 속했지만 평안감사의 일괄 지휘를 받았기에, 이서구는 백동수의 직속 상관이었다. 백동수도 감사 이서구를 문안하기 위해 평양감영을 방문했다.

이서구는 행정 실무에 밝고 재정 운용에 탁월한 솜씨를 보였다. 그래서 정조의 두터운 신망을 받아 비변사 제조로 오랫동안 봉직하였고, 전라감사를 지내면서 그 능력을 발휘하였다. 이서구는 노론 청류의 입장을 일관되게 고수했다. 그러나 외척 경주 김씨 문중의 김귀주와 연합하여 서얼과 시파 박해에 앞장섰던 벽파 심환지와 가까워지면서 그 이전까지 아주 친하게 지내던 박제가와도 멀어지게 되었다.

이서구는 상업 개편, 토지 개혁, 노비제 개혁에 모두 반대했다. 명문가에서 태어나 손에 흙 한 번 만져보지 않고 자랐으며, 50여 명의 노비를 거느리던 이서구의 입장에서 보면 수용할 수 없는 내용이었다. 박지원, 이덕무 같은 벗들의 총애와 기대를 한 몸에 받았던 이서구였지만, 1802년 심환지와 협력하여 장용영을 혁파한 뒤부터 백동수와는 사이가 멀어졌다.

　매년 6월과 12월 두 차례 해당 이조나 병조의 지휘 아래 도내 수령들의 근무 실적을 평가하는 고과(考課)가 열렸다. 그 결과 높은 점수를 얻으면 영전시키고, 낮은 점수를 얻으면 직위를 강등시키거나 파직시켰다. 백동수는 1805년 12월에 평가한 고과에 낮은 점수를 받아 이듬해 정월 파직되었다.

　역대 군수의 명단과 근무 기간을 기록한 《박천군지》 '선생안'에는 '무과 백동수 임계(壬癸, 1802년) 도임(到任), 을축(乙丑, 1805년) 폄파(貶罷)'라고 되어 있다.

협객, 주창을 꿈꾼 세월

아내가 잠들어 있는 포천으로

포천의 산수는 수려했다. 1123년에 송나라 사신으로 고려에 왔던 서긍(徐兢)이 지은 《고려도경》에 '양주, 광주, 포천, 영평에는 큰 소나무가 많다'고 했을 정도로 옛적부터 포천에는 소나무 숲이 울창하고 시냇물이 맑았다. 포천에 들어간 백동수는 다시 농사일을 시작했다.

백동수가 포천에서 생활한 지 다섯 달이 지난 1805년 6월, 이서구가 탄핵을 받아 평안감사를 사퇴하고 영평으로 낙향했다. 벗들에게 사연을 들어보니, 외척 김조순과 박종경을 비난한 것이 그 이유라고 했다. 백동수는 비로소 자신이 파직된 이유를 알게 되었다. 젊은 시절부터 이서구와 가까운 사이였으니 외척들은 자신도 이서구와 한패라고 단정하고 고과에 낮은 점수를 매겨 파직시켰던 것이다. 조정의 여론은 이서구를 죽여야 한다는 쪽으로 험악하게 돌아가고 있었다. 칼을 든 무사보다 붓을 든 문사들이 글과 상소로써 사람을 많이 죽였다는 역사의 기록은 진실이었다.

청년 시절부터 사귄 소중한 여러 벗들이 포천과 영평에 살고 있었다. 백동수는 성대중, 이한진, 이홍유, 유득공 같은 벗들과 어울려 금수정에서 거문고나 퉁소 소리를 듣거나 낚시를 드리운 채 한나절을 보내곤 했다. 바늘에 걸려 올라오는 고기라야 세 치를 넘지 않았지만 말이다. 백동수에게 벗은 피를 나누지 않은 형제였다.

백동수는 서울에 있는 박지원의 계산초당을 찾았다. 1801년 봄, 박지원은 비리를 저지른 관내 신흥사 승려의 처벌을 주장하다가 감사와 의견이 틀어지자 그대로 병을 핑계 대고 낙향했다. 그런데 실제로 중풍에 걸려 몸져 눕는 처지가 되었다. 벼슬을 살면서도 늘 사직서를 품고 지내던 박지원이었다. 박지원은 백동수만큼이나 고집이 세고 격정적인 성품이었다. 언젠가 의학에 밝았던 김기순이 박지원에게 "분노를 삭이지 못하고 억눌러 두면 훗날 반드시 울화증으로 나타날 것이며, 그럴 경우 그 병은 약이나 침으로 고칠 수 없습니다"라고 충고한 적이 있다. 박지원의 중풍은 기질이 낳은 병이기도 했다.

박지원의 계산초당은 이희경, 유득공 같은 벗들이 모이는 단골 장소가 되었다. 포천에서 서울까지 왕복 200리 길을 하루 만에 오가야 했지만 박지원을 찾는 그의 발걸음은 그치지 않았다.

한편 박지원과 백동수가 나누는 대화를 듣고 박종채는 아버지와 백동수가 동갑인 줄로 알았다. 박지원의 아들 박종채가 아버지 박지원의 행적을 기록한 《과정록》의 한 대목이다.

백동수는 아버지와 동갑인데, 힘이 몹시 세고 몸이 매우 날렵했으며 담력과 지략이 있었다. 예를 갖추어 아버지를 섬기기를 마치 비장이 주장을 섬기듯 하였다. 항상 이덕무, 박제가 등 여러 사람들에게 말하기를, '내가 연암을 섬기는 것은 마치 주창이 관장목(관우)에 대해서와 같다'고 하였다.

나이에 대한 박종채의 기록은 착오다. 박지원은 백동수보다 여섯 살, 이덕무보다 네 살이 더 많다. 박종채는 《과정록》에서 백동수를 박지원의 부하, 이덕무를 제자인 것처럼 묘사해놓았지만 이는 사실과 다르다. 백동수는 박지원을 선배로서 존경했지만 부하처럼 굴지 않았으며, 이덕무는 자신을 박지원의 제자라고 결코 생각하지 않았다.

하루는 이덕무가 박지원에게 《열하일기》를 가리키며 "이 책은 하나의 황서(荒書, 거짓말 책)가 아닌가"라고 했다. 놀란 박지원이 물었다.

"무엇을 지적하는 것인가?"

"풍윤인(연암이 1780년 청에서 만난 선비)에게 대답한 말 가운데 '형암(이덕무의 호)과 초정(박제가의 호)은 모두 나의 문도이니 이것은 공자의 문도들이 서로 제자라고 칭하는 것과 무엇이 다르겠는가?'라는 구절이 있으니, 어찌 거짓말을 쓴 책이 아닌가?"

박지원은 황급히 손을 내저으며 말했다.

"말을 자주 말게. 남들이 알까 염려되네."

포천 창수면 오가리에 있는 금수정 터. 백동수는 물론 박제가도 즐겨 찾던 곳으로 터만 남았다가 최근에 다시 복원했다. 당시 금수정은 영평현에 속해 있었다.

이런 일화를 볼 때 박지원도 이덕무를 자신의 제자로 삼고 싶었던 것이 확실하다. 그러나 이덕무는 노론 산림으로 명성이 높았던 김종후(金鍾厚, 좌의정을 지낸 김종수의 형) 같은 인물이 제자로 끌어들이려 했을 때도 단호하게 거절했다. 따라서 이덕무를 박지원의 제자로 단정한 박종채의 표현은 아버지를 높이려는 아들의 눈 높이에 맞춰진 것이 분명하다.

하지만 백동수나 이덕무가 박지원을 벗 이상으로 대했던 것도 사실이다. 백동수가 자신을 비유한 주창(周倉)은 《삼국지연의》에 등장하는 협객이다. 부하들을 이끌고 와우산에 들어가 산적의 두령이 된 주창은 관우가 '만 명을 대적할 만한 맹장'이라는 풍문을 듣고 관우를 만나기를 원했다. 마침 관우가 유비의 두 아내를 구출하여 와우산 근처를 지나간다는 소문을 듣고 관우를 찾아가 형제의 의를 맺었다. 관우와 생사고락을 함께 하던 주창은 219년에 관우가 여몽과의 전투에서 지고 포로가 되어 사형을 당했다는 비보를 전해 듣고, 식음을 전폐하고 비통해하다가 마침내 스스로 목숨을 끊어 관우의 뒤를 따랐다고 한다. 그런데 정사에 의하면 주창은 실존 인물이 아니라 창작된 인물이라고 전한다.

주창이 실존 인물이 아니라 해도 백동수를 포함한 당대 조선인들의 의식 속에는 살아 있는 사람이었다. 조선의 민중들도 관우를 무신으로 모시고, 그 옆에 주창을 그려 두 사람의 굳센 의리를 기렸다. 관우와 주창의 관계는 시대와 국경을 뛰어넘어 감동을 주었다. 아마도 백동수는 박지원에게서 관우의 풍모를 느꼈던 것이리라.

백동수는 관운장의 오른팔이었던 주창을 자신의 분신으로 삼았다. 그림 가운데 있는 이가 관우이고, 관우의 왼쪽에 관우의 아들 관평, 오른쪽에 청룡도를 들고 있는 사람이 주창이다.

박제가의 귀향과 박지원의 죽음

백동수는 박제가를 유배에서 풀려나게 하기 위해 부단히 노력했다. 박천군수로 재직하고 있던 1804년 2월, 대비 김씨가 박제가를 풀어주라는 특명을 내렸다는 소식을 듣고 얼마나 기뻐했는지 모른다. 당사자인 박제가도 이 소식을 접하고 "혹 나를 데리러 오는 관리가 타고 오는 말이 늪에 빠지지 않을까 염려되어 밤에는 등불을 높이 달아놓기도 하였다"고 당시의 심경을 밝혔다.

모두가 박제가의 귀향을 애타게 기다렸다. 그러나 두 달이 지나도록 박제가는 돌아오지 않았다. 알고 보니 의금부에서 대비의 명을 고의로 시행하지 않은 것이었다. 대비 김씨도 자신이 내린 명이 제대로 시행되고 있는지 확인하다가 뒤늦게 이런 사실을 알게 되었다. 대비는 해당 관리를 파면시키고 즉각 박제가를 유배에서 풀어주라는 엄명을 내렸다. 1805년 3월 22일, 박제가는 3년 5개월 만에 유배에서 풀려났다.

《정유집》 말미에는 박제가가 유배에서 풀려나 영평에 있는 집으로 돌아온 후에 지은 것으로 추측되는 열 자로 된 짤막한 시 '오월 그믐에 (五月晦日)'가 실려 있다.

영예도 없고 욕됨도 아예 없는 곳
뿌리지도 거두지도 아니하는 몸.

박제가가 유배지에서 아들에게 부친 편지를 보면, 유배에서 풀려나는 대로 부여로 내려가 농사를 지으며 살 계획을 가지고 있었다. 그는 소망했던 대로 부여로 내려갔을까? 《정유집》 마지막 부분에 실린 '윤 2월 22일, 꿈에서 한 연을 얻음'이란 시를 보면 팔도를 유람한 것은 틀림없는 듯하다.

도롱이와 삿갓을 써도 궁궐을 잊을 수 없고,
강호에 있어도 마음은 조정에 있네.

박제가와 해우한 지 일곱 달이 지난 10월 20일, 병상에 누워 있던 박지원이 세상을 떠났다. 백동수는 노모를 보살피느라 벗의 임종을 지키지 못했다. 임종을 지킨 이희경에게 전해 들은 박지원의 마지막 말은 "깨끗이 목욕해달라"는 것이라 했다.

박지원의 육신은 개성 동대문을 지나 덕암을 건너면 나타나는 '황토고개'의 후미진 북쪽에 묻혔다. 30여 년 전 함께 산천을 주유하며 연암골에 들어서던 길목이다. 유언에 따라 무덤에는 비석도 상석도 놓지 않았다.

백동수는 박지원이 세상을 떠나기 전까지 함께 기쁨과 슬픔을 나누었다. 박지원의 아들 종채는 《과정록》에 백동수를 이런 사람으로 기록해놓았다.

"평탄하거나 험악하거나 마른 곳이거나 진 곳이거나 조금도 수고를 꺼리지 않았다."

1천리 유형에 처해진 죄인

곤두박질치는 나라의 운명

백동수의 눈앞에는 그저 놀랄 수밖에 없는 일이 아무렇지 않게 펼쳐지고 있었다. 그리고 그에게도 어두운 그림자가 다가오고 있었다.

1806년 5월 21일, 백동수의 집에 의금부 관헌들이 들이닥쳤다. 금부도사는 그에게 '박천군수로 재직할 때 뇌물을 받았다는 대신의 탄핵이 있었다'는 사실을 알려주었다. 탄압이 있을 것은 예상했지만 뇌물 수뢰 혐의를 덮어씌우리라고는 그도 미처 예상치 못한 일이었다.

백동수는 죄인의 신분으로 의금부에 끌려갔다. 형틀에 묶여 서슬 퍼런 위관들의 심문을 받았다. 도탄에 빠진 백성을 구제하고 살림이 어려운 명사를 남몰래 도왔던 선행도, 당대 최고의 군사 지식과 무예 실력도 아무런 쓸모가 없었다.

없는 죄도 만들어낼 수 있는 곳이 의금부였다. 그동안 백동수는 불같은 자신의 기질을 잘 다스려왔다. 세상과 싸워도 끝내 부러지지 않으리라 수백 번 다짐하며 지은 아호가 '인재'였다. 그러나 역시 가난해도 당당하게 살리라는 의지를 그대로 드러낸 당호 '야뇌'가 백동수에게 더 어울렸다. 의금부에 수감되어 사흘째 취조를 받던 23일, 자신을 부패한 수령으로 몰아가는 위관들 앞에서 백동수의 인내가 바닥을 드러냈다. 머리로 피가 치솟고 온몸이 불덩이처럼 달아올랐다. 결국 정신을 잃고 말았다. 백동수가 다시 깨어났을 때 그의 몸 반쪽이 마비되어 있었다. 월령의(月令醫, 전의감 소속의 당번 의사) 박종헌이 중풍이라는 진단을 내렸다. 증세가 너무 위중하여 몸을 움직이려면 사람이 옆에 있어야 한다고 덧붙였다. 반신불수라니, 백동수는 너무 기가 막혀 웃을 수밖에 없었다. 더 이상 심문을 받을 수 없었기에 집으로 돌려보냈다. 빠르게 건강을 회복하여 닷새가 지난 5월 27일에는 기적처럼 멀쩡하게 일어설 수 있었다. 백동수는 제 발로 걸어 의금부로 찾아가 다시 수감되었다.

말년에 화기를 다스리지 못하고 중풍에 걸려 오랫동안 고생했던 연암 박지원의 얼굴이 떠올랐다. 연암과 기질이 비슷하여 평소 조심했던 백동수였다. 검 한 자루를 들면 세상에 무서울 것이 없었다. 그러나 임금은커녕 8척 몸뚱이 하나 지키지도 못하는 처량한 죄인의 신세였다.

의금부 위관은 백동수에게 앞으로 10년 동안 관직에 나가지 못한다는 금고형과 3,000리 유형을 선고했다. 유배지는 한양에서 천리가 떨어진 경상도 단성현(현재 경남 산청군 단성면)으로 결정되었다.

백동수가 의금부에 구속된 뒤에야 비로소 혐의 사실에 대한 조사가 이루어졌다. 의금부는 평안감사 이면긍에게 "전 박천군수 백동수의 혐의 사실을 입증할 만한 증거를 수집하여 보고하라"는 지시를 내렸다. 이면긍은 1805년 6월에 평안감사를 사퇴한 이서구의 후임인 시파 계열의 인물이다. 그는 백동수가 군수로 재직한 기간 동안의 비리를 캐기 위해 박천 고을의 백성들을 대상으로 탐문 수사를 벌이다가 의외의 사실이 드러나 당황했다. 군민들이 백동수를 명관으로 존경하고 있으며, 사재를 털어 어려운 백성들을 남몰래 도운 사실을 알게 되었던 것이다. 서둘러 수사를 종결한 이면긍은 이런 내용의 장계를 의금부에 올렸다.

관찰사의 보고서를 토대로 의금부는 "뇌물을 받았으나 법을 어기지 않은 것 또한 사실이다. 그러나 법을 어기지 않았다고 하더라도 수령으로서 뇌물을 받은 것은 큰 잘못이다. 사안이 중대한 만큼 전 박천군수 백동수를 '1천리 유형'에 처한다"고 선고했다. 다시 "뇌물을 받았으나 법을 어기지 않았으며, 노모가 연로하니 속죄시켜준다"는 최종 판결을 내렸다.

이런 의금부의 판결에 불만을 품은 사람은 애초에 백동수를 탄핵했던 영의정 이병모였다. 이병모는 자신을 개처럼 여기는 백동수에게 오래 전부터 원한을 품고 있었다. 6월 5일, 이병모가 순조에게 이렇게 상소했다.

"죄를 범한 자를 죄가 없어 놓아주는 사람과 같이 한다면 이로부터 관서(평안도)의 탐욕스런 수령들은 그것을 응당한 전례로 보고 더는 꺼릴 것이 없게 될 것입니다. 백동수는 사형으로 다스려야 할 죄인입니다. 죄인 백동수에게 '법을 어기지 않았으며, 모친의 연세가 연로하니 속죄를 시켜준다'는 판결을 내린 해당 의금부 당상관을 되도록 무겁게 과오를 추궁하고, 죄인 백동수를 더 먼 곳에 귀양 보내는 동시에 벼슬 길을 막는 법[禁錮]을 적용하도록 해야 할 것입니다."

순조는 이병모의 요청을 거부하지 못했다. 죄 없는 사람이 직위에서 파면되는 일이나 청렴한 관리가 탐관의 오명을 뒤집어쓰는 일은 세도 정권 하에서 흔히 벌어졌던 일이다. 정적들을 제거할 때 사정을 빙자하여 탐관으로 몰아붙이는 일만큼 효과가 큰 것은 없다. 이병모는 이

이병모 초상.
벽파의 영수로 1801년 남인들을 천주교도로 몰아 죽이기 위한 신유박해 때 국청의 위관을 맡았으며, 서얼들의 관계 진출을 막는 데 앞장 섰다.

런 사실을 오랜 경험으로 잘 알고 있었다.

자신을 탄핵한 자가 이병모라는 사실을 알고 백동수는 분노했다. 그러나 정작 백동수가 참을 수 없었던 것은 나라의 운명이 나락으로 곤두박질치고 있는 현실이었다. 그가 우려했던 일이 현실로 나타나는 데는 긴 시간이 걸리지 않았다. 동래 왜관에 거주하던 왜인 110명이 경계선 밖으로 뛰쳐나와 난동을 부리는 비상 사태가 7월에 발생했다. 지난 4월, 왜관에서 막부의 명에 따라 조선 정부에 통신사를 강호(에도) 대신에 대마도로 보내달라고 요청한 적이 있었다. 조정이 막부의 요구를 들어줄 수 없다는 통보를 내리자 이에 반발하여 난동을 부린 것이었다. 일본이 통신사를 본토 대신에 대마도로 파견할 것을 요구한 것은 통신사를 접대하는 데 드는 막대한 비용이 가장 큰 이유였다. 그러나 왜관의 왜인들이 국가 간에 맺은 법을 어기고 울타리를 뛰쳐나와 난동을 부리는 것은 이와는 다른 문제였다.

백동수는 왜인들의 난동은 무력으로 제압해야 한다고 확신하고 있었다. 그러나 세도정권은 그런 배짱도 없었다. 결국 세도정권은 왜인들의 요구를 들어주고 말았다. 그 시각에도 조선 정부의 부패와 무능은 일본에 정확하게 전달되고 있었다. 이런 정보는 일본에 다시 조선을 정복해야 한다는 논리, 즉 '정한론'의 망상을 심어주게 되었다.

지리산 기슭, 단성현에서 유배를 살다

백동수는 여든여덟 고령의 노모에게 절을 올리며 눈물을 흘렸다. 병든 노모를 두고 천 리 길 유배를 떠나야 하는 자신의 처지가 서글펐다. 두 아들에게 노모의 봉양을 당부하고 떨어지지 않는 발걸음을 옮겼다. 유배지 경상도 단성현에 도착한 백동수는 앞으로 유배를 사는 동안 자신을 감시 감독할 현감을 찾았다. 관아에 들어서자 현감 정설(鄭枻)이

16세기 무렵 조선 연안에 수시로 출몰했던 왜구의 모습. 비록 왜관을 설치하여 일본인들의 입국과 교역을 관리했지만, 왜인들은 수시로 난동을 부렸다.

달려 나와 죄인 백동수의 두 손을 마주잡았다. 단성현 감 정설은 백동수가 장용영과 훈련원, 장흥고에 재직할 때 이덕무의 아들 이광규, 유득공의 아들 유본학, 원중거의 아들 원유진과 규장각 검서관으로 재직하고 있었다. 여기에 장흥고 주부를 지내기도 해 백동수와는 얽히고설킨 특별한 인연을 맺고 있었다. 더군다나 정설은 자신과 같은 서얼이었다. 유배지의 관할 수령이 평소 잘 아는 사이니 불행 중 다행이었다.

두 아들에게 편지를 써서 노모의 안부를 묻는 일이 백동수의 중요한 일과였다. 의금부에 잡혀가 위관들에게 당한 수모를 생각하면 당장 죽고 싶었다. 그러나 차마 죽지 못한 것은 노모가 살아계시기 때문이다. 게다가 늦게 얻은 둘째아들 성진은 겨우 아홉 살밖에 되지 않았다. 노모와 어린 아들을 생각하며 마음을 바꾸어 먹었다.

살아남아 매듭지어야 할 일이 남아 있었다. 유배에 풀려나 노모를 하루라도 손수 봉양하다가 임종을 지키는 일이고, 추락한 명예를 회복하는 일이다. 그러기 위해서는 건강을 회복하는 일이 급선무였다. 몸은 많이 회복되었지만 이전처럼 자유롭지는 않다. 백동수는 소년시절부터 사용해 온 보검을 꺼내들었다. 이른 아침과 늦은 밤이면 마당에 나가 검법을 수련하며 기운을 가다듬었다.

단성현은 남쪽 땅이지만 지리산 자락이라 겨울이 일찍 찾아왔다. 겨울에는 마을 아이들을 집에 불러 글을 가르치기 시작했다. 현감이 배려해 주어도 유배객의 신세에서 결코 벗어날 수가 없었다. 가끔 울컥울컥 화가 치밀었지만 깊은 호흡을 하며 기운을 가라앉혔다.

백동수의 벗들이 구명에 나서고 아들 심진이 나섰다. 친분이 있는 고관대작들을 찾아 도움을 호소했으나 별 소득이 없었다. 세상의 염량세태에 절망하지 않을 수 없었다. 이듬해 봄이 되자 심진이 임금에게 상소를 올려 "연세가 여든아홉이나 된 할머니가 살아계시니 아버지가 할머니를 살아생전에 봉양할 수 있도록 선처해 달라"고 호소했다. 다행히 심진의 상소가 열여덟 젊은 왕의 마음을 움직였다. 1807년 3월 18일, 마침내 유배에서 풀려났다.

　백동수의 소망은 노모를 모시다가 임종을 지켜드리는 일이었다. 하늘은 그의 간절한 바람을 들어주었다. 그의 어머니 평산 신씨는 아들이 유배에서 풀려난 뒤 아들의 봉양을 받으며 한 해를 더 살아 여든아홉 수를 누렸다.

홍경래난과 박천

반란의 시대

세도정권은 '태평호시절'에 강력한 군영을 유지하는 것을 쓸데없는 낭비로 여겼다. 그들에게 필요한 군대는 왕실의 대문과 자신들의 담을 지키는 정도면 족했다. 백성들도 군대 자체의 존재를 달갑게 여기지 않았다. 거두어들이는 군포는 나날이 늘어났지만 군영의 창고는 갈수록 텅텅 비어갔다. 무능하고 부패한 세도정권에 억눌리던 백성들은 최후의 수단으로 무력을 선택했다. 1811년 12월 18일, 평안도에서 홍경래가 반란을 일으킨 것이다.

백동수는 전쟁의 전개 과정을 안타깝게 지켜보지 않을 수 없었다. 더군다나 반란군의 근거지는 박천이었다. 정확하게 말해서 수륙 교통이 편리하여 큰 시장이 열렸던 진두와 대정강에 있는 섬 추도, 그리고 박천 관사에서 불과 1리밖에 떨어지지 않은 가산군 다복동이었다. 다복동은 홍경래가 금광 개발을 명목으로 전국의 임금 노동자들을 불러모아 비밀리에 군사 훈련을 시켰던 곳이다.

박천이 농민항쟁의 거점이 되었던 데는 어쩌면 장용영과 백동수의 역할도 있었다. 박천, 가산, 정주, 안주는 장용영에서 둔전을 운영했던 고을이다. 1802년부터 백동수가 박천군수로 재직하면서 장용영 아병 출신의 향군을 근간으로 박천을 상무의 고장으로 만들 계획을 추진하였다. 그러다가 지난 1804년, 군수 직에서 해임되면서 백동수는 다시 한 번 희망을 접어야 했다. 그리고 많은 전직 장용영 아병 출신들이 반군에 가담하여 무시할 수 없는 전력이 되었다.

12월 18일 밤, 반군은 가산과 곽산을 점령하고, 이어 20일에는 박천을 점령하였다. 반군은 군사를 일으킨 지 이레도 채 되지 않아 정주, 선천, 태천, 철산, 용천 등 청천강 이북의 대부분 고을을 무혈 점령하였다. 세도정권의 학정에 분노한 평안도 백성들이 적극 호응했기 때문이다.

29일, 박천 송림에서 반군과 관군의 첫 전투가 벌어졌다. 반군의 의기는 높았지만 고도의 훈련을 받은 관군의 상대가 되기에는 역부족이었다. 반군은 관군의 초토화 작전에 밀려 대패하고 정주성으로 후퇴했다. 이때 박천과 가산의 수많은 농민들이 반군을 따라 정주성으로 들어갔다. 정주성에 들어간 박천 출신의 농민들 상당수는 백동수가 직접 훈련을 시켰던 향군이었다. 농민이 주축이 된 반군들은 관군의 4분의 1밖에 되지 않았지만 관군의 집중 공격을 막아내며 넉 달을 버텼다.

백동수는 반란군의 의지가 아무리 높아도 정예의 관군을 당해내지 못하리란 것을 잘 알고 있었다. 진압군의 선봉장에 유효원이 임명되었다는 소식이 들려왔다. 유효원은 그가 장용영 초관에 임명되었을 때 병방으로 재직하고 있었기에 누구보다 그의 성품을 잘 알았다.

유효원은 용맹과 지략을 두루 갖춘 탁월한 장수였지만 덕이 부족한 것이 큰 흠이었다. 우려는 충격적인 현실로 나타났다. 4월 19일, 관군은 굴을 파고 들어가 성벽 밑에 화약 수천 근을 묻고 폭발시켜 성벽을 무너뜨렸다. 성이 함락되면서 많은 사람들이 죽은 것은 어쩔 수 없는 일이었다. 그러나 유효원은 23일 항복한 포로 2,983명 가운데 열 살 아래의 남자 아이 224명과 여자 842명을 석방하고, 나머지 1,917명을 모두 효수하라는 명을 내렸다. 유효원이 포로들 대부분이 박천과 가산의 농민들이라는 사실을 모를 리 없었다.

백동수는 항복한 포로들을 효수한 유효원과 한때 장용영에서 얼굴을 맞대고 일한 사실을 기억 속에서 도려내고 싶은 심정이었다. 그는 이로 인하여 한동안 말할 수 없는 마음의 고통을 겪어야 했다.

백동수의 말년은 부패한 세도정권을 전복시키고 스스로 새 세상을 열려는 백성들의 반란의 시대였다. 또한 오랜 세월이 흐른 뒤에 북벌을 실천하려는 사람이 등장하기도 했다. 바로 이필제였다. 그는 무려 네 차례나 조선을 떠들썩하게 만든 반란 사건의 주모자였다. 물론 이필제란 이름도 본명이 아니라 일을 꾸미면서 그가 사용했던 여러 개의 가명 가운데 하나이다. 반란의 명분은 '북벌을 이루기 위함'이었다. 이필제는 북벌을 이루기 위해서는 먼저 "부패한 조정을 흔들어 큰 병력을 얻어야 한다"고 했다. 그는 북벌의 성공에 대해 회의하는 동지들에게 "명을 건국한 주원장도 처음에는 거지 아이 300명으로 시작하였다. 사람의 일을 어떻게 알 수 있느냐?"며 혁명의 성공을 장담한 기남자였다.

세도정권 치하에서는 훈련도감 같은 중앙 군영에서조차 진법을 익히고 무예를 연마하는 훈련을 제대로 실시하지 않았다. 당시의 기록을 살펴보면 거의 대부분 훈련을 빼먹었는데 그 이유가 '대장의 신병'이 가장 많이 차지하고, 다음으로는 '날씨의 불순'이었다. 이전에는 대장이 몸이 아프다는 이유로 훈련을 건너뛴 적은 단 한 차례도 없었다. 조선의 군사들이 '바람으로 머리를 빗고 비로 목욕을 하며, 찬 바람을 맞고 더위를 먹으며' 훈련에 몰두했던 일은 불과 십수 년 전이지만, 이는 전설처럼 아득한 일이 돼버렸다.

다시 못 볼 기남자, '무로써 문을 이룬' 선비

순조, 백동수를 찾다

1810년 7월, 병조에서 보낸 관원이 백동수를 찾아와 어명이 담긴 교지를 전해 주었다. 백동수는 자리를 깔고 임금이 계시는 서울을 향해 재배하고 교지를 펴 보았다. 교지에는 백동수를 군기시부정(軍器寺副正)에 제수한다고 씌어 있고 붉은 어보가 찍혀 있었다.

군기시부정이라면 종3품의 벼슬이다. 서얼 출신으로 받을 수 있는 최고의 벼슬인 셈이다. 백동수의 앞 세대는 아무리 실력이 뛰어나도 6품을 넘지 못했다. 이제는 3품까지 오르게 되었으니 과연 살만한 세상이 된 것일까. 10년이 흘러 21세의 청년이 된 순조는 부왕 정조를 본받아 정치를 개혁하려는 강한 의욕을 보였다. 그러나 지독히 운이 없었다. 지난해 전국을 휩쓴 유례를 찾을 수 없는 심한 가뭄으로 흉년이 들어 팔도가 굶주림에 신음하고 있었다. 여기에 한 해 뒤에는 홍경래의 반란이 일어나는 악재를 만났기 때문이다.

순조는 조정을 좌지우지하는 처가(안동 김씨)와 외가(반남 박씨)의 두 외척을 누르기 위해 묘안을 짜냈다. 그것은 부왕 정조가 개혁 정치의 동력과 산실로 삼았던 규장각과 장용영이었다. 규장각을 통해 초계문신을 길러낸 것처럼 친위관료를 육성하고, 장용영처럼 국왕 친위부대를 육성하는 방안이었다. 순조는 부왕에게 충성을 바친 백동수에게 대를 이어 충성을 바쳐달라고 손을 내밀었던 것이다. 백동수는 왕의 뜻을 간파하고 잠시 마음이 흔들렸으나 이내 머리를 흔들었다. 군영은 이미 손을 쓰기 어려운 지경에 놓여 있었다. 또한 다시 관직에 나가 몸과 마음을 더럽히고 싶지 않았다. 백동수는 임금이 있는 서울을 향해 재배하고 붓을 들어 글을 지었다. 성은에 깊이 감사하지만 늙고 병들어 벼슬은 사양한다는 내용이었다. 몇 차례 관헌이 집에 찾아와 출사를 재촉했으나 그냥 돌려보냈다.

3년이 지난 1813년 8월, 지난번처럼 군기시부정의 자리에 제수한다는 기별과 교지가 당도했다. 지난번처럼 처리했다. 다시 3년이 지난 1816년 2월에도 똑 같은 일이 일어났다. 순조가 무려 세 차례 같은 벼슬에 제수하는 정성을 보였으나 백동수는 세 차례 모두 사양했다.

일흔 살을 넘긴 청년 야뇌

무심한 강물처럼 세월이 흘렀다. 그 사이 백동수의 가족은 더욱 단출해졌다. 둘째 아내도 세상을 떠나버려, 그는 다시 홀아비가 되었다. 이제 그의 곁에 남은 가족이라고 해야 맏아들 심진 내외와 아직 장가들지 않은 둘째 성진뿐이었다.

뜻을 같이했던 백동수의 동지들은 거의 다 산 언덕에 누워 있었다. 살아 있는 벗들도 이런저런 사정으로 만나기 어려웠다. 한번 만나고 헤어지면 그것이 영원한 이별이기 십상이었다. 마음에 가장 걸리는 벗은 유배에서 풀려나지 못한 서형수와 정치권에서 밀려나 은둔하고 있는 이서구였다. 서형수는 결국 유배지에서 운명하고 말았다. 이서구는 백동수가 살던 포천의 바로 이웃 고을인 영평에 살았으니 서로 만났을 것 같으나 여기에 대한 기록은 찾기 어렵다. 그는 정계에서 축출된 이후 서울 근처에는 얼씬거리지도 않았기 때문에 서울에서는 "강산(薑山, 이서구의 호)이 이미 죽었다"는 소문이 나돌았을 정도였다.

노년의 백동수에게 아들 성진이 위안을 주었다. 그를 닮아 체격이 크고 튼튼했으며 총명했다. 성진이 글 읽는 소리를 듣는 것이 그에게 큰 즐거움인지라, 성진에게 글공부와 무예를 가르치는 것이 그의 일상이 되었다.

비록 성긴 발길이긴 해도 백동수를 찾아오는 손님들은 끊이지 않았다. 나이가 들어도 사람을 끄는 매력을 여전히 지니고 있었던 것이다. 이제 그를 찾는 이들은 백발의 노인이 아니라 대부분 이십 대의 새파란 청년이었다. 벗의 아들들, 청년 시절 협객으로 지낼 때 사귄 이들의 아들들이었다. 젊은이들과 어울리면 일흔을 넘긴 백동수도 스무 살의 청년 야뇌가 되었다.

청년들 중에 이덕무의 손자 이규경이 있었다. 이규경은 평생 벼슬하지 않고 조부와 부친을 이어 이용 후생의 학문에 생애를 바쳤다. 오대양 육대주에서 '오주(五洲)'라는 말을 따 자신의 호로 삼았을 만큼 배움에 욕심이 많았던 그는 백과사전인 《오주연문장전산고》와 조선 시대의 유일한 화학서인 《박물고변》을 저술했다. 그리고 병서를 간행하려던 조부 이덕무의 뜻을 이어 군사를 다루는 《신기화법》과 《신기수법》을 썼다. 《신기화법》에는 다양한 화포의 규격과 사용법을 상세히 설명하였고, 《신기수법》에는 방어와 공격에 관한 요책과 방어와 공격용 신무기 열한 가지를 그림으로 쉽게 설명했다. '비편'에는 공격용 선박을 간결하게 설명하였으며, 망원경으로 적진을 바라보면서 포격을 가하

이규경이 쓴 글씨. 이규경은 할아버지 이덕무처럼 모든 학문에 두루 통달했을 뿐 아니라 부국강병을 위해 신식 무기 개발에도 힘쓴 병학가이다.

는 방법을 소개하였다. 그러나 이런 탁월한 병법 서적도 세도정권 치하에서는 빛을 보지 못했다. 지금 남아 있는 그의 책은 1950년대 말 군밤 장수의 포장지로 쓰일 뻔한 것을 우연히 발견하여 알려지게 되었다 한다.

반 미치광이

백동수가 말년에 가까이 지낸 사람은 포천과 영평에 살고 있던 청성 성대중, 경산 이한진, 백석 이홍유 같은 이들로, 청년 시절부터 사귄 벗이었다. 타고난 풍류객인 이한진은 여든이 되어도 거문고와 퉁소를 놓지 않았다. 그는 1814년 노래집 《청구영언》을 완성했다. 《청구영언》에는 '반치(半癡)'라는 호를 사용한 인물의 작품이 여덟 수 실려 있다. 반치가 자주 불렀던 사설시조 가운데 이런 것이 있다.

대장부 성공신퇴후에 임천에 집을 짓고 만권서를 쌓아두고

종하여 밭 갈리며 보라매 길들이고 천근준마 세워두고 절대가인 곁에 두고

금준에 술을 놓고 벽오동 거문고에 남풍시 노래하며 태평연월에 취하여 누었으니

아마도 남아의 하올 일은 이뿐인가 하노라.

이 시조의 원작자는 이정보(李鼎輔, 1693~1766)로 알려져 있지만 이한진은 '반치'의 작품이라고 기록하고 있어 그 까닭을 짐작하기 어렵다. 내용은 백동수가 추구했을 법한 무사의 소망을 담고 있다. 혹, 반치는 백동수가 말년에 사용한 호가 아닐까? 뒤틀려가는 세상을 살며 완전히 미칠 수는 없고 미치지 않자니 견디기 어려운 심사를 '반 미치광이'라 표현한 것은 아닐는지.

뜨겁게 한세상 살다간 사나이

1815년 어느 날, 초로의 단아한 선비가 백동수의 집을 찾았다. 선비의 이름은 성해응. 1788년부터 규장각 검서관으로 일했던 성해응은 아호를 '연경제'라 짓고 경전 연구에 일생을 바친 학자였다. 그런 성해응도 세도정권의 미움을 받아 지방관을 전전하다가 정계에서 완전히 밀려나자 저술에 전념하기 위하여 고향 포천을 찾았던 것이다.

그 무렵 백동수는 몸이 많이 쇠약해져 있었다. 성해응을 맞은 그는 한동안 말없이 보료에 기대어 지그시 눈을 감고 추억을 더듬었다.

그날은 27년 전 무신년(1788) 4월 2일, 이덕무 아버지의 생신 날이었다. 꽃 향기가 은은하게 풍기던 봄날, 술을 마시며 벗들이 연주하는 거문고와 퉁소에 취하던 그날 밤의 아름다운 정경이 어제 일처럼 선명하게 떠올랐다. 백동수는 마음 맞는 벗들과 어울린 편안한 자리인지라 취해서 이내 골아 떨어지고 말았다. 백동수가 눈을 떴을 때는 이미 깊은 밤이었다. 크게 하품을 하고 기지개를 켠 다음, 눈을 비비며 주위를 둘러보았다. 다른 벗들은 이미 보이지 않고 젊은이들만 자리를 지키고 있었다.

문득 백동수의 눈에 띄는 이가 있었다. 단원 김홍도였다. 그보다 두 살 아래인 김홍도는 도화서 화원으로 왕의 총애를 한 몸에 받으며 명성을 날리고 있었다. 단원도 이덕무의 초대를 받아 한자리에 참석했다. 어떤 분야든 최고의 경지에 이른 사람을 존중했던 그도 김홍도의 그림을 좋아했다. 그는 단원의 얼굴을 보자 그제야 일찍 골아 떨어지는 바람에 단원의 그림을 감상하지 못했다는 생각이 들었다. 마침 방 안에는 초저녁에 벗들이 돌아가며 시를 적고 그림을 그린 화선지 더미가 그대로 놓여 있었다. 백동수는 그 속에서 그림 한 장을 들추어냈다.

백동수가 집어든 그림은 집주인 이덕무의 청을 받아 김홍도가 초저녁에 그린 신선도였다. 순간 놀라운 일이 벌어졌다. 백동수가 김홍도가 보는 앞에서 신선도를 갈기갈기 찢어버린 것이었다.

　김홍도는 30대 초반에 신선도로 이름을 떨쳤다. 삼십 대에 그린 '군선도8첩 병풍', '신선도8첩 병풍', '남극성도'가 가장 수작이라는 평가를 들었던 작품이다. 김홍도의 스승인 표암 강세황도 "특히 신선과 화조를 잘 그려 이것만으로도 일세를 울리고 후대에 전해지기 충분하다"고 했을 정도로 김홍도는 신선도의 대가였다. 그러나 세간의 평이 어떻든 이날 김홍도가 그린 작품은 백동수의 눈에는 차지 않았다.

　정조의 총애를 받았던 김홍도는 1783년 화원 출신으로는 드물게 찰방에 임명되었다. 달라진 환경 때문인지 이 무렵부터 그의 그림에는 젊음의 힘과 영감을 보여주기에는 미흡한 점이 있었다. 또 신선도에 반드시 있어야 할 신운(神韻)이 빠지고 속기(俗氣)가 드러났으니, 김홍도가 사십 대에 그린 신선은 평범한 노인과 구분하기 어려웠다. 이것이 백동수가 신선도를 찢어버린 이유였다.

　그러나 백동수는 자신의 행동이 지나친 것이라는 사실을 곧바로 깨달았다. 그는 김홍도에게 다가가 부드럽게 말을 걸었다. 신선도에 크게 기대를 걸었는데 이에 못 미처 울화가 치밀어 저지른 행동이니 너그러이 이해해달라고 사과를 구했다. 김홍도는 눈앞에서 자신의 그림을 찢은 백동수의 행동이 몹시 불쾌했지만 그의 정중한 사과를 받아들이지 않을 수 없었다. 이인상에게 배우고 서상수, 정철조, 박제가 같은 벗들과 어울리며 화법을 익힌 그의 말은 대가 김홍도 앞에서도 막힘이 없었다. 조금 떨어진 곳에서 준수한 용모를 가진 젊은 선비가 이런 광경을 놀란 눈으로 지켜보고 있었다. 잠시 뒤, 젊은 선비가 공손하게 예를 갖추며 다가와 큰절을 올렸다.

"백공 영숙 어른이 아니십니까? 저는 성해응이라고 합니다. 제가 늦게 참석하여 공이 주무시고 계시는 까닭에 미처 인사드릴 기회를 갖지 못했습니다."

아버지 성대중에게서 백동수에 관한 이야기를 여러 차례 들었던 성해응은 이 기이한 사나이가 바로 백동수라는 사실을 대번에 알았다. 백동수도 성대중의 집을 여러 번 드나들었지만 성해응을 한 번도 만나지 못했었다. 그러나 얼굴만 보아도 벗의 아들이라는 것을 한눈에 알 수 있었다.

백동수는 벗만큼이나 잘생기고 총명한 성해응에게 호감을 가졌다. 성해응은 바로 그해 가을에 규장각 검서관에 임명되어 백동수와 자주 얼굴을 대면하게 되었다.

김홍도의 '군선도' (1776). 지본 담채, 호암미술관. 백동수가 찢어버렸다는 김홍도의 그림도 이런 신선도였다. 김홍도는 신선도를 잘 그렸으나, 30대에 그린 작품에 비해 40대에 그린 그림은 그 격이 떨어진다는 평가를 받고 있다.

백동수는 눈을 떴다. 그때의 젊은 선비는 간 데 없고 초로의 늙은이가 앞에 앉아 있었다. 그것은 성해응의 편에서 보아도 마찬가지였다. 무예의 달인이자 힘이 장사였던 백동수가 보료에 기대어 앉아 있는 모습은 쓸쓸하다 못해 비감했다.

"식사는 제대로 하시고 계십니까?"

백동수는 환하게 웃었다.

"내가 비록 병이 들었으나 아침저녁으로 밥 한 사발은 족히 먹고 있으니 과히 염려 마오."

"고을 수령을 두 번이나 지내신 분인데, 너무 초라한 생활이 아닙니까?"

"그런 말씀일랑 마시게. 나의 명은 정해져 있는 것인데 내가 무슨 걱정이 있겠는가!"

이같은 백동수의 말을 듣고 성해응은 "나는 그의 기이한 기개가 여전함을 알고 못내 아까워했다"라고 고백했다. 성해응은 백동수의 비범한 삶에 여러 번 놀랐다. 성해응의 눈에도 백동수는 '무로써 문을 이룬' 진정한 선비였다.

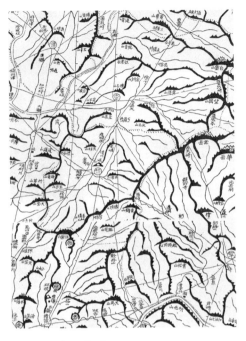

'대동여지도'에 나오는 포천.

백동수의 벗 박지원은 '원사(原士)'라는 글에서 '무릇 선비란 아래로는 농공과 나란히 설 수 있으며, 위로는 왕공과 벗할 수 있는 존재이다'라며 선비의 길을 제시한 바 있다. 백동수의 맏아들 심진의 자는 '사정(士正)'이고, 둘째 아들 성진의 자는 '사선(士善)'이다. 그리고 박지원의 아들 종채의 자는 '사행(士行)'이다. 그와 박지원이 아들의 이름에 선비의 길을 담은 것은 우연이 아니었을 것이다. 김체건이 아들 광택에게 그랬던 것처럼, 임수웅이 아들 복기에게 그랬던 것처럼 그는 두 아들에게 선비의 길, 무사의 길을 알려주었다.

1816년 10월 3일, 야뇌 백동수는 포천에 있는 집에서 영원히 눈을 감았다. 향년 74세. 당시에는 일흔 살만 살아도 수를 누렸다고 했으니 오래 산 셈이었다. 그는 아내와 아들이 잠들어 있는 소흘면 무란골에 묻혔다.

백동수의 부고를 전해 들은 성해응은 '백영숙 동수의 일을 쓰다[書白

永叔東脩事」라는 글을 지어 뜨겁게 한세상을 살다 간 사나이의 생을 기렸다.

영숙의 집안은 본디 넉넉했지만 궁핍한 사람들을 구제하기를 좋아하였다. 이로 말미암아 가업은 흩어지고 기울었지만 베풀어줌을 그치지 않았다. 이웃에 몰락한 명관이 있다는 말을 들으면 보살피지 않은 적이 없다. 그런즉 지방 수령으로 있을 때 받은 봉록은 항시 빚 갚는 데 다 써서 부족하였다……

성해응은 붓을 놓기 전, 마지막 글귀를 써넣었다.
"애석하도다! 다시는 기남자를 볼 수 없음이여!"

야뇌의 얼굴

정사라고 이름하는 기록물에서 무예의 역사를 찾아내기란 불가능에 가깝다. 무예와 관련된 무기 역시 남아 있는 유물은 많지 않다. 하지만 이것이 우리 무예가 보잘 것 없었음을 뜻하는 증거라 할 수는 없다. 마찬가지로 역사의 전면에 드러나지 않는다고 해서 민족 무예의 맥과 조선 무사의 혼이 존재하지 않았던 것은 결코 아니다.

그렇게 소중한 많은 것들이 역사의 그늘에 속절없이 묻혀버렸다. 외세의 약탈과 우리의 무관심 속에서 하나 둘 자취를 감춘 것이다. 그러나 분명한 것은 백성들의 삶에 헌신했던 무명의 무사들이 조선의 무예를 세운 주체이며, 외적의 침략으로 나라가 위기에 처했을 때 앞장서서 총검을 들었던 주역이라는 사실이다. 이제까지 더듬었던 야뇌 백동수의 생애가 이러한 사실을 증언하고 있다.

아쉬운 것이 어디 한둘이랴! 백동수는 많은 화가와 사귀었고, 그 자신도 그림에 재능이 있었다. 그러나 지금 우리는 그의 초상화를 볼 수 없다. 대신 몇 가지 단편적인 자료를 가지고 백동수의 초상을 마음속

《무예도보통지》에서 18기와 마
상기예를 연무하는 무사들의 얼
굴은 청년인데 반해, 마상월도
와 격구를 연무하는 무사만은
수염을 기른 장년이다. 여기서
큰 키에 건장한 체격과 수염이
무성한 얼굴을 가졌다는 백동수
의 모습을 추측해볼 수 있다.

에 그려볼 뿐이다. 그의 친밀한 벗에 의하면 그는 큰 키에 건장한 체격
과 수염이 무성한 얼굴을 가졌다고 한다. 야뇌의 모습을 그가 심혈을
기울여 편찬했던 《무예도보통지》에서 찾아볼 수는 없을까?

《무예도보통지》에 수록된 그림을 꼼꼼하게 살펴보면 흥미로운 사실
을 발견할 수 있다. 십팔기와 마상기예 기창·마상쌍검·마상재를 연
무하는 무사들은 모두 청년의 얼굴인데 반해, 마상월도와 격구를 연무
하는 무사만은 유독 수염을 기른 장년의 얼굴이라는 사실이다.

격구는 백동수의 주도로 복원한 무예였으며, 월도는 힘이 세고 건장
한 무사가 아니면 다루기 어려운 무기였다. 당시 선기대에 소속된 무
사들의 신상을 문헌을 통해 살펴보면 모두가 체격이 건장하고 키가 컸
던 사실을 확인할 수 있다.

야뇌 백동수는 마상기예의 전문가였던 장용위 선기대와 함께 마상기예를 정리했으므로, 말 위에서 월도를 휘두르는 그림 속 인물이 야뇌일 가능성은 충분히 있다. 만약 그림 속 주인공이 백동수라면 이런 상상을 해볼 수 있지 않을까? 젊은 무사의 동작이 성에 차지 않자 직접 말에 올라 월도를 들고 시범을 보이는 야뇌의 모습 말이다.

설령 그림 속 주인공이 야뇌 백동수가 아니라 해도 상관없다. 말을 타고 월도를 휘두르는 무사의 당당한 모습에서 대륙으로 비상하려는 조선 무사들의 열정과 기개를 충분히 느낄 수 있기 때문이다.

■ 참고문헌

《수원백씨대동보》

《안동김씨대동보》

《진주유씨대동보》

《평산신씨대동보》

《무예제보武藝諸譜》

《무예제보번역속집武藝諸譜飜譯續集》

《무예도보통지武藝圖譜通志》

《병학통兵學通》

《병학지남兵學指南》

《기효신서紀效新書》

《무비지武備志》

《장용영고사壯勇營故事》

《장용영대절목壯勇營大節目》

《훈국등록訓局謄錄》

《금위영등록禁衛營謄錄》

《어영청등록御營廳謄錄》

《무과총요武科總要》

《박천군지》

《서천군지》

《읍지총서邑誌叢書》

《금릉집金陵集》, (남공철)

《도암집陶庵集》, (이재)

《명고집明皐集》, (이명연)

《연경제전집研經齊全集》, (성해응)

《연암집燕巖集》, (박지원)

《영조 · 장조문집英祖 · 莊祖文集》

《이충무공전서李忠武公全書》, (이순신)

《정유집》, (박제가)

《청성집靑城集》, (성대중)

《추재집秋齋集》, (조수삼)

《속대전續大典》

《대전통편大典通編》

《국역 담헌서湛軒書》, 민족문화추진회

《국역 홍재전서弘齋全書》, 민족문화추진회

《국역 청장관전서靑莊館全書》, 이덕무, 민족문화추진회

《국역 원행을묘정리의궤園行乙卯整理儀軌》, 수원시

《국역 만기요람萬機要覽》, 민족문화추진회

《국역 조선왕조실록朝鮮王朝實錄−선조실록 · 효종실록 · 현종실록 · 숙종실록 · 영조실

　　록 · 정조실록 · 순조실록》

《북역 이조실록李朝實錄》

단행본

강명관, 《조선후기 여항문학연구》, 창비, 1997.

강재언, 《서양과 조선》, 학고재, 1998.

고석규, 《19세기 조선의 향촌사회연구》, 서울대학교 출판부, 1998.

김동주, 《장서각도서한국본해제집-군사류》, 한국정신문화연구원, 1993.

김명호, 《열하일기 연구》, 창비, 1990.

김성윤, 《조선후기 탕평정치 연구》, 지식산업사, 1997.

김영동, 《박지원 소설연구》, 태학사, 1997.

김용덕, 《정유 박제가 연구》, 중앙대학교 출판국, 1970.

김용섭, 《조선후기 농업사 연구》, 일조각, 1981.

김용찬, 《18세기의 시조문학과 예술사적 위상》, 월인, 1999.

김우철, 《조선후기 지방군사제사》, 경인문화사, 2000.

김위현 옮김, 《국역 무예도보통지》, 민족사, 1984.

김윤조 옮김, 《역주 과정록》, 태학사, 1997.

김태준, 《홍대용》, 한길사, 1998.

김혈준, 《그렇다면 도로 눈을 감고 가시오》, 학고재, 1999.

노영구 외, 《정조대의 예술과 과학》, 문헌과해석사, 2000.

레이 황, 박상이 옮김, 《1587-아무 일도 없었던 해》, 가지않은길, 1997.

박광용, 《영조와 정조의 나라》, 푸른역사, 1998.

박지원, 《열하일기》(상중하), 이가원 옮김, 대양서적, 1973.

박희병, 《한국고전 인물전 연구》, 한길사, 1992.

백기인, 《중국군사사상사》, 국방군사연구소, 1996.

서태원, 《조선후기 지방군제연구》, 혜안, 1999.

성백효 역, 《병학지남연의》, 국방군사연구소, 1995.

손승철, 《조선시대 한일관계사 연구》, 지성의샘, 1994.

송재소 외, 《이조후기 한문학의 재조명》, 창비, 1994.

송전융지, 《중국무술사》, 청림문화사.

안학, 《조선무사영웅전》, 정음사, 1974.

임동규, 《실기해제 무예도보통지》, 학민사, 1994.

안대회, 《18세기 한국 한시사 연구》, 소명, 1999.

_____, 《궁핍한 날의 벗》, 태학사, 2000.

오가와 하루히사, 《실사구시의 눈으로 시대를 밝힌다》, 황용성 옮김, 강, 1999.

오주석, 《김홍도》, 열화당, 1998.

유봉학, 《꿈의 문화유산 화성》, 신구문화사, 1996.

_____, 《연암일파 북학사상 연구》, 일지사, 1995.

이규상, 《18세기 조선 인물지-병세재언록》, 창비, 1997.

이덕무 · 유득공 · 박제가 · 이서구, 《사가시선》, 김상훈 · 김상민 공역, 국립문화예술서
　　적출판사, 여강, 2000.

이은순, 《조선후기 당쟁사》, 일조각, 1988.

이우성, 《한국의 역사상》, 창작과비평사, 1982.

이이화, 《조선후기의 정치사상과 사회변동》, 한길사, 1994.

이태진, 《조선후기의 정치와 군영제 변천》, 한국연구원, 1985.

임동권 · 정형호, 《한국의 마상무예》, 한국마사회 마사박물관, 1997.

정민, 《비슷한 것은 가짜다》, 태학사, 2000.

정석종, 《조선후기사회변동 연구》, 일조각, 1983.

정성철, 《실학파의 철학사상과 사회정치적 견해》(상), 백의, 1989.

정신문화연구원, 《규장각도서 한국본 해제집-군사류》, 정신문화연구원, 1994.

정옥자, 《조선후기 중화사상연구》, 일지사, 1998.

_____, 《조선후기 지성사》, 일지사, 1991.

_____ 외, 《정조시대의 사상과 문화》, 돌베개, 1999.

차문섭, 《조선시대 군제사 연구》, 단대 출판부, 1996.

최익한, 《실학파와 정다산》, 청년사, 1989.

최효식, 《조선후기 군제사 연구》, 신서원, 1995.

하우봉, 《조선후기 실학자의 일본관 연구》, 일지사, 1989.

한국고문서학회, 《조선시대 생활사》(1), 역사비평사, 1996.

한국역사연구회 편, 《조선정치사 1800~1863》(상·하), 청년사, 1990.

한명기, 《임진왜란과 한중관계》, 역사비평사, 1999.

_____, 《광해군》, 역사비평사, 2000.

한신대학교 박물관, 《정조대왕 서거 200주년 추모집》, 신구문화사, 2000.

한영우, 《정조의 화성행차 그 8일》, 효형, 1998.

한선도, 《조선시대 화약병기사 연구》, 일조각, 1994.

_____ 외, 《한국의 명저 2》, 현암사, 1970.

사전

《고법전용어집》, 법제처, 1979.

《민족문화백과사전》, 정신문화연구원, 웅진출판사, 1993(4쇄).

《브리태니커 세계대백과사전》, 동아출판사, 1992.

학위논문

김윤조, 〈강산 이서구의 생애와 문학〉, 성균관대학교 박사학위논문, 1992.

김혈조, 〈연암 박지원의 사유양식과 산문문학〉, 성균관대학교 박사학위논문.

나영일, 〈조선조 무사체육〉, 서울대학교 박사학위논문, 1992.

박기동, 〈조선후기 무예사연구〉, 성균관대학교 박사학위논문, 1994.

심승구, 〈조선전기 무과연구〉, 국민대학교 박사학위논문, 1994.

오수경, 〈18세기 서울 문인 지식층의 성향〉, 성균관대학교 박사학위논문.

-개정판-
조선의 협객, 백동수

- ● 2002년 4월 20일 초 판 1쇄 발행
- ● 2011년 7월 19일 개정판 1쇄 발행
- ● 글쓴이   김영호
- ● 발행인   박혜숙
- ● 디자인   이보용
- ● 영업·제작   변재원
- ● 인쇄   정민인쇄
- ● 제본   정민제책
- ● 종이   화인페이퍼
- ● 펴낸곳   도서출판 푸른역사
          우 110-040 서울시 종로구 통의동 82
          전화: 02)720 - 8921(편집부) 02)720 - 8920(영업부)
          팩스: 02)720 - 9887
          홈페이지: www.bluehistory.net
          전자우편: 2007history@naver.com
          등록: 1997년 2월 14일 제13-483호

ⓒ 김영호, 2011

ISBN   978-89-94079-52-3 03900